Der finanzielle Ausgleich bei Verletzungen des Persönlichkeitsrechts in Deutschland und in der Schweiz

Europäische Hochschulschriften
Publications Universitaires Européennes
European University Studies

Reihe II
Rechtswissenschaft

Série II Series II
Droit
Law

Bd./Vol. 3782

PETER LANG
Frankfurt am Main · Berlin · Bern · Bruxelles · New York · Oxford · Wien

Andreas Hort

Der finanzielle Ausgleich bei Verletzungen des Persönlichkeitsrechts in Deutschland und in der Schweiz

PETER LANG
Europäischer Verlag der Wissenschaften

Bibliografische Information Der Deutschen Bibliothek
Die Deutsche Bibliothek verzeichnet diese Publikation in der Deutschen Nationalbibliografie; detaillierte bibliografische Daten sind im Internet über <http://dnb.ddb.de> abrufbar.

Zugl.: Marburg, Univ., Diss., 2001

D 4
ISSN 0531-7312
ISBN 3-631-39706-2

www.peterlang.de

Meinen Eltern

Vorwort

Die vorliegende Arbeit wurde im Wintersemester 2001 vom Fachbereich Rechtswissenschaften der Philipps-Universität Marburg als Dissertation angenommen. Das Manuskript wurde im Januar 2001 abgeschlossen. Für die Drucklegung ist die bis dahin erschienene Literatur eingearbeitet worden.

Mein besonderer Dank gilt Herrn Prof. Dr. Georgios Gounalakis. Er hat das Thema der Dissertation angeregt und mich durch seine wertvollen Hinweise unterstützt. Ich danke ihm auch für die zügige Erstellung des Erstgutachtens. Ferner danke ich Herrn Prof. Dr. Volker Beuthien, der das Zweitgutachten ebenso zügig erstellt hat.

Dem Deutschen Akademischen Auslandsdienst und der Axel Springer Stiftung danke ich für die finanzielle Unterstützung meiner Dissertation. Mit dieser Unterstützung war es mir auch möglich, meine Untersuchungen zum schweizerischen Recht an der Universität Bern vorzunehmen. An der Universität Bern wurde ich bei diesem Vorhaben hervorragend unterstützt.

Mein größter Dank gebührt meiner Familie.

Ifta, Juli 2002 — Andreas Hort

Inhaltsverzeichnis

Abkürzungsverzeichnis

a.A. .... anderer Ansicht

a.a.O. .... am angegebenen Ort

Abs. .... Absatz

AcP .... Archiv für die civilistische Praxis

a.F. .... alte Fassung

AfP .... Archiv für Presserecht: Zeitschrift für Medien- und Kommunikationsrecht

Alt. .... Alternative

Art. .... Artikel

Aufl. .... Auflage

Az. .... Aktenzeichen

Bd. .... Band

Begr. .... Begründer

Beschl. v. .... Beschluß vom

BG .... Schweizerisches Bundesgericht

BGB .... Bürgerliches Gesetzbuch vom 18.8.1896

BGE .... Entscheidungen des Schweizerischen Bundesgerichts, Amtliche Sammlung

BGH .... Bundesgerichtshof

BGHZ .... Entscheidungen des Bundesgerichtshofs in Zivilsachen

BJM .... Basler juristische Mitteilungen

BV .... Bundesverfassung der Schweizerischen Eidgenossenschaft vom 29.5.1874

BverfGE .... Entscheidungen des Bundesverfassungsgerichts

bzgl. .... bezüglich

bzw. .... beziehungsweise

DAR .... Deutsches Autorecht

d.h. .... das heißt

Diss. .... Dissertation

DRZ .... bis 1935: Deutsche Richterzeitung

DSG .... Schweizerisches Bundesgesetz über den Datenschutz vom 19.6.1992

EMRK .... Europäische Konvention zum Schutz der Menschenrechte und Grundfreiheiten

EuropGMR ..... Europäischer Gerichtshof für Menschenrechte

f. .... folgende Seite

FamRZ .... Ehe und Familie im Privaten und öffentlichen Recht. Zeitschrift für das gesamte Familienrecht

ff. .... folgende Seiten

Fn .... Fußnote

GebrMG .... Gebrauchsmustergesetz vom 28.8.1986

GebrMR .... Gebrauchsmusterrecht

GeschmMG .... Gesetz über das Urheberrecht an Mustern und Modellen vom 11.1.1876

GG .... Grundgesetz für die Bundesrepublik Deutschland vom 23.5.1949

GoA .... Geschäftsführung ohne Auftrag

GRUR .... Gewerblicher Rechtsschutz und Urheberrecht

GRUR Int. ...... Gewerblicher Rechtsschutz und Urheberrecht: Internationaler Teil

Halbbd. .... Halbband

h.L. .... herrschende Lehre

h.M. .... herrschende Meinung

Hrsg. .... Herausgeber

i.S. .... im Sinne

i.S.d. .... im Sinne des

i.V.m. .... in Verbindung mit

JR .... Juristische Rundschau

JuS .... Juristische Schulung

JW .... Juristische Wochenschrift

JZ .... Juristen-Zeitung

Kap. .... Kapitel

KG .... Kammergericht

KUG .... Kunsturhebergesetz vom 9.1.1907

LG .... Landgericht

lit. .... littera

LitUrhG .... Literaturrhebergesetz vom 19.6.1901

MDR .... Monatsschrift für Deutsches Recht

MSchG .... Schweizerisches Markenschutzgesetz vom 28.8.1992

m.w.N. .... mit weiteren Nachweisen

n.F. .... neue Fassung

NJW .... Neue juristische Wochenschrift

NJW-RR .... NJW-Rechtsprechungs-Report Zivilrecht

Nr. .... Nummer

NVwZ .... Neue Zeitschrift für Verwaltungsrecht

OR .... Obligationenrecht, Bundesgesetz vom 30.3.1911

OLG .... Oberlandesgericht

PatG .... Patentgesetz vom 16.12.1980

PatR .... Patentrecht

RGZ .... Amtliche Sammlung der Reichsgericht-Rechtsprechung in Zivilsachen

Rn .... Randnummer

S. .... Seite

sic! .... Zeitschrift für Immaterialgüter-, Informations- und Wettbewerbsrecht

SJZ .... Schweizerische Juristenzeitung

SMI .... Schweizerische Mitteilungen über gewerblichen Rechtsschutz und Urheberrecht (bis 1985), (ab 1985) Schweizerische Mitteilungen über Immaterialgüterrecht

sog. .... sogenannt(e)(er)

StGB .... Strafgesetzbuch in der Fassung der Bekanntmachung vom 13.11.1998

Teilbbd. .... Teilband

u.a. .... und andere

Ufita .... Archiv für Urheber-, Film-, Funk- und Theaterrecht

URG .... Schweizerisches Urheberrechtsgesetz vom 9.10.1992

UrhG .... Deutsches Urheberrechtsgesetz vom 9.9.1965

UrhR .... Urheberrecht

Urt. v. .... Urteil vom

UWG .... im deutschen Teil: Gesetz gegen den unlauteren Wettbewerb vom 7.6.1909;

im schweizerischen Teil: Bundesgesetz gegen den unlauteren Wettbewerb vom 19.12.1986

vgl. .... vergleiche

z.B. .... zum Beispiel

ZBJV .... Zeitschrift des Bernischen Juristenvereins

ZGB .... Schweizerisches Zivilgesetzbuch vom 10.12.1907

Ziff. .... Ziffer

ZIP .... Zeitschrift für Wirtschaftsrecht

zit. .... zitiert

ZPO .... Zivilprozeßordnung in der Fassung vom 12.9.1950

ZR .... Blätter für Zürcherische Rechtsprechung

ZRP .... Zeitschrift für Rechtspolitik

ZSR .... Zeitschrift für Schweizerisches Recht

ZUM .... Zeitschrift für Urheber- und Medienrecht/ Film und Recht

ZWR .... Zeitschrift für Walliser Rechtsprechung

Einleitung

Die vorliegende Arbeit behandelt die Ansprüche auf finanziellen Ausgleich bei Verletzungen der Persönlichkeitsrechte. Es geht dabei um Persönlichkeitsrechtsverletzungen, die durch Berichterstattungen in den Medien erfolgen und um solche, bei denen die fremde Persönlichkeit kommerziell verwertet wird. Die Erfassung beider Verletzungsformen ist angeregt durch die Diskussion zur Klassifizierung von Persönlichkeitsrechten als Vermögensrechten[1] und durch die Diskussion zur Bemessung von Entschädigungen zum Ausgleich immaterieller Beeinträchtigungen bei persönlichkeitsverletzender Medienberichterstattung[2], die im Anschluss an die Caroline-Rechtsprechung des Bundesgerichtshofs[3] einsetzte.

Die Untersuchung beinhaltet zudem eine Darstellung des schweizerischen Rechts zu diesem Rechtsbereich. Anlass dafür ist die lange Tradition des Persönlichkeitsschutzes in der Schweiz. Seit Einführung des Schweizerischen Zivilgesetzbuches (ZGB) im Jahr 1907 wird durch Art. 28 ZGB ein umfassendes Persönlichkeitsrecht als Rechtsgut geschützt. Im Rahmen dieser Untersuchung interessiert insbesondere, welche Formen von Ansprüchen auf finanziellen Ausgleich zu diesem in der Schweiz seit langem anerkannten Recht entwickelt wurden.

Die Darstellung soll deutlich machen, welche Probleme in der jeweiligen Rechtsordnung bei der Bestimmung der jeweiligen Anspruchsgrundlagen und Anspruchsgegenstände zu bewältigen sind.

---

1 Beuthien/Schmölz; Freitag; Götting; Magold; Seemann

2 Gounalakis AfP 1998, 10 ff.; Prinz NJW 1996, 953 ff.; Seitz NJW 1996, 2848 ff.; Soehring NJW 1997, 360 ff; Steffen NJW 1997, 10 ff.; Stürner AfP 1998, 1 ff.

3 BGHZ 128, 1 Urt. v. 15.11.1994; BGH NJW 1996, 984 f. Urt. v. 5.12.1995; BGH NJW 1996, 985 Urt. v. 12.12.1995; BGH NJW 1997, 1148 ff. Urt. v. 26.11.1996

1. Kapitel: Finanzieller Ausgleich bei Persönlichkeitsverletzungen nach deutschem Recht

A. Rechtsentwicklung zum Ausgleich von Persönlichkeitsverletzungen

I. Das allgemeine Persönlichkeitsrecht zur Zeit des Reichsgerichts

1. Schutzvorschriften

Das Reichsgericht hat, nachdem bei der Schaffung des BGB bewusst auf die Aufnahme eines allgemeinen Persönlichkeitsrechts als Rechtsgut i.S.d. § 823 Abs. 1 BGB verzichtet wurde, ein allgemeines Persönlichkeitsrecht nicht anerkannt[4]. Im akademischen Schrifttum wurde dagegen seit Ende des 19. Jahrhunderts für die Anerkennung eines allgemeinen Persönlichkeitsrechts gestritten[5].

Gleichwohl erkannte das Reichsgericht lediglich die in den Spezialvorschriften besonders geregelten sogenannten besonderen Persönlichkeitsrechte an. Zu diesen zählte das Reichsgericht das Namensrecht, das Warenzeichenrecht, das Recht am eigenen Bild[6] und das Urheberpersönlichkeitsrecht[7].

Von diesen besonderen Persönlichkeitsrechten wertete das Reichsgericht nur das Namensrecht als sonstiges Recht i.S.d. § 823 Abs. 1 BGB[8]. Das in § 22 KUG normierte Recht am eigenen Bild wurde hingegen nicht als sonstiges Recht i.S.d. § 823 Abs. 1 BGB angesehen. Die Vorschrift des § 22 KUG wurde lediglich als Schutzgesetz i.S.d. § 823 Abs. 2 BGB bewertet[9].

Auch die Ehre wurde vom Reichsgericht nicht zu den sonstigen Rechten des § 823 Abs. 1 BGB gezählt[10]. Der Schutz von Ehre und Ansehen wurde eher als

---

4 RGZ 51, 369 (373) Urt. v. 29.5.1902; RGZ 69, 401 (403) Urt. v. 7.11.1908; das Reichsgericht unterstützend z.B.: A. Wieruszewski DRZ 1927, 225 (230); Reinhardt S. 14

5 v. Gierke S. 707; Kohler S. 5; Lobe S. 6; Smoschewer S. 129; Theegarten S. 2 f.

6 RGZ 69, 401 (403) Urt. v. 7.11.1908

7 RGZ 69, 242 (243 f.) Urt. v. 16.9.1908; RGZ 79, 397 (399) Urt. v. 8.6.1912; RGZ 102, 134 (141) Urt. v. 23.4.1912; RGZ 123, 312 (320) Urt. v. 16.2.1929; RGZ 125, 174 (177 f.) Urt. v. 3.7.1929; RGZ 151, 50 (56) Urt. v. 28.3.1936

8 RG JW 1930, 1699 Urt. v. 19.11.1929; Planck's Kommentar zum BGB § 823 S. 1718

9 RG JW 1929, 2257 Urt. v. 14.3.1929

10 RGZ 51, 369 (375) Urt. v. 29.5.1902

Aufgabe des Strafrechts betrachtet[11]. Die hierfür im StGB enthaltenen Straftatbestände der §§ 185 ff. StGB galten wiederum als Schutzgesetze i.S.d. § 823 Abs. 2 BGB[12]. Damit besaß der strafrechtliche Ehrenschutz auch seine Ausstrahlungen ins Zivilrecht[13]. Die Vorschrift des § 824 BGB ergänzte diesen zivilrechtlichen Schutz von Ruf und Ansehen im Hinblick auf das Vermögen[14].

Eine besondere Bedeutung für den Ehrenschutz kam § 826 BGB zu. Diese Vorschrift brachte das Reichsgericht zur Anwendung, wenn dem Betroffenen gerade kein Schutz über die strafrechtlichen Ehrenschutzbestimmungen oder über die besonderen Persönlichkeitsrechte zukam[15]. Insoweit bot § 826 BGB im Persönlichkeitsrecht einen Auffangtatbestand für den Ehrenschutz.

2. *Finanzieller Ausgleich*

a) *Schadenersatz*

Finanzielle Ausgleichsansprüche wurden vornehmlich auf das Schadenersatzrecht mit den Anspruchsgrundlagen der §§ 823, 824 u. 826 BGB gestützt. Das Reichsgericht gewährte indes in Befolgung des § 253 BGB keine Entschädigung für immaterielle Schäden[16]. So lehnte das Reichsgericht die Geldentschädigung als Ausgleich immaterieller Schäden bei Ehrverletzungen ausdrücklich ab[17]. Lediglich die infolge einer Ehrverletzung erlittene Gesundheitsverletzung konnte zu einem Schmerzensgeldanspruch nach § 847 BGB führen[18].

Ein Schadenersatzanspruch nach § 823 Abs. 1 BGB war unter der Rechtsprechung des Reichsgerichts nur bei Verletzungen des durch § 12 BGB geschützten Namensrechts möglich. Denn nur dieses Persönlichkeitsrecht war vom Reichsgericht als sonstiges Recht i.S.d. § 823 Abs. 1 BGB anerkannt[19].

---

11 Münch.Komm.-Schwerdtner (3. Aufl.) § 12 Rn 155

12 Planck's Kommentar zum BGB § 823, S. 1742; RGZ 51, 369 (375) Urt v. 29.5.1902; RGZ 91, 350 (356) Urt. v. 3.12.1917; RGZ 98, 36 (38) Urt. v. 15.1.1920; RGZ 101, 335 (338) Urt. v. 17.2.1921; RGZ 115, 74 (79) Urt. v. 6.12.1926; RGZ 140, 392 (395) Urt. v. 6.4.1932

13 Münch.Komm.-Schwerdtner (3. Aufl.) § 12 Rn 155

14 RGZ 51, 369 (375) Urt. v. 29.5.1902; RGZ 115, 74 (79) Urt. v. 6.12.1926; RGZ 140, 392 (395 f.) Urt. v. 6.4.1932

15 vgl. RGZ 51, 369 (384) Urt. v. 29.5.1902

16 Deutsch-Haftungsrecht S. 468 f.

17 RGZ 140, 392 (395) Urt. v. 6.4.1932; RGZ 142, 116 (122 f.) Urt. v. 23.10.1933

18 RGZ 140, 392 (395) Urt. v. 6.4.1932; RGZ 142, 116 (122 f.) Urt. v. 23.10.1933

19 RG JW 1930, 1699 Urt. v. 19.11.1929

Sofern das Recht am eigenen Bild aus § 22 KUG[20] oder die Ehre nach den Vorschriften der §§ 185 ff. StGB[21] verletzt waren, war § 823 Abs. 2 BGB die einschlägige Ersatzvorschrift. Die bereits erwähnten §§ 824 und 826 BGB waren für die darin besonders geregelten Fälle Grundlage von Schadenersatzansprüchen gerade auch im persönlichkeitsrechtlichen Bereich[22]. Überdies enthielt § 36 LitUrhG eine Bestimmung zum Schadenersatz, die das Reichsgericht auch bei Verletzungen des Urheberpersönlichkeitsrechts anwandte[23].

Dem Verletzten wurde als Schadenersatz dasjenige zugesprochen, was er als Einbuße am Vermögen oder als entgangenen Gewinn gemäß § 252 BGB darlegen und beweisen konnte. Das Reichsgericht erleichterte die Darlegungs- und Beweislast für den Verletzten durch die Anwendung von § 287 ZPO[24].

Es gewährte jedoch im Bereich der Persönlichkeitsrechte keine am Immaterialgüterrecht orientierte Möglichkeit der dreifachen Schadensberechnung. Diese Möglichkeit erkannte es nur bei Verletzungen von Patent-, Urheber- und Gebrauchsmusterrechten an[25]. Hierbei wies das Reichsgericht jeweils auf den durch diese Rechte verkörperten Vermögenswert hin.

Das Reichsgericht zählte die Persönlichkeitsrechte nicht zu den vermögenswerten Ausschließlichkeitsrechten. Dies ergibt sich aus der Betrachtung von Entscheidungen, die kommerzielle Nutzungen von Persönlichkeitsmerkmalen zum Gegenstand hatten. Insbesondere die Erwägungen in der Zeppelin-Entscheidung und in der Tull-Harder-Entscheidung belegen dies. Das Reichsgericht ließ den kommerziellen Charakter der Persönlichkeitsverletzungen dort weitgehend unberücksichtigt und stellte bei der Beurteilung der Verletzung vornehmlich auf die ideellen Belange der Betroffenen ab[26].

---

20 RG JW 1929, 2257 Urt. v. 14.3.1929

21 RGZ 140, 392 (395) Urt. v. 6.4.1932

22 RGZ 140, 392 (395) Urt. v. 6.4.1932

23 RGZ 151, 50 (56) Urt. v. 28.3.1936

24 RGZ 151, 50 (56) Urt. v. 28.3.1936

25 RGZ 35, 63 (71) Urt. v. 8.6.1895 (UrhR); RGZ 43, 56 Urt. v. 31.12.1898 (PatR); RGZ 46, 14 (17) Urt. v. 7.3.1900 (PatR); RGZ 50, 111 (115) Urt. v. 11.1.1902 (GebrMR); RGZ 84, 370 (376) Urt. v. 4.4.1914 (PatR); RGZ 130, 108 (109) Urt. v. 22.10.1930 (PatR); RG GRUR 1934, 627 (628) Urt. v. 16.7.1934 (UrhR); RG GRUR 1938, 449 Urt. v. 29.3.1938 (UrhR)

26 vgl. RGZ 74, 308 (311 u. 313) Urt. v. 28.10.1910; RGZ 125, 80 (83 f.) Urt. v. 26.6.1929; mit dieser Einschätzung auch: Gottwald S. 32 f.

b) *Bereicherungsansprüche*

Soweit ersichtlich, erwog das Reichsgericht bei Persönlichkeitsverletzungen nie bereicherungsrechtliche Ansprüche. Dies verwundert nicht, wenn man berücksichtigt, dass es in Fällen von Patent-[27], Gebrauchsmuster-[28] und Warenzeichenrechtsverletzungen[29] Bereicherungsansprüche ausdrücklich abgelehnt hatte. Diese Ablehnung galt zunächst auch bei Verletzungen des Urheberrechts[30]. Später sprach das Reichsgericht aber unter ausdrücklicher Aufgabe dieser Auffassung im Fall der Urheberrechtsverletzung den Bereicherungsanspruch zu[31]. Für Patent-, Gebrauchsmuster- und Warenzeichenrechtsverletzungen hielt es aber an seiner Ablehnung bereicherungsrechtlicher Ansprüche fest[32].

c) *Ansprüche aus Geschäftsführung ohne Auftrag*

Anders verfuhr das Reichsgericht mit Ansprüchen aus dem Recht der Geschäftsführung ohne Auftrag. Es billigte bei der bewussten Verletzung von Patent-[33], Gebrauchsmuster-[34] oder Urheberrechten[35] Gewinnherausgabeansprüche aufgrund der §§ 687 Abs. 2, 681, 667 BGB zu. Bei Warenzeichenverletzungen verweigerte das Reichsgericht diesen Anspruch jedoch. Es begründete dies mit der Auffassung, die Verletzung eines fremden Warenzeichens sei kein fremdes Geschäft[36]. Bei Persönlichkeitsrechtsverletzungen griff das Reichsgericht soweit ersichtlich nie auf das Recht der Geschäftsführung ohne Auftrag zurück.

II. *Entwicklung des Persönlichkeitsrechts durch den Bundesgerichtshof*

Das Reichsgericht tat also recht wenig für die Entwicklung der Persönlichkeitsrechte. Der BGH war da bekanntlich wesentlich aktiver. Erster Schritt des BGH war dabei die Anerkennung des allgemeinen Persönlichkeitsrechts in der im

27 RGZ 121, 258 (261) Urt. v. 9.6.1928
28 RGZ 121, 258 (261) Urt. v. 9.6.1928
29 RGZ 108, 1 (6) Urt. v. 4.5.1923
30 RGZ 113, 413 (424) Urt. v. 12.5.1926
31 RGZ 121, 258 (261 u. 263) Urt. v. 9.6.1928
32 RGZ 121, 258 (261) Urt. v. 9.6.1928
33 RGZ 70, 249 (251) Urt. v. 3.2.1909; RGZ 156, 321 (326) Urt. v. 15.11.1937
34 RGZ 108, 1 (6) Urt. v. 4.5.1923
35 RGZ 84, 146 (150) Urt. v. 11.2.1914
36 RGZ 58, 321 (325) Urt. v. 24.6.1904; RGZ 108, 1 (5) Urt. v. 4.5.1923

Jahr 1954 ergangenen Leserbrief-Entscheidung. Der BGH etablierte hier das Allgemeine Persönlichkeitsrecht als ein in den Art. 1 Abs. 1 und 2 Abs. 1 GG fundiertes Quell- bzw. Rahmenrecht[37]. In dieser Eigenschaft wird das allgemeine Persönlichkeitsrecht als dynamisches Rechtsgut verstanden. Inhalte und Grenzen dieses Rechts sind deshalb in jedem Einzelfall unter Abwägung entgegenstehender Rechtspositionen zu bestimmen.

Die im Laufe der Jahre erfolgte Bildung von Fallgruppen und die zur Lösung von Rechtskonflikten entwickelten Leitsätze erleichtern die Rechtsanwendung. Die schematische Beurteilung von Einzelfällen bleibt aber wegen der Vielfältigkeit der möglichen Konflikte unmöglich. Außerdem muss man beachten, dass sich mit der gesellschaftlichen Entwicklung auch die vom Persönlichkeitsrecht umfassten Interessen in ihrer Bedeutung und Wertigkeit ändern.

Der BGH klassifizierte das Allgemeine Persönlichkeitsrecht schon bald als sonstiges Recht i.S.d. § 823 Abs. 1 BGB[38]. Damit war bei Verletzungen des Persönlichkeitsrechts die generelle Möglichkeit der Gewährung von Schadenersatzansprüchen aufgrund § 823 Abs. 1 BGB eröffnet.

In der Herrenreiter-Entscheidung aus dem Jahre 1958 machte der BGH einen weiteren Schritt zur Entwicklung des Persönlichkeitsrechts. Der BGH erkannte in dieser Entscheidung den Entschädigungsanspruch für immaterielle Beeinträchtigungen des Persönlichkeitsrechts an[39]. Der BGH nutzte als Grundlage für diesen Anspruch zunächst die Analogie zur Regelung des Schmerzensgeldes in § 847 BGB[40]. Später stützte der BGH den Entschädigungsanspruch auf § 823 Abs.1 BGB i.V.m. Art. 1 Abs. 1, 2 Abs. 1 GG[41]. Das Bundesverfassungsgericht billigte in seiner Soraya-Entscheidung diese Rechtsprechung des BGH[42]. Der letzte bedeutsame Schritt in der Entwicklung dieses Anspruchs erfolgte mit der Caroline-Rechtsprechung aus dem Jahr 1994. Hier betonte der BGH den Präventionszweck des Entschädigungsanspruchs und bezeichnete die Prävention als maßgebliches Kriterium für die Höhe des Anspruchs[43].

---

37 BGHZ 13, 334 (338) Urt. v. 25.5.1954

38 BGHZ 24, 72 (77 f.) Urt. v. 2.4.1957

39 BGHZ 26, 349 (354) Urt. v. 14.2.1958

40 BGHZ 26, 349 (356) Urt. v. 14.2.1958

41 BGHZ 35, 363 (366-368) Urt. v. 19.9.1961; BGHZ 39, 124 (130-133) Urt. v. 5.3.1965

42 BVerfGE 34, 269 (281) Beschl. v. 14.2.1973

43 BGHZ 128, 1 Urt. v. 15.11.1994

Parallel zur Entwicklung des Entschädigungsanspruchs wurde die Rechtsprechung verstärkt mit den vermögensrechtlichen Aspekten des Persönlichkeitsrechts befasst. Dies war bedingt durch den zunehmenden Einsatz von Personen und deren Merkmalen in der Werbung und im sogenannten Merchandising.

Der BGH bewertete den eigenmächtigen Einsatz fremder Bildnisse in der Werbung schon in seiner 1956 ergangenen Paul-Dahlke-Entscheidung als Persönlichkeitsverletzung[44]. Diese Persönlichkeitsverletzung wurde dabei als Eingriff in ein vermögenswertes Ausschließlichkeitsrecht qualifiziert[45]. Dem Verletzten wurde daraufhin ein Anspruch auf die Zahlung der fiktiven Lizenzgebühr zugebilligt. Der Verletzer wurde verpflichtet, an den Verletzten den Geldbetrag zu zahlen, den er für die Zustimmung des Verletzten zu der beanstandeten Werbung hätte aufbringen müssen. Als Anspruchsgrundlagen hierfür wurde aus dem Schadenersatzrecht § 823 BGB und aus dem Recht der ungerechtfertigten Bereicherung § 812 BGB genannt.

Ein weiterer bedeutender Schritt des BGH war die Anerkennung des postmortalen Persönlichkeitsrechts. Diese Anerkennung erfolgte in der Cosima-Wagner-Entscheidung aus dem Jahr 1954[46]. In der Mephisto-Entscheidung aus dem Jahr 1968 wurde diese Rechtsprechung fortgesetzt[47]. In beiden Entscheidungen ging es vornehmlich um ideelle Belange der Verstorbenen. Mit den Marlene-Entscheidungen aus dem Jahr 1999 hat der BGH schließlich entschieden, dass das postmortale Persönlichkeitsrecht auch vermögenswerte Belange umfasst. Darüber hinaus wurde dort auch die Vererblichkeit dieser vermögenswerten Bestandteile des postmortalen Persönlichkeitsrechts festgestellt[48].

Aus diesem kurzen Abriss lässt sich erkennen, dass der Bundesgerichtshof im Bereich der Persönlichkeitsrechte auf gesellschaftliche Entwicklungen reagiert hat. Er hat Inhalt und Charakter der Persönlichkeitsrechte laufend angepasst.

---

44 BGHZ 20, 345 Urt. v. 8.5.1956

45 BGHZ 20, 345 (353) Urt. v. 8.5.1956

46 BGHZ 15, 249 (259) Urt. v. 26.11.1954

47 BGHZ 50, 133 (136 ff.) Urt. v. 20.3.1968

48 BGHZ 143, 214 (220) Urt. v. 1.12.1999; BGH NJW 2000, 2201 Urt. v. 1.12.1999

B. Grundlagen finanzieller Ansprüche

Für das Opfer einer Persönlichkeitsverletzung kann sich ein Zahlungsanspruch heute einerseits aus der Beeinträchtigung von Vermögensinteressen und andererseits aus der Beeinträchtigung ideeller Belange ergeben. Soweit Vermögensinteressen berührt sind, kommen nach der Rechtsprechung Schadenersatz- und Bereicherungsansprüche in Betracht. Im Schrifttum findet sich weiterhin der Hinweis auf Ansprüche aus dem Recht der Geschäftsführung ohne Auftrag, speziell aus den Regeln zur Geschäftsanmaßung[49]. Für die Beeinträchtigung ideeller Belange entwickelte die Rechtsprechung den bereits erwähnten Anspruch aus § 823 Abs. 1 BGB i.V.m. Art. 1 Abs. 1, 2 Abs. 1 GG.

I. Schadenersatz

Der Anspruch auf Schadenersatz spielt bei der Beeinträchtigung von Persönlichkeitsrechten die vorrangige Rolle, weil er sowohl ideellen als auch materiellen Interessen dient[50]. Geht es um ideelle Interessen, steht Naturalrestitution im Vordergrund. Zahlungsansprüche werden vorwiegend bei der Beeinträchtigung von Vermögensinteressen relevant. Da Ruf, Ehre, Ansehen, Privatsphäre und Selbstbestimmungsrecht als Bestandteile des allgemeinen Persönlichkeitsrechts immaterielle Güter sind, zieht ihre deliktische Verletzung nicht per se einen Vermögensschaden und damit auch nicht notwendig einen Anspruch auf Schadenersatz in Geld nach sich. In solchen Fällen bleibt als Zahlungsanspruch nur der Anspruch auf Entschädigung für immaterielle Beeinträchtigungen.

Grundsätzlich erfolgt die Berechnung des als Schadenersatz zu leistenden Geldbetrages anhand der vom Verletzten konkret nachgewiesenen Vermögenseinbuße. Erfolgt die Persönlichkeitsverletzung aber durch die unerlaubte kommerzielle Nutzung von Persönlichkeitsmerkmalen kommt laut der Rechtsprechung die vom Immaterialgüterrecht her bekannte Möglichkeit der dreifachen Schadensberechnung in Betracht. Voraussetzung dafür ist, dass das betroffene Persönlichkeitsgut als vermögenswertes Ausschließlichkeitsrecht anzusehen ist.

---

49 Erman-Ehmann § 687 Rn 14; Münch.Komm.-Rixecker (4. Aufl.) Anhang § 12 Rn 227; Palandt-Sprau § 687 Rn 7

50 vgl. BGHZ 20, 345 (352 f.) Urt. v. 8.5.1956; BGHZ 26, 349 (352 f.) Urt. v. 14.2.1958; BGHZ 30, 7 (14 ff.) Urt. v. 18.3.1959; BGH GRUR 1961, 138 (140) Urt. v. 17.11.1960; BGHZ 66, 182 (191 f.) Urt. v. 6.4.1976; OLG München, AfP 1990, 45 f. Urt. v. 22.3.1989; BGH NJW 1994, 2114 (2116 f.) Urt. v. 28.6.1994; LG Berlin, NJW 1996, 1142 (1143) Urt. v. 8.6.1995; BGH NJW 1997, 1148 (1150) Urt. v. 26.11.1996

II. Geldentschädigung für immaterielle Beeinträchtigungen

Bei dem Anspruch auf Geldentschädigung wegen immaterieller Beeinträchtigungen ist zunächst § 253 BGB zu beachten. Hiernach ist die Entschädigung in Geld grundsätzlich nur in den vom Gesetz ausdrücklich geregelten Fällen gestattet. Für Verletzungen des Persönlichkeitsrechts existiert bekanntlich keine solche Regelung. Die Rechtsprechung hat aber dennoch einen Geldentschädigungsanspruch auf der Grundlage des § 823 Abs. 1 BGB i.V.m. Art. 2 Abs. 1, 1 Abs. 1 GG entwickelt[51].

Ausgangspunkt dieser Entwicklung war die genannte Herrenreiter-Entscheidung des BGH aus dem Jahr 1958[52]. In dieser Entscheidung war ebenso wie in der im Jahr 1961 ergangenen Ginseng-Entscheidung[53] über die unerlaubte Werbung mit dem Bild bzw. mit dem Namen einer Person zu befinden, die sich durch diese Verwendung in ihrem Ansehen verletzt sah.

Voraussetzung für den Geldentschädigungsanspruch ist nach dieser Rechtsprechung, dass eine schwere Persönlichkeitsverletzung stattgefunden hat, die nicht auf andere Weise befriedigend ausgeglichen werden kann. Der Anspruch soll auf Ausnahmefälle beschränkt sein. Entgegen der Funktion des § 847 BGB, der vorwiegend dem Ausgleich erlittener immaterieller Unbill dienen soll[54], wird die Funktion des Entschädigungsanspruchs bei Persönlichkeitsverletzungen in der Genugtuung für das Opfer und in der Prävention gesehen[55]. Der Ausgleich für die erlittene Unbill tritt in den Hintergrund[56]. Dazu wird bemerkt, bei dem Entschädigungsanspruch gehe es darum, dem Verletzten eine wirksame Abwehrmöglichkeit an die Hand zu geben, ohne die der Persönlichkeitsschutz

---

51 BGHZ 26, 346 (354 ff.) Urt. v. 14.2.1958; BGHZ 35, 363 (367) v. 19.9.1961; BGHZ 39, 124 (131 f.) Urt. v. 5.3.1963; BVerfGE 34, 269 (292) Beschl. v. 14.2.1973; BGHZ 126, 1 (15) Urt. v. 15.11.1994; BGH NJW 1996, 984 (985) Urt. v. 5.12.1995; BGH NJW 1997, 1148 (1150) Urt. v. 26.11.1996

52 BGHZ 26, 349 Urt. v. 14.2.1958

53 BGHZ 35, 363 Urt. v. 19.9.1961

54 BGHZ 128, 117 (119) Urt. v. 29.11.1994 m.w.N.; BGH NJW 1996, 1591 Urt. v. 16.1.1996

55 BGH NJW 1985, 1617 (1619) Urt. v. 22.1.1985; BGHZ 128, 1 (15) Urt. v. 15.11.1994; BGH NJW 1996, 984 (985) Urt. v. 5.12.1995; BGH NJW 1997, 1148 (1150) Urt. v. 26.11.1996; BGH NJW 1996, 985 (987) Urt. v. 12.12.1995

56 BGHZ 35, 363 (369) Urt. v. 19.9.1961; BGH NJW 1996, 984 (985) Urt. v. 5.12.1995; BGH NJW 1996, 985 (987) Urt. v. 12.12.1995

weitgehend verkümmern würde[57]. Diese Gefahr und damit die Notwendigkeit des Geldentschädigungsanspruchs wird heute insbesondere dort gesehen, wo Medien in Verfolgung eigener kommerzieller Interessen das Selbstbestimmungsrecht und den Geltungsanspruch von Personen in grober Weise missachten, wie dies vom BGH in der Caroline I-Entscheidung festgestellt wurde[58].

III. Herausgabe ungerechtfertigter Bereicherung

Ansprüche aus dem Recht der ungerechtfertigten Bereicherung ergeben sich bei solchen Persönlichkeitsverletzungen, die durch die kommerzielle Nutzung von Persönlichkeitsmerkmalen erfolgen. Es ist jedoch nicht abschließend geklärt, welche Arten von Persönlichkeitsverletzungen die Eingriffskondiktion ermöglichen. Die Mehrzahl der Fälle, in denen der Anspruch zugebilligt wurde, hatte die unerlaubte Werbung mit fremden Persönlichkeitsmerkmalen zum Gegenstand[59]. Eine Ausnahme bildet die Telefon-Sex-Entscheidung des OLG München. Dort war über eine Presse-Veröffentlichung zu urteilen, in der das Foto einer Person zur Illustration einer Berichterstattung über verschiedene Liebesdienste verwendet wurde[60].

Im Wege der Eingriffskondiktion gemäß § 812 Abs. 1 S. 1, 2. Alt. BGB kann der Verletzte die angemessene Lizenzgebühr vom Verletzer fordern[61]. Dagegen ist im Bereicherungsrecht kein Anspruch auf Herausgabe des Verletzergewinns etabliert[62].

IV. Anspruch aus dem Recht der Geschäftsanmaßung

Als Grundlage für Ansprüche auf den Verletzergewinn wird im Schrifttum aber das Recht der Geschäftsführung ohne Auftrag mit dem Anspruch aus Geschäftsanmaßung gemäß §§ 687 Abs. 2, 681 S. 2, 667 BGB herangezogen[63]. In der Rechtsprechung ist dieser Anspruch bei Persönlichkeitsverletzungen, so-

---

57 BGHZ 128, 1 (15) Urt. v. 15.11.1994; BGH NJW 1996, 984 (985) Urt. v. 5.12.1995; BGH NJW 1996, 985 (986 f.) Urt. v. 12.12.1995

58 BGHZ 128, 1 (14 ff.) Urt. v. 15.11.1994

59 BGHZ 20, 345 (354 f.) Urt. v. 8.5.1956; BGH NJW 1979, 2205 Urt. v. 26.6.1979; BGH ZIP 1992, 857 (859) Urt. v. 14.4.1992

60 OLG München, NJW-RR 1996, 539 (540) Urt. v. 9.3.1995

61 BGHZ 20, 345 (354 f.) Urt. v. 8.5.1956; BGH NJW 1979, 2205 (2206) Urt. v. 26.6.1979; BGH ZIP 1992, 857 (859) Urt. v. 14.4.1992

62 vgl. Erman-Westermann § 818 Rn 19 m.w.N.

63 Erman-Ehmann § 687 Rn 14; Münch.Komm.-Rixecker (4. Aufl.) Anhang § 12 Rn 227; Palandt-Sprau § 687 Rn 7

weit ersichtlich, nicht zuerkannt worden. Das Schrifttum bezeichnet als Anwendungsbereich dieses Anspruchs Persönlichkeitsverletzungen, die im Rahmen kommerzieller Nutzungen erfolgen[64].

64 Erman-Ehmann § 687 Rn 14; Münch.Komm.-Seiler § 687 Rn 16

C. Schadenersatz

Bei der Betrachtung von Schadenersatzansprüchen geht es nunmehr darum, die verschiedenen Interessen und ersatzfähigen Einbußen zu konkretisieren und den Anspruchsgegenstand zu bestimmen.

I. Arten des Schadenersatzes

Gegenstand des Schadenersatzanspruchs kann einmal Naturalrestitution nach § 249 S. 1 BGB und zum anderen der Ersatz in Geld nach den §§ 249 S. 2, 250 und 251 BGB sein.

Nach § 249 S. 2 BGB bzw. nach § 250 BGB kann Geldersatz anstelle der Naturalrestitution beansprucht werden. Der Anspruch umfasst den zur Naturalrestitution erforderlichen Geldbetrag und dient damit der Wahrung des Integritätsinteresses[65]. Dagegen gewährt § 251 BGB bei Unmöglichkeit oder Unzulänglichkeit der Naturalrestitution einen Anspruch auf Geldentschädigung. Deren Höhe ergibt sich aus dem hypothetischen Vergleich der Vermögenslagen mit und ohne dem schädigenden Ereignis[66]. Ersetzt wird damit das Wert- oder Summeninteresse[67].

Durch § 253 BGB wird klargestellt, dass die nach § 251 Abs. 1 BGB zu beanspruchende Geldentschädigung nur dem Ausgleich von Vermögensschäden dient[68]. Der Geldersatz nach § 249 S. 2 BGB kommt hingegen auch zum Ausgleich von Nichtvermögensschäden, insbesondere bei Persönlichkeitsverletzungen, in Betracht[69]. Als Verletzung der Persönlichkeit i.S.d. § 249 S. 2 BGB zählt eben auch die Verletzung des allgemeinen und der besonderen Persönlichkeitsrechte[70]. Somit besteht nach § 249 S. 2 BGB grundsätzlich die Möglichkeit, als Schadenersatz den Geldbetrag zu beanspruchen, der zur Beseitigung immaterieller oder materieller Beeinträchtigungen der Persönlichkeit erforderlich ist.

---

65 Staudinger-Schiemann § 249 Rn 210

66 Münch.Komm.-Grunsky § 251 Rn 6

67 Staudinger-Schiemann § 251 Rn 98

68 Münch.Komm.-Grunsky § 249 Rn 2; Staudinger-Schiemann § 253 Rn 1

69 Münch.Komm.-Grunsky § 249 Rn 13a; Staudinger-Schiemann § 253 Rn 9

70 Lange S. 225; Münch.Komm.-Grunsky § 249 Rn 13a; Staudinger-Schiemann § 249 Rn 217

II. Ersatzfähige Positionen bei Persönlichkeitsrechtsverletzungen

Unter den soeben genannten Vorschriften kommen im Bereich der Persönlichkeitsrechte also für verschiedenartige Einbußen Schadenersatzansprüche in Betracht, die auf eine Geldzahlung gerichtet sind.

Zunächst soll es um die Frage gehen, unter welchen Voraussetzungen das Opfer einer Persönlichkeitsverletzung den zur Beseitigung immaterieller Beeinträchtigungen erforderlichen Geldbetrag nach § 249 S. 2 BGB beanspruchen kann. Dies meint insbesondere den Ersatz für die Kosten, die der Verletzte für die Wiederherstellung von Ruf und Ansehen aufgewendet hat. Außerdem geht es auch um den Ersatz der Rechtsverfolgungskosten.

Daran schließt die Betrachtung zum Geldersatz für direkt durch die Persönlichkeitsverletzung verursachte materielle Einbußen an. Hierbei ist einerseits der Ersatz für konkret feststellbare Vermögenseinbußen und andererseits die Möglichkeit der dreifachen Schadensberechnung zu beachten.

1. Naturalrestitution durch den Verletzer bei immaterieller Beeinträchtigung

Verletzungen der Privatsphäre, des Rechts am eigenen Bilde oder des Rechts zur kommerziellen Nutzung der Persönlichkeit lassen sich nicht mehr durch Naturalrestitution ausgleichen. Wurden diese Splitter des Persönlichkeitsrechts verletzt, so ist dies unumkehrbar.

a) Naturalrestitution durch Widerruf, Richtigstellung, Urteilsveröffentlichung

In eingeschränkter Form lassen sich aber ein beschädigter Ruf oder ein verletztes Ansehen durch Handlungen des Verletzers oder des Verletzten wiederherstellen[71]. Dementsprechend hat ein derartig Verletzter gemäß § 249 S. 1 BGB Anspruch darauf, dass gegenüber verletzenden Tatsachenbehauptungen ein Widerruf durch den Verletzer erfolgt[72]. Bei verletzenden Werturteilen kann im Wege der Naturalrestitution die Veröffentlichung des Unterlassungsurteils bzw. einer strafbewehrten Unterlassungserklärung verlangt werden[73]. Diese Handlungen sind dem Verletzer auch unter Beachtung seiner Rechte aus

71 Damm/Kuner Rn 259; Wenzel Rn 14.71

72 BGHZ 10, 104 (105 f.) Urt. v. 17.6.1953; BVerfGE 34, 269 (270) Beschl. v. 14.2.1972; Münch.Komm.-Grunsky § 249 Rn 12; Staudinger-Schiemann § 249 Rn 193

73 BGHZ 99, 133 (139 f.) Urt. v. 25.11.1986; OLG München, NJW-RR 1990, 1435 (1437) Urt. v. 28.7.1989

Art. 5 Abs. 1 GG zuzumuten[74]. Die von der Meinungsfreiheit in Art. 5 Abs. 1 GG gesetzte Grenze wird aber überschritten, wenn man vom Verletzer den Widerruf eines Werturteils[75] oder andere Wiedergutmachungshandlungen verlangt, durch die der Verletzer eine bestimmte Meinung kundtun soll.

Hinsichtlich anderer denkbarer Maßnahmen der Naturalrestitution[76] ist zusätzlich zu beachten, dass der Verletzer auch finanziell nicht mehr als notwendig belastet werden darf. Stehen mit Widerruf und Urteilsveröffentlichung relativ preiswerte Mittel zur Naturalrestitution zur Verfügung, so ist ein Ausweichen auf andere, kostenintensivere Maßnahmen verschlossen.

b) Entschädigung für nicht zu beseitigende immaterielle Beeinträchtigungen

Ist man auf die oben genannten Maßnahmen der Naturalrestitution beschränkt, bleibt es nicht aus, dass die immaterielle Beeinträchtigung nicht restlos beseitigt werden kann. Dies liegt in der Natur des immateriellen Schadens begründet. Man kann immaterialle Güter eben nicht so treffsicher wie eine beschädigte Sache wiederherstellen.

Dies bedeutet allerdings nicht, dass dieser Restschaden als Vermögensschaden nach § 251 Abs. 1 BGB entschädigungspflichtig wäre. Dies gilt auch für den Fall, in dem sich die Person in ihrem wirtschaftlichen Ansehen gefährdet sieht. Der Verletzte kann verbleibende Beeinträchtigungen nicht pauschal, etwa unter dem Begriff des "potentiellen Marktwertverlustes", als Vermögenseinbuße geltend machen.

aa) Marktverwirrungsschaden im gewerblichen Rechtsschutz

Zur Bestätigung dieser Aussage soll ein Blick auf die Rechtsprechung zum "Marktverwirrungsschaden" im gewerblichen Rechtsschutz dienen. Der BGH erkannte an, dass die bei einem Unternehmer durch die Verletzung gewerblicher Schutzrechte oder des Wettbewerbsrechts vermittelte Beeinträchtigung in der öffentlichen Wertschätzung die Gefahr eines Vermögensschadens in sich trägt[77]. Diese Gefährdungssituation wurde mit dem Begriff der "Marktverwir-

---

74 BGHZ 68, 31 (37 f.) Urt. v. 3.5.1977; BGHZ 99, 133 (140) Urt. v. 25.11.1986

75 BGHZ 10, 104 (105 f.) Urt. v. 17.6.1953

76 vgl. mit Beispielen: Wenzel Rn 14.72 ff.

77 BGH GRUR 1954, 457 (459) Urt. v. 25.6.1954; BGH GRUR 1966, 92 (95) Urt. v. 6.10.1965; BGHZ 44, 372 (382) Urt. v. 12.1.1966; BGH GRUR 1982, 489 (490) Urt. v. 4.3.1982; BGH GRUR 1987, 364 (365) Urt. v. 12.2.1987; BGH GRUR 1991, 921 (923) Urt. v. 6.6.1991

rung" benannt. Gleichwohl wurde diese Marktverwirrung selbst nicht als eine durch Geldzahlung ausgleichbare Vermögenseinbuße angesehen. Die Marktverwirrung gilt vielmehr als Störungszustand. Dieser Störungszustand ist gekennzeichnet durch die Irreführung der beteiligten Verkehrskreise über geschäftliche Verhältnisse in tatsächlicher oder rechtlicher Hinsicht[78].

Im Zusammenhang mit der Marktverwirrung kommen nach Ansicht des BGH zwei Arten von Vermögenseinbußen in Betracht. Zunächst sind dies die erforderlichen Aufwendungen, die der Beseitigung der Marktverwirrung dienen[79]. Darüber hinaus gelten konkrete Vermögenseinbußen, die durch eine Irreführung der angesprochenen Verkehrskreise verursacht werden, wie etwa Absatzeinbußen, als ersatzfähige Marktverwirrungsschäden[80]. Die Marktverwirrung allein rechtfertigt hingegen keinen Schadensersatzanspruch[81]. Ersatzfähig sind nach Auffassung des BGH also nur konkrete Vermögenseinbußen. Insoweit kann die Marktverwirrung selbst nur zur Grundlage eines Feststellungsanspruchs hinsichtlich zukünftiger sich aus der Marktverwirrung ergebender Vermögensverluste gemacht werden[82].

bb) Marktwertverlust im Persönlichkeitsrecht

Auch im Persönlichkeitsrecht kann man die pure Ansehensminderung nicht als Vermögensschaden geltend machen[83]. Die Ansehensminderung kann lediglich die Gefahr eines Vermögensschadens, etwa in der Form von Erwerbseinbußen, verursachen. Der Verlust der Erwerbsfähigkeit als solche ist aber bekanntlich keine ersatzfähige Vermögenseinbuße. Nach der Rechtsprechung ist diese erst beim Auftreten konkreter Erwerbseinbußen gegeben[84]. Für diese kann dann Ersatz beansprucht werden.

Können solche Vermögenseinbußen nicht dargelegt werden, verbleibt dem Verletzten neben Widerruf, Richtigstellung oder Urteilsveröffentlichung lediglich die Möglichkeit, unter den besonderen Voraussetzungen des Geldentschä-

---

78 BGH GRUR 1991, 921 (923) Urt. v. 6.6.1991

79 BGH GRUR 1954, 457 (459) Urt. v. 25.6.1954; BGHZ 70, 39 (44 f.) Urt. v. 15.11.1977; BGH GRUR 1982, 489 (491) Urt. v. 4.3.1982; UWG-Großkomm Köhler vor § 13 B Rn 316

80 BGH GRUR 1991, 921 (923) Urt. v. 6.6.1991

81 BGH GRUR 1991, 921 (923) Urt. v. 6.6.1991

82 BGH GRUR 1954, 457 (459) Urt. v. 25.6.1954; BGH GRUR 1966, 92 (95) Urt. v. 6.10.1965

83 vgl. BGHZ 30, 7 (15) Urt. v. 18.3.1959

84 Münch.Komm.-Stein § 843 Rn 9 m.w.N.

digungsanspruchs nach § 823 Abs. 1 BGB, Art. 2 Abs. 1, 1 Abs. 1 GG für die immateriellen Beeinträchtigungen einen finanziellen Ausgleich zu beanspruchen.

2. Ersatz für rufherstellende Maßnahmen des Verletzten

Drohen dem Verletzten aus der Beeinträchtigung seines Ansehens weitere Vermögensschäden, die durch Widerruf oder Urteilspublikation nicht verhindert werden können, so kann er unter Umständen auf Kosten des Verletzers eigene Maßnahmen zur Herstellung seines Ansehens ergreifen, um diese drohenden Schäden zu vermeiden[85].

Der BGH benannte als Anspruchsgrundlagen für den Ersatz dadurch angefallener Kosten aus dem Recht der ungerechtfertigten Bereicherung die Grundsätze der Ersparnisbereicherung und aus dem Schadenersatzrecht § 249 S. 2 BGB[86]. In den Fällen, in denen die Rechtsprechung den Anspruch tatsächlich zuerkannte, erfolgte dies allerdings stets über das Schadenersatzrecht[87]. Die durch diesen Aufwendungsersatzanspruch erfolgte Ergänzung der Naturalrestitution rechtfertigt sich aus dem Ziel, weitergehende materielle Schäden zu vermeiden.

Wie oben angedeutet, etablierte der BGH auch in seiner Rechtsprechung zur Marktverwirrung im gewerblichen Rechtsschutz einen solchen Anspruch. Hiernach kann der von der Marktverwirrung betroffene Unternehmer die zur Beseitigung der "Marktverwirrung" und damit die zur Verhinderung des drohenden Vermögensschadens notwendigen Mittel vom Verletzer ersetzt verlangen. Anspruchsgrundlagen ergeben sich auch hier aus dem Bereicherungsrecht und aus dem Schadenersatzrecht mit § 249 S. 2 BGB[88]. Auch im Übrigen decken sich die Grundsätze dieses Anspruchs mit dem Anspruch, der aus der Verletzung von Persönlichkeitsrechten resultiert.

---

85 BGHZ 66, 182 (191 ff.) Urt. v. 6.4.1976; BGHZ 70, 39 (42 f.) Urt. v. 15.11.1977; OLG München, AfP 1990, 45 f. Urt. v. 22.3.1989

86 BGHZ 66, 182 (191 f.) Urt. v. 6.4.1976; BGH NJW 1979, 2197 Urt. v. 6.4.1979; BGH NJW 1986, 981 (982) Urt. v. 3.12.1985; BGH AfP 1990, 202 (205) Urt. v. 26.4.1990

87 BGHZ 70, 39 (42 ff.) Urt. v. 15.11.1977; OLG München, AfP 1990, 45 Urt. v. 22.3.1989; BGH AfP 1990, 202 (205) Urt. v. 26.4.1990

88 BGH NJW 1979, 2197 Urt. v. 6.4.1979

a) *Panorama-Entscheidung des BGH*

Im Bereich der Persönlichkeitsrechte nahm der BGH zum Kostenersatz für rufherstellende Maßnahmen erstmals in der Panorama-Entscheidung aus dem Jahr 1976 Stellung[89]. Es ging in dieser Entscheidung um die Kosten einer Anzeigenkampagne i.H.v. DM 314.359,89. Das Opfer der verletzenden Medienberichterstattung hatte diese Anzeigenkampagne zur Wahrung seines Ansehens und zur Vermeidung weiterer Schäden in Auftrag gegeben.

Der BGH benannte als mögliche Anspruchsgrundlagen für den Verletzten die §§ 812, 818 BGB unter dem Gesichtspunkt der Ersparnisbereicherung und das Schadenersatzrecht mit § 249 S. 2 BGB[90]. Im konkreten Fall führte die Klage jedoch nicht zum Erfolg. Nach Ansicht des BGH waren die getätigten Aufwendungen nämlich nicht erforderlich, um die Rechte des Verletzten zu wahren. Über diese Entscheidung hinaus beschrieb der BGH in diesem Urteil die Voraussetzungen, unter denen der Verletzte die Kosten für rufherstellende Maßnahmen ersetzt verlangen kann.

b) *Voraussetzungen für den Ersatz nach § 249 S. 2 BGB*

Die Voraussetzungen für die Zulässigkeit von Anzeigenaktionen auf Kosten des Verletzers arbeitete der BGH im Wesentlichen unter Berücksichtigung der für das Schadenersatzrecht maßgeblichen Normen der §§ 249 S. 2 und 254 BGB heraus. Danach kommt es vornehmlich darauf an, dass Aufwendungen geeignet und erforderlich sind, weitergehende materielle Schäden zu vermeiden[91]. Andererseits wird ausdrücklich auf die aus § 254 Abs. 2 BGB folgende Schadensminderungspflicht des Geschädigten hingewiesen[92].

aa) *Vorrang von Gegendarstellung, Widerruf und Richtigstellung*

Ausgangspunkt bildet jedoch die Feststellung, dass die Erstattung von Aufwendungen für Anzeigen und Inserate, die Ansehen und Ruf bewahren und materielle Schäden vermeiden sollen, nur in Ausnahmefällen beansprucht werden kann[93]. Dementsprechend wird der Verletzte zunächst darauf verwiesen, seine

---

89 BGHZ 66, 182 Urt. v. 6.4.1976

90 BGHZ 66, 182 (191 f.) Urt. v. 6.4.1976

91 BGH AfP 90, 202 (205) Urt. v. 26.4.1990; BGHZ 70, 39 (42) Urt. v. 15.11.1977; BGH NJW 1986, 981 (982) Urt. v. 3.12.1985; OLG München, AfP 1990, 45 f. Urt. v. 22.3.1989

92 BGHZ 70, 39 (43) Urt. v. 15.11.1977

93 BGHZ 66, 182 (196 f.) Urt. v. 6.4.1976; BGHZ 70, 39 (42) Urt. v. 15.11.1977

Ansprüche auf Gegendarstellung[94] Widerruf bzw. Richtigstellung[95] wahrzunehmen. Der Verweis auf diese Ansprüche erfolgt, weil sie vergleichsweise leicht, schnell und preiswert durchsetzbare Instrumente zur Ansehenswahrung darstellen[96]. Ihre Vorrangigkeit ergibt sich also schon aus der in § 254 BGB verankerten Schadensminderungspflicht des Verletzten sowie aus der in § 249 S. 2 BGB normierten Voraussetzung der Erforderlichkeit[97].

bb) Zusätzliche Maßnahmen auf Kosten des Verletzers

Trotzdem soll für den Verletzten in Ausnahmefällen das Recht zur Vornahme zusätzlicher Maßnahmen auf Kosten des Verletzers bestehen. Diese Ausnahmefälle sind beschrieben als Konstellationen, in denen eine hohe Wahrscheinlichkeit für den Eintritt eines erheblichen materiellen Schadens spricht[98], der allein mit Gegendarstellung, Widerruf oder Richtigstellung nicht zu vermeiden ist[99].

(1) Wahrscheinlichkeit eines erheblichen materiellen Schadens

Der Verletzte hat die Umstände darzulegen, die eine hohe Wahrscheinlichkeit für den Eintritt eines erheblichen materiellen Schadens begründen. Mit dem Erfordernis eines erheblichen materiellen Schadens ist klar, dass der Erstattungsanspruch Vermögensinteressen dient und kein Rechtsbehelf zur Wahrung immaterieller Aspekte der Persönlichkeit ist.

Die erforderliche Darlegung der Wahrscheinlichkeit eines Schadenseintritts gelingt in der Praxis vornehmlich dort, wo der Ruf von Unternehmern beeinträchtigt wurde[100]. Bei diesen wird der gute Ruf regelmäßig als beachtlicher "Vermögenswert" angesehen.

---

94 BGHZ 66, 182 (193) Urt. v. 6.4.1976

95 BGH NJW 1986, 981 (982 f.) Urt. v. 3.12.1985

96 BGHZ 66, 182 (193 ff.) Urt. v. 6.4.1976

97 BGHZ 66, 182 (192) Urt. v. 6.4.1976

98 BGHZ 66, 182 (194) Urt. v. 6.4.1976; BGH NJW 1986, 981 (983) Urt. v. 3.12.1985; Damm/Kuner Rn 321; Soehring-Presserecht Rn 32.13

99 BGHZ 66, 182 (196) Urt. v. 6.4.1976; BGHZ 70, 39 (42) Urt. v. 15.11.1977; BGH NJW 1979, 2197 (2198) Urt. v. 6.4.1979

100 BGHZ 70, 39 Urt. v. 15.11.1977; OLG München, AfP 1990, 45 Urt. v. 22.3.1989; BGH AfP 1990, 202 Urt. v 26.4.1990

(2) Untauglichkeit von Gegendarstellung, Widerruf, Richtigstellung

Kann der Verletzte neben dem drohenden Vermögensschaden darlegen, dass Gegendarstellung, Widerruf oder Richtigstellung zur Vermeidung dieses Schadens generell untauglich oder verspätet sind, dann ist der Verletzte grundsätzlich berechtigt, andere Maßnahmen auf Kosten des Verletzers zu treffen[101].

Betrifft die Persönlichkeitsverletzung einen Unternehmer, dann kommt die Rechtsprechung eher zur Annahme der Erforderlichkeit weiterer Maßnahmen. Hierzu findet sich die Begründung, dass gerade die von gewerblichen Unternehmen angesprochenen Verkehrskreise bei negativen Behauptungen eine Stellungnahme des betroffenen Unternehmens erwarten würden[102]. Generell wird die eigene freie Stellungnahme des Verletzten, verglichen mit der mit dem Redaktionsschwanz versehenen Gegendarstellung, als wirksameres Mittel zur Ansehenswahrung angesehen[103].

Kommt man zu der Feststellung, dass Gegendarstellung oder Widerruf an sich zur Schadensvermeidung geeignet sind, werden diese Maßnahmen vom Verletzer aber verzögert, stellt sich die Frage, ob die Verzögerung eigene Maßnahmen des Verletzten rechtfertigt. Hierzu hatte der BGH schon in seiner Panorama-Entscheidung festgestellt, dass dem Verletzten zur Erlangung von Gegendarstellung und Widerruf grundsätzlich die Inanspruchnahme gerichtlicher Hilfe zuzumuten ist[104]. Nur wenn feststeht, dass der Schaden wegen der Verzögerung von Gegendarstellung oder Widerruf nicht vermieden werden kann, sind schadensmindernde Maßnahmen auf Kosten des Verletzers gerechtfertigt.

(3) Schadensminderungspflicht aus § 254 Abs. 2 BGB

Zur abschließenden Beurteilung der Zulässigkeit solcher Maßnahmen ist schließlich § 254 Abs. 2 BGB zu beachten. Hiernach ist der Verletzte mit seinem Gegendarstellungs- oder Widerrufsverlangen verpflichtet, den Verletzer auf die Gefahr eines ungewöhnlich hohen Schadens hinzuweisen, sofern der Verletzer diese Gefahr nicht kennt und auch nicht kennen konnte[105]. Dies ermöglicht dem Verletzer, selbst die adäquaten Maßnahmen zu treffen.

---

101 BGHZ 66, 182 (194) Urt. v. 6.4.1976; BGHZ 70, 39 (43) Urt. v. 15.11.1977; BGH NJW 1979, 2197 (2198) Urt. v. 6.4.1979; BGH NJW 1986, 981 (982) Urt. v. 3.12.1985

102 BGHZ 70, 39 (43) Urt. v. 15.11.1977; BGH NJW 1979, 2197 (2198) Urt. v. 6.4.1979

103 BGHZ 66, 182 (194) Urt. v. 6.4.1976; Wenzel Rn 14.14

104 BGHZ 66, 182 (197) Urt. v. 6.4.1976

105 BGHZ 66, 182 (197) Urt. v. 6.4.1976; Wenzel Rn 14.18

Liegt nach Prüfung all dieser Voraussetzungen ein Ausnahmefall vor, in dem der Verletzte eigene Maßnahmen zur Schadensvermeidung ergreifen kann, so muss er sie wegen seiner aus § 254 Abs. 2 BGB folgenden Schadensminderungspflicht auch wahrnehmen[106], will er die Berücksichtigung eigenen Mitverschuldens im Rahmen des § 254 Abs. 2 i.V.m. Abs. 1 BGB vermeiden.

c) Arten zulässiger weiterer Maßnahmen

aa) Inserate und Anzeigen im Verletzermedium

Bei Zulässigkeit eigener Maßnahmen kann der Verletzte zunächst richtigstellende Anzeigen oder Inserate in dem Medium veröffentlichen, in dem auch die persönlichkeitsverletzende Veröffentlichung enthalten war[107]. Dies gewährleistet einerseits die Geringhaltung der Kosten und zum anderen, dass auch die Adressaten der schadensträchtigen Veröffentlichung erreicht werden. Lediglich in Fällen, in denen diese auf das Verletzermedium beschränkten Veröffentlichungen zur Schadensvermeidung nicht ausreichend erscheinen, sind umfangreichere Veröffentlichungen auch in anderen Medien zulässig[108]. Demgemäss sprach das OLG-München einem Schlagersänger, dem in der Presse ein uneheliches Kind angedichtet wurde, die Erstattung von Kosten für eine breiter angelegte "Image-Kampagne" zu. Mit der Image-Kampagne sollte verhindert werden, dass andere Medien die verletzende Äußerung übernehmen[109]. Maßgebliches Argument für die Zulässigkeit der Maßnahmen war die Erwägung, dass das Image eines Schlagersängers durch die verletzende Äußerung in den Augen der interessierten Konsumentenkreise erheblich beeinträchtigt würde. Dies wiederum hätte für den beruflichen Erfolg eines Schlagersängers erhebliche negative Folgen. Diese konnten nach Ansicht des Gerichts durch die vorgenommene Öffentlichkeitsarbeit verhindert werden[110].

bb) Beschränkung der Anzeigen auf Richtigstellung

Auch für den Inhalt der richtigstellenden Anzeigen des Verletzten wird von der Rechtsprechung gefordert, dass sie sich auf das Notwendige beschränken. Zudem wird bei der Richtigstellung ein inhaltlicher Bezug zu der verletzenden

---

106 BGHZ 70, 39 (43) Urt. v. 15.11.1977; OLG München AfP 1990, 45 (46) Urt. v. 22.3.1989; BGH AfP 1990, 202 (205) Urt. v. 26.4.1990; Wenzel Rn 14.42

107 BGHZ 70, 39 (43 f.) Urt. v. 15.11.1977; BGH NJW 1979, 2197 (2198) Urt. v. 6.4.1979

108 BGH NJW 1979, 2197 Urt. v. 6.4.1979

109 OLG München, AfP 1990, 45 f. Urt. v. 22.3.1989

110 OLG München, AfP 1990, 45 (46) Urt. v. 22.3.1989

Äußerung gefordert. Damit soll gewährleistet werden, dass die Veröffentlichung von den Adressaten als Richtigstellung verstanden wird und nicht völlig beziehungslos zu der verletzenden Äußerung steht[111].

cc) Angemessenheit der Maßnahme

Schließlich müssen die schadensvermeidenden Maßnahmen in einem angemessenen Verhältnis zum drohenden Vermögensschaden stehen. Der Aufwand zur Schadensabwehr darf die Summe der befürchteten materiellen Schäden nicht übersteigen. Auch dies folgt aus der Schadensminderungspflicht des Verletzten sowie aus dem in § 251 Abs. 2 S. 1 BGB enthaltenen Verhältnismäßigkeitsgrundsatz[112]. Ergibt sich anhand dieser Grundsätze keine Berechtigung für den Verletzten, eigene schadensmindernde Maßnahmen auf Kosten des Verletzten zu treffen, bleibt ihm letztlich nur der Verweis auf die Geltendmachung des Schadens nach dessen Realisierung[113].

d) Ersatz von Herstellungsaufwand über die Grundsätze der Ersparnisbereicherung bzw. der Geschäftsanmaßung

Der Verletzte kann mit dem von der Rechtsprechung gewährten bereicherungsrechtlichen Anspruch ebenfalls Ersatz für solche Maßnahmen erlangen, die der Beseitigung der Persönlichkeitsverletzung dienen. Dieser Bereicherungsanspruch knüpft an den in Analogie zu § 1004 BGB gewährten Störungsbeseitigungsanspruch an[114]. Der Bereicherungsanspruch ist anders als der Schadenersatzanspruch lediglich auf die Beseitigung der Persönlichkeitsverletzung gerichtet, nicht aber auf Beseitigung der Eingriffsfolgen[115].

Ansonsten gelten nach Auffassung des BGH die soeben für den Schadenersatz dargestellten Grundsätze auch für den aus §§ 812 Abs. 1 S. 1, 2. Alt., 818 BGB folgenden Anspruch aus Ersparnisbereicherung[116]. Folgt man im Recht der Geschäftsführung ohne Auftrag der Rechtsprechung zum "Auch fremden Geschäft"[117], lässt sich der Anspruch auch auf die §§ 683, 670 BGB stützen.

---

111 BGHZ 70, 39 (44) Urt. v. 15.11.1977; BGH NJW 1979, 2197 (2198) Urt. v. 6.4.1979

112 BGHZ 66, 182 (193) Urt. v. 6.4.1976; BGH NJW 1986, 981 (982) Urt. v. 3.12.1985

113 BGHZ 66, 182 (198) Urt. v. 6.4.1976; BGH NJW 1986, 981 (982) Urt. v. 3.12.1985

114 BGHZ 97, 231 (234) Urt. v. 7.3.1986; BGH NJW 1991, 2826 (2827) Urt. v. 26.4.1991

115 BGH NJW 1996, 845 (846) Urt. v. 1.12.1995; Erman-Hefermehl § 1004 Rn 6; Münch.Komm.-Medicus § 1004 Rn 61; Palandt-Bassenge § 1004 Rn 22; Wenzel Rn 13.9

116 BGHZ 66, 182 (191) Urt. v. 6.4.1976; BGH NJW 1979, 2197 Urt. v. 6.4.1979

117 BGHZ 110, 313 (314) Urt. v. 8.3.1990; BGH NJW 1996, 845 (846) Urt. v. 1.12.1995

e) Kein Anspruch auf fiktive Herstellungskosten

Hat der Verletzte einen Anspruch auf Ersatz von Herstellungskosten, so kann er diese auch vor Beginn der Herstellungsmaßnahmen verlangen. Er hat sie aber bei nicht zweckgemäßer Verwendung nach den Vorschriften der ungerechtfertigten Bereicherung zurückzugeben[118]. Ein Anspruch auf Zahlung fiktiver Herstellungskosten besteht für den Verletzten mithin nicht.

Die Ablehnung des Anspruchs auf Zahlung fiktiver Herstellungskosten folgt aus der fehlenden Dispositionsfreiheit des Geschädigten. Anders als bei Verletzungen an Vermögensgütern ist der Verletzte in der Verwendung der zur Schadensbeseitigung an immateriellen Gütern geleisteten Mittel nicht frei[119]. Der Verletzte muss also das zur Herstellung von Ruf und Ansehen Geleistete für diesen Zweck verwenden. Auch in diesem Punkt besteht eine Parallele zur Rechtsprechung bezüglich der sogenannten Marktverwirrung im gewerblichen Rechtsschutz. Auch bei einer Marktverwirrung kann der Verletzte Herstellungskosten nur dann als Schadenersatz beanspruchen, wenn er sie tatsächlich zur Marktentwirrung einsetzt[120].

Im Schrifttum findet sich demgegenüber die Auffassung, dass auch fiktive Herstellungskosten ersatzfähig seien. Dabei wird der Standpunkt vertreten, die Marktverwirrung selbst, insbesondere der durch Gegenmaßnahmen nicht zu beseitigende Teil, sei ein konkreter Vermögensschaden, für den Entschädigung nach § 251 Abs. 1 BGB verlangt werden könne. Diese Entschädigung sei nach § 287 ZPO zu schätzen[121]. Unter Anerkennung der Marktverwirrung als konkretem Vermögensschaden erkennen Leisse/Traub auch fiktive Herstellungskosten als ersatzfähige Marktverwirrungsschäden an.

Der BGH trat dieser Auffassung ausdrücklich mit dem Argument entgegen, dass die Anerkennung fiktiver Herstellungskosten nicht dem Prinzip der konkreten Schadensberechnung entsprechen würde[122].

---

118 Münch.Komm.-Grunsky § 249 Rn 18; UWG-Grußkomm-Köhler vor § 13 B Rn 317

119 BGHZ 97, 14 (18 ff.) Urt. v. 14.1.1986; Münch.Komm.-Grunsky § 249 Rn 18; Staudinger-Schiemann § 249 Rn 224

120 BGH GRUR 1982, 489 (491) Urt. v. 4.3.1982; Baumbach/Hefermehl Einl. UWG Rn 391; Teplitzky Kap. 34 Rn 11; UWG-Großkomm Köhler vor § 13 Rn 317; a.A. Leisse/Traub GRUR 1980, 1 (7); Leisse GRUR 1988, 88 (91)

121 Leisse/Traub GRUR 1980, 1 (7); Teplitzky 34. Kap. Rn 10; UWG-Großkomm Köhler vor § 13 B Rn 318

122 BGH GRUR 1982, 489 (491) Urt. v. 4.3.1982

Dem ist für den Bereich des Persönlichkeitsrechts zuzustimmen. Würde man dem Verletzten die Dispositionsfreiheit über die zur Herstellung seines Ansehens erforderlichen Mittel zubilligen, wären die Grenzen zum Entschädigungsanspruch für immaterielle Schäden, für den andere Voraussetzungen gelten müssen, verwischt.

f) Rechtsprechungsbeispiele für den Ersatz rufherstellender Maßnahmen

Für Unternehmer und andere in der Öffentlichkeit engagierte Personen besteht bei Rufverletzungen eine höhere Wahrscheinlichkeit für den Eintritt konkreter Vermögensschäden. Dementsprechend gelang es gerade solchen Personen, Ansprüche auf Ersatz schadensvermeidender Aufwendungen durchzusetzen[123].

Weiterhin lässt sich feststellen, dass die Zuerkennung von Ansprüchen schon dem Grunde nach um so eher erfolgte, je geringer die beanspruchten Summen waren. In den Beispielsfällen wurden bei Verletzung des Ansehens zwischen DM 7.000 und DM 14.000 zugesprochen[124]. Mit solchen Summen hat sich die Rechtsprechung keine größeren Probleme gemacht. Insbesondere wurde in diesen Fällen auf konkrete Ansätze zur Höhe des drohenden Schadens verzichtet. Die Rechtsprechung nahm es damit aber dort genauer, wo sie über Forderungen in Höhe von DM 180.000 bis DM 315.000[125] zu entscheiden hatte. Im Ergebnis konnten die Kläger dort nicht die Erforderlichkeit und Angemessenheit der Aufwendungen darlegen. Insbesondere gelangen den Klägern dort keine konkreten Ansätze für die vermiedenen Schäden.

g) Kritik an der Rechtsprechung

In der Literatur wird die Rechtsprechung zunächst wegen des vorrangigen Verweises auf die Gegendarstellung kritisiert. Die Gegendarstellung allein sei nicht zur Wahrung der Ehre und des Ansehens in der Lage[126]. Hierzu ist anzumerken, dass der Anspruch auf Ersatz schadensmindernder Aufwendungen auf die Vermeidung materieller Vermögenseinbußen beim Verletzten gerichtet ist. Dem Ausgleich rein immaterieller Beeinträchtigungen, auf den diese Kritik vornehmlich abhebt, soll der Anspruch gar nicht dienen.

---

123 BGHZ 70, 39 (43 f.) Urt. v. 15.11.1977; OLG München, AfP 1990, 45 f. Urt. v. 22.3.1989; BGH AfP 1990, 202 (205) Urt. v. 26.4.1990

124 BGHZ 70, 39 (46 f.) Urt. v. 15.11.1977; BGH AfP 1990, 202 (205) 26.4.1990; OLG München, AfP 1990, 45 f. Urt. v. 22.3.1989

125 BGHZ 66, 182 Urteil v. 6.4.1976 (314.359 DM); BGH NJW 1979, 2197 Urt. v. 6.4.1979 (180.100 DM); BGH NJW 1986, 981 Urt. v. 3.12.1985 (210.000 DM)

126 Eschenlohr NJW 1976, 1202

Weiterhin wird die von der Rechtsprechung vorgegebene inhaltliche Reglementierung schadensmindernder Anzeigen gerügt. Wenzel bemängelt insbesondere die vom BGH in der Alkoholtest-Entscheidung aufgestellte Forderung nach dem inhaltlichen Bezug zu der verletzenden Veröffentlichung und das Verbot vornehmlich werbender Anzeigen. Er meint, auch solche werbenden Anzeigen seien geeignet, die aus einer Ansehensbeeinträchtigung zu erwartenden Schäden zu vermeiden[127].

Letzterem ist zuzustimmen. Allerdings ist gegen die Kritik Wenzels insgesamt einzuwenden, dass die Rechtsprechung das Erfordernis des inhaltlichen Bezugs unter dem Gesichtspunkt der Eignung und Erforderlichkeit zur Schadensvermeidung aufgestellt hat[128]. Die bei der Gestaltung schadensmindernder Anzeigen notwendige Flexibilität räumt aber auch die Rechtsprechung des BGH ein. So wird ein Bezug zu der verletzenden Äußerung nur soweit gefordert, als er keine Vertiefung der Verletzung befürchten lässt[129]. Auch Werbung wird nicht gänzlich ausgeschlossen. Ihr Ausschluss geht nur so weit, als sie im Einzelfall zur Schadensvermeidung nicht erforderlich erscheint[130]. Der BGH befolgt damit die Vorgaben des Schadenersatzrechts.

h) Ersatz für rufherstellende Maßnahmen bei Verletzungen durch Werturteile

Bisher hat die Rechtsprechung des BGH den Aufwendungsersatzanspruch für ansehenswahrende Anzeigen nur bei der Entgegnung auf rechtswidrige Tatsachenbehauptungen in Betracht gezogen und zuerkannt[131]. Die Ausführungen der Rechtsprechung lassen aber die Möglichkeit offen, auch rechtswidrigen Meinungsäußerungen mit Anzeigen zur Ruf- und Ansehenswahrung auf Kosten des Verletzers zu begegnen.

Dagegen spricht auch nicht der aus Art. 5 Abs. 1 GG folgende Grundsatz, nach dem der Widerruf rechtswidriger Werturteile nicht verlangt werden kann. Der Ausschluss des Widerrufsanspruchs folgt aus der Erwägung, dass es die Meinungsfreiheit verbiete, jemanden mit staatlichem Zwang zur Aufgabe seiner Meinung zu bringen. Zudem ist ein unter Zwang abgegebener Widerruf einer

---

127 Wenzel Rn 14.47 f.

128 BGHZ 70, 39 (44) Urt. v. 15.11.1977; BGH NJW 1979, 2197 (2198) Urt. v. 6.4.1979

129 BGH NJW 1979, 2197 (2198) Urt. v. 6.4.1979; BGH NJW 1986, 981 (982) Urt. v. 3.12.1985

130 BGHZ 70, 39 (45) Urt. v. 15.11.1977

131 vgl. BGHZ 66, 189 Urt. v. 6.4.1976; BGHZ 70, 39 Urt. v. 15.11.1977; BGH NJW 1986, 981 Urt. v. 3.12.1985; BGH AfP 1990, 202 Urt. v. 26.4.1990

Meinungsäußerung auch nicht geeignet, den negativen Eindruck der rechtswidrigen Meinungsäußerung zu beseitigen[132].

Diese Argumentation lässt sich jedoch nicht auf den hier in Rede stehenden Aufwendungsersatzanspruch übertragen. Wie oben gesehen, sind die Maßnahmen zur Schadensvermeidung Äußerungen des Verletzten, die lediglich auf Kosten des Verletzers an die Öffentlichkeit gebracht werden. Der Verletzer wird dadurch nicht gezwungen, eine andere als seine eigene Auffassung zu äußern. Entscheidend ist, dass er gemäß § 823 BGB die Verantwortung für Schäden im Vermögen des Verletzten trägt. Der Aufwendungsersatzanspruch dient primär der Vermeidung solcher Schäden. Der Verletzte nimmt mit seiner Erwiderung auf die rechtswidrige Meinungsäußerung letztlich sein Recht auf kommunikative Selbstbestimmung aus Art. 2 Abs. 1, 1 Abs. 1 GG wahr. Ganz in diesem Sinne wird zu Recht verlangt, dass auch das Gegendarstellungsrecht gegenüber rechtswidrigen Meinungsäußerungen anerkannt wird[133].

Freilich ist auch bei Maßnahmen, die sich gegen rechtswidrige Werturteile richten, zu beachten, dass der Verletzte die Umstände darlegt, die auf Geeignetheit und Erforderlichkeit der Maßnahme schließen lassen. Selbstverständlich kann auch der Inhalt von Anzeigen und Inseraten nicht darauf beschränkt werden, lediglich das reine Werturteil zu negieren. Vielmehr muss es dem Verletzten hier gestattet sein, dem negativen schadensträchtigen Eindruck mit geeigneten Äußerungen zu begegnen. Was die quantitative Beschränkung der berechtigten Maßnahmen betrifft, so gilt das gleiche wie bei Maßnahmen gegenüber verletzenden Tatsachenbehauptungen. Ausreichend ist das, was die Adressaten der verletzenden Äußerung erreicht.

3. Kosten der Rechtsverfolgung

Wenn das Persönlichkeitsrecht schuldhaft verletzt wird kann der Verletzte die Kosten der angemessenen Rechtsverfolgung ohne weiteres als Schadenersatz beanspruchen[134]. Zu den Maßnahmen angemessener Rechtsverfolgung gehört die Geltendmachung von Ansprüchen gegenüber dem Verantwortlichen d.h. Unterlassungsanspruch, Beseitigungsanspruch, Gegendarstellungsanspruch so-

---

132 BGHZ 10, 104 (105) Urt. v. 17.6.1953; OLG Hamburg, MDR 1979, 140 Urt. v. 26.4.1978; Damm/Kuner Rn 265; Palandt-Thomas Einf. zu § 823 Rn 32; Wenzel Rn 13.13

133 Rösler ZRP 1999, 507 (508 f.)

134 vgl. BGHZ 111, 168 (171 f.) Urt. v. 24.4.1990 (zum Recht auf elterliche Sorge aus § 1626 ff. BGB); Damm/Kuner Rn 317; Soehring 2. Aufl. Rn 32.12; Palandt-Heinrichs § 249 Rn 20; Wenzel 4. Aufl. Rn 14.39

wie finanzielle Ansprüche[135]. Der Verletzte kann die Kosten der Rechtsverfolgung, sofern er sie schon aufgewandt hat, als Folgeschaden nach § 249 Abs. 1 BGB ersetzt verlangen. Wenn der Verletzte die Kosten noch nicht selbst verauslagt hat, steht ihm gegen den Verletzer der Befreiungsanspruch nach § 249 Abs. 1 BGB zu, der unter den Voraussetzungen des § 250 S. 2 BGB zum Geldersatzanspruch wird[136].

Weitere Anspruchsgrundlage für die Erstattung von Rechtsverfolgungskosten, die auch Fälle unverschuldeter Eingriffe umfasst, bilden die Vorschriften über den Verzug in den §§ 284 ff. BGB[137]. Diese Vorschriften gewähren einen Anspruch auf Ersatz von Aufwendungen zur Rechtsverfolgung, die der Verletzte dadurch erleidet, dass der Verpflichtete den berechtigten Anspruch des Verletzten nicht rechtzeitig erfüllt.

4. *Ersatz für entgangenen Gewinn*

a) *Vorschriften zum Anspruch auf Ersatz des entgangenen Gewinns*

Der entgangene Gewinn ist ebenfalls im Wege der Naturalrestitution nach § 249 S. 1 BGB zu ersetzen. Bei der Beurteilung dieses Anspruchs sind zusätzlich die Regelungen der §§ 252 und 842 BGB sowie des § 287 ZPO zu beachten.

In § 252 S. 1 BGB wird die Ersatzfähigkeit entgangener Gewinne besonders erwähnt. Dies hat jedoch nur klarstellenden Charakter im Hinblick auf ältere Kodifikationen, die den entgangenen Gewinn nicht ebenso wie den positiven Schaden behandelten[138]. Größere Bedeutung hat hingegen die Regelung des § 252 S. 2 BGB. Diese Regelung bewirkt für den Verletzten nach h.M. eine Verminderung von Darlegungs- und Beweislast[139]. Die gleiche Funktion hat auch § 287 ZPO. Diese Vorschrift erleichtert dem Geschädigten den Beweis von Schadensentstehung und Schadensumfang.

---

135 BGH AfP 1990, 202 (204) Urt. v. 26.4.1990; OLG München, AfP 1990, 45 Urt. v. 22.3.1989; LG Hamburg, AfP 1990, 332 (333) Urt. v. 28.9.1990; OLG Saarbrücken, NJW 1997, 1376 (1379) Urt. v. 12.2.1997; LG Berlin, NJW 1998, 316 (317) Urt. v. 9.10.1997; Damm/Kuner Rn 317; Seitz/Schmidt-Schmidt Rn 487; Soehring-Presserecht Rn 32.12; Wenzel Rn 14.39

136 LG Hamburg, AfP 1990, 332 (333) Urt. v. 28.9.1990; LG Berlin, NJW 1998, 316 (317) Urt. v. 9.10.1997

137 Palandt-Heinrichs § 286 Rn 7; Seitz/Schmidt-Schmidt Rn 487, 488; Wenzel Rn 11.195

138 Münch.Komm.-Grunsky § 252 Rn 1; Staudinger-Schiemann § 252 Rn 1

139 vgl. Staudinger-Schiemann § 252 Rn 3 ff. m.w.N. (zur Beweiserleichterungstheorie)

Für unerlaubte Handlungen gegen Personen bestimmt § 842 BGB ausdrücklich die Ersatzfähigkeit von Erwerbseinbußen und sonstigen Fortkommenschäden. Diese Vorschrift findet Anwendung bei deliktischen Verletzungen von Persönlichkeitsrechten[140]. Allerdings hat diese Vorschrift ebenso wie § 252 S. 1 BGB lediglich klarstellende Bedeutung. Denn schon aus § 249 S. 1 BGB ergibt sich die Pflicht zum Ersatz der materiellen Nachteile, die aus der Behinderung von Erwerbs- und Vermögensaussichten resultieren[141].

Die in den §§ 249 S. 1, 252 S. 1 und 842 BGB umschriebene Ersatzpflicht für Vermögenseinbußen bei Persönlichkeitsverletzungen ist also stets die gleiche. Der Verletzte ist hinsichtlich seines Vermögens so zu stellen, wie er ohne das schädigende Ereignis stehen würde. Der Verletzer hat also alle Vermögensvorteile zu ersetzen, die dem Verletzten wahrscheinlich zugeflossen wären. Dabei ist es gleichgültig, ob sich der Vermögensvorteil schon im Zeitpunkt der gerichtlichen Entscheidung beim Verletzten realisiert hätte oder ob mit seinem Eintritt erst danach zu rechnen war.

b) Problem der hypothetischen Kausalität

Das Problem beim Ersatz des entgangenen Gewinns liegt in der hypothetischen Bestimmung des vereitelten Vermögensvorteils. Hilfestellung bieten hier die genannten Vorschriften der §§ 252 S. 2 BGB und 287 ZPO.

aa) Darlegungserleichterung durch § 252 S. 2 BGB

Durch § 252 S. 2 BGB wird für den Verletzten bei der Beanspruchung entgangenen Gewinns die strenge Regel des § 286 ZPO zur Darlegungs- und Beweislast abgemildert[142]. Nach § 286 ZPO kann der Richter behauptete strittige Tatsachen nur dann als gegeben ansehen, wenn er von der Wahrheit der Behauptung überzeugt ist[143], bestehende Zweifel an der Richtigkeit der Behauptung also unbeachtlich sind[144]. Die Regelung des § 252 S. 2 BGB führt zu einer Absenkung dieser Anforderung. Der Verletzte hat gemäß § 252 S. 2 BGB nur die Umstände darzulegen und zu beweisen, aus denen sich die Wahrscheinlichkeit der Gewinnerzielung ergibt[145].

---

140 Erman-Schiemann § 842 Rn 2 m.w.N.; Münch.Komm.-Stein § 842 Rn 4 m.w.N.

141 Münch.Komm.-Stein § 842 Rn 1 m.w.N.

142 BGHZ 2, 310 (314) Urt. v. 19.6.1951; BGHZ 30, 7 (16) Urt. v. 18.3.1959; Lange S. 341 f.; Münch.Komm.-Grunsky § 252 Rn 8; Staudinger-Schiemann § 252 Rn 4 u. 18

143 Baumbach/Lauterbach-Hartmann § 286 Rn 16 m.w.N.; Zöller-Greger § 286 Rn 18

144 Baumbach/Lauterbach-Hartmann § 286 Rn 18 m.w.N.

145 BGHZ 54, 45 (55) Urt. v. 5.5.1970

Der Verletzer hat gegen diese so begründete gesetzliche Vermutung nur die Möglichkeit des Gegenbeweises[146]. Ergibt sich also aus den Darlegungen des Verletzten die für die Zuerkennung entgangenen Gewinns notwendige Wahrscheinlichkeit i.S.d. § 252 S. 2 BGB, so kann der Ersatzpflichtige dagegen nicht allein mit dem Nachweis der ernsthaften Möglichkeit, dass der Gewinn ohnehin ausgeblieben wäre, erfolgreich sein. Vielmehr muß er, anders als nach den Regeln des sogenannten Anscheinsbeweises, konkrete Umstände darlegen und beweisen, die den Wahrscheinlichkeitsschluss zugunsten des Verletzten nicht mehr zulassen[147].

bb) Darlegungserleichterung durch § 287 ZPO

Eine ähnliche Erleichterung für den Verletzten bietet § 287 ZPO. Hiernach ist der Anspruchsteller bei Schadenersatzverlangen von den strengen Beweisanforderungen des § 286 ZPO befreit, wenn der Nachweis des Schadens, wie zumeist bei der Beanspruchung entgangenen Gewinns, mit unverhältnismäßigen Schwierigkeiten verbunden ist[148]. Auch nach § 287 ZPO ist für die Zuerkennung entgangenen Gewinns die Feststellung ausreichend, dass er ohne das schädigende Ereignis wahrscheinlich erzielt worden wäre[149].

Aufgrund dieser ähnlichen Funktion werden § 252 S. 2 BGB und § 287 ZPO von der Rechtsprechung auch ohne weitergehende Differenzierung gemeinsam zur Anwendung gebracht, wenn es darum geht, die für die Bestimmung des entgangenen Gewinns notwendigen Tatsachengrundlagen zu ermitteln[150].

cc) Umfang der Erleichterung bei Darlegungs- und Beweislast

Der Umfang der durch die §§ 252 S. 2 BGB und 287 ZPO vermittelten Erleichterungen für den Anspruchsteller bestimmt sich für jeden Einzelfall gesondert. Entscheidend ist, was dem Verletzten an Darlegung und Beweis zuzumuten ist. Der Verletzte hat all die Beurteilungsgrundlagen und Anhaltspunkte, deren Beibringung dem Geschädigten im konkreten Fall zuzumuten ist, darzulegen und nach den Vorgaben des § 286 ZPO zu beweisen[151]. Tut er dies nicht, kann ihm mit § 252 S. 2 BGB und § 287 ZPO nicht geholfen werden. Auch ein

---

146 BGHZ 29, 393 (398) Urt. v. 16.3.1959

147 Lange S. 343; Münch.Komm.-Grunsky § 252 Rn 9; Staudinger-Schiemann § 252 Rn 18

148 Zöller-Greger § 287 Rn 2 m.w.N.

149 BGH NJW-RR 1996, 781 Urt. v. 7.3.1996 m.w.N.

150 Staudinger-Schiemann § 252 Rn 18 m.w.N.

151 Lange S. 342; Zöller-Greger § 287 Rn 5 m.w.N.

sogenannter "Mindestschaden" als entgangener Gewinn kann nur dann angenommen werden, wenn die dargelegten Anknüpfungstatsachen auf den Eintritt eines Vermögensschadens in einer bestimmten Mindesthöhe schließen lassen.

Der Verletzte kann also dann Schadenersatz wegen Verlust von Einkommen und gewinnträchtigen Geschäften geltend machen, wenn Anhaltspunkte vorliegen, aus denen sich die entgangenen Einkünfte ableiten lassen[152]. Die bloße abstrakte Eignung einer Persönlichkeitsverletzung, Erwerb und Geschäfte des Verletzten negativ zu beeinflussen, kann auch bei Anwendung der Beweiserleichterungen der §§ 252 S. 2 BGB und 287 ZPO keinen Schadenersatzanspruch rechtfertigen[153].

dd) Erfolgreiche Klagen auf Ersatz entgangenen Gewinns

Erfolgversprechend sind unter den soeben geschilderten Voraussetzungen Klagen, die sich auf tatsächlich eingetretene Erwerbseinbußen, dargelegt durch den Vergleich früheren Erwerbs mit dem nach der Verletzung, stützen können[154]. Ist der Verletzte also in der Lage, einen tatsächlichen Rückgang bei Einkommen oder Umsatz darzulegen, und lässt sich dieser Rückgang mit überwiegender Wahrscheinlichkeit auf die Persönlichkeitsverletzung zurückführen, so wird das Gericht diesen Verlust als entgangenen Gewinn zuerkennen. Dem Verletzten ist es dann abgenommen, im Einzelnen darzulegen und zu beweisen, welches einzelne Geschäft mit welchem Gewinn ohne die Persönlichkeitsverletzung stattgefunden hätte[155]. Ähnlich ist die Situation, wenn jemand im Anschluss an eine Persönlichkeitsverletzung seinen Arbeitsplatz verliert.

Aber auch dann, wenn sich ein bisher erzielter Umsatz oder ein bisher erzieltes Einkommen nicht geändert hat, ist es denkbar, entgangenen Gewinn geltend zu machen, der aus der Vereitelung gewinnträchtiger Vorgänge resultiert. Beispiel dafür bietet der Fall, in dem jemand wegen einer Persönlichkeitsverletzung einen lukrativeren Arbeitsplatz nicht erhält[156].

---

152 BGH NJW 1995, 1023 (1024) Urt. v. 17.1.1995

153 BGH NJW 1995, 1023 (1024) Urt. v. 17.1.1995

154 OLG Frankfurt a.M., ZUM 1992, 361 (365 f.) Urt. v. 4.7.1991; vgl. BGH NJW 1997, 1148 (1150) Urt. v. 26.11.1996

155 OLG Frankfurt a.M., ZUM 1992, 361 (365 f.) Urt. v. 4.7.1991

156 vgl. OLG München, NJW 1988, 915 (916) Urt. v. 13.11.1987

c) Problematik des zukünftigen Schadens

Kann man in den soeben geschilderten Situationen den entgangenen Gewinn für die Zeit bis zur Entscheidung noch relativ einfach bestimmen, so bleibt doch stets die Frage nach der zukünftigen Entwicklung. Auch der zukünftige Schaden ist ja nach den §§ 249 S. 1, 252 S. 2, 842 BGB ersatzfähig[157]. Dies folgt aus dem in § 249 S. 1 BGB enthaltenen Prinzip der Totalreparation.

Allerdings sind die Schwierigkeiten bei der Abschätzung dieser zukünftigen Entwicklung und insbesondere das Urteil über die Nachhaltigkeit der Persönlichkeitsverletzung für das Vermögen des Verletzten erhebliche Unsicherheitsfaktoren bei der Bestimmung des zukünftigen Schadens. Bei Körperverletzungen bestehen im Regelfall konkrete Anhaltspunkte und Erfahrungen, inwieweit die Erwerbsfähigkeit auch in Zukunft beeinträchtigt sein wird. Bei Persönlichkeitsverletzungen kann man wegen der individuellen Besonderheiten kaum auf solche Erfahrungen zurückgreifen. Abgesehen von der Feststellung, dass die Wirkungen von Ehrverletzungen und Ansehensbeeinträchtigungen mit der Zeit abnehmen, kann man über deren Nachwirkungen nichts Allgemeingültiges sagen. Ersatz für erwartete Zukunftsschäden ist daher, soweit ersichtlich, durch die Rechtsprechung in Fällen von Persönlichkeitsverletzungen bisher auch nicht zugesprochen worden.

aa) Feststellungsklage für zukünftige Schäden

Zur Sicherstellung des Schadenersatzes für zukünftige Schäden dient daher vornehmlich die Klage auf Feststellung der Ersatzfähigkeit für zukünftig eintretende materielle Schäden[158]. Allerdings setzt auch der Erfolg der Feststellungsklage die Wahrscheinlichkeit eines Schadenseintritts an sich voraus[159]. Dieses Wahrscheinlichkeitsurteil kann sich auf Erfahrungssätze stützen, darf andererseits aber nicht lediglich theoretischer Natur sein[160]. Ausreichende Wahrscheinlichkeit ist insbesondere dann anzunehmen, wenn bereits Schäden eingetreten sind und die Schadensentwicklung nicht als abgeschlossen erscheint.

---

157 Staudinger-Schiemann vor § 249 Rn 79

158 BGH NJW 1978, 210 f. Urt. v. 15.11.1977; BGH GRUR 1981, 80 (89) Urt. v. 8.7.1980; BGH NJW 1994, 2614 (2617) Urt. v. 12.10.1993; BGH NJW 1997, 1148 (1150) Urt. v. 26.11.1996

159 BGH GRUR 1981, 80 (89) Urt. v. 8.7.1980; BGH NJW 1994, 2614 (2616) Urt. v. 12.10.1993

160 BGH GRUR 1981, 80 (89) Urt. v. 8.7.1980; BGH NJW 1994, 2614 (2617) Urt. v. 12.10.1993

Die Erhebung der Feststellungsklage ist in solchen Fällen, in denen die Wahrscheinlichkeit weiterer Schäden besteht, auch erforderlich, um der drohenden Verjährung vorzubeugen. Zwar beginnt die Verjährung von Schadenersatzansprüchen regelmäßig nicht vor Eintritt eines Schadens[161]. Ist aber ein Schaden eingetreten und läuft die Verjährungsfrist, so unterfallen dieser Frist, entsprechend dem Grundsatz der Schadenseinheit, auch alle vorhersehbaren zukünftigen Schäden[162].

In Fällen, in denen der Verletzte schon eine Leistungsklage erhoben hat, ist die gesonderte Feststellungsklage auch unter dem Aspekt der Rechtskrafterstreckung geboten. Mit Erhebung der Feststellungsklage macht der Verletzte deutlich, dass er weitere zukünftig eintretende Schäden nicht von der Leistungsklage erfasst sieht[163]. Das Urteil über die Leistungsklage schließt dann spätere Entscheidungen über weitere Schäden nicht aus. Zur Vermeidung der Rechtskraftwirkungen bleibt zudem die Möglichkeit, die Leistungsklage ausdrücklich als Teilklage hinsichtlich der bisher eingetretenen bezifferten Schäden zu bezeichnen.

bb) Marktwertverlust als Zukunftsschaden

Bei Wenzel findet sich bezogen auf Rufschädigungen von Unternehmen ein Vorschlag, wie man zukünftige Schäden anders als mit der Feststellungsklage abschließend behandeln kann. Für Fälle, in denen Unternehmen aufgrund der Verletzung ihres Ansehens Umsatzeinbußen erleiden, wird zur Abgeltung zukünftiger Schäden vorgeschlagen, den Schadenersatz endgültig am Verlust des Unternehmenswertes zu berechnen[164]. Wenzel meint, der Ersatz des kommerziellen Minderwertes, den der BGH für Beschädigungen an Kraftfahrzeugen entwickelt hat[165], lässt sich auch auf Rufschäden anwenden[166]. Zur Berechnung des durch die Rufschädigung hervorgerufenen Vermögensschadens möchte Wenzel den durch die Umsatzeinbußen verringerten Unternehmenswert zugrunde legen[167].

---

161 BGH MDR 1991, 1737 (1738) Urt. v. 23.4.1991; BGH NJW 1991, 973 Urt. v. 27.11.1990; BGH NJW 1993, 648 (654) Urt. v. 15.10.1992; Erman-Hefermehl § 198 Rn 8; Staudinger-Peters § 198 Rn 18

162 Staudinger-Peters § 198 Rn 29, 31 m.w.N.

163 vgl. zur offenen Teilklage: Zöller-Vollkommer vor § 322 Rn 47

164 Wenzel Rn 14.28 f.

165 BGHZ 27, 181 (186 ff.) Urt. v. 29.4.1958; BGHZ 35, 396 (397 ff.) Urt. v. 3.10.1961

166 Wenzel Rn 14.29

167 Wenzel Rn 14.29

Dieser Vorschlag ist von vornherein nur dort praktisch verwertbar, wo schon konkrete Vermögenseinbußen feststellbar sind, und wo sich der Schaden auf ein verkehrsfähiges Gut wie ein Unternehmen bezieht. Denn nur hier lässt sich mit hinreichender Genauigkeit ein Marktwert und damit auch ein kommerzieller Minderwert feststellen. Der Marktwert beim Persönlichkeitsrecht lässt sich nicht auf diese Weise ermitteln. Hierzu ist das Persönlichkeitsrecht zu komplex. Die mit der Persönlichkeit verbundenen Vermögensinteressen knüpfen an viele unterschiedliche Wertvorstellungen und Verwertungsformen an. Es erscheint nahezu unmöglich, einen potentiellen Verlust von Verwertungschancen und damit einen einheitlichen Marktwertverlust zu beziffern.

cc) Zukünftige Erwerbsschäden durch Persönlichkeitsverletzungen

Dies mag für solche Personen unbefriedigend sein, die keine Anhaltspunkte für konkret entgangene Geschäfte oder Erwerbsaussichten darlegen können, bei denen aber gleichwohl eine hohe Wahrscheinlichkeit dafür spricht, dass die Rufschädigung den Zugang zu Einnahmequellen versperrt. So gibt es bekanntlich Bereiche der Öffentlichkeit, in denen Personen zur Erzielung von Einnahmen ganz besonders auf ihren guten Ruf angewiesen sind. Beispiel dafür ist der Leistungssportler, dessen Image durch die Bezichtigung des Dopings so beschädigt werden kann, dass Sponsoren- und Werbeverträge erst gar nicht angebahnt werden.

Damit ist erneut das Problem angesprochen, dass hier bereits mit dem Begriff "Marktwertverlust" bezeichnet wurde. Hierzu wurde oben festgestellt, dass allein die Ansehensbeeinträchtigung keinen ersatzfähigen Vermögensschaden darstellt. Dies soll hier nicht in Zweifel gezogen werden. Es ist allerdings zu fragen, inwieweit dem Verletzten unter Anwendung der Beweiserleichterungen in § 252 S. 2 BGB und in § 287 ZPO der Wahrscheinlichkeitsschluss hinsichtlich entgangener Einnahmen erleichtert werden kann.

Die finanziellen Folgen von Imageschäden lassen sich nur näherungsweise durch einen Vergleich mit Personen bestimmen, die von der Öffentlichkeit in gleicher Art wahrgenommen werden. Im Vergleich mit solchen Personen kann ermittelt werden, welche Einnahmen ohne die Verletzung zu erzielen gewesen wären. Hierüber lässt sich unter Umständen ein Mindestschaden ermitteln, wie er bei Erwerbseinbußen wegen körperverletzungsbedingter Minderung der Erwerbsfähigkeit anerkannt ist[168].

168 vgl. zum Mindestschaden bei Erwerbseinbußen: BGH NJW 1995, 1023 (1024) Urt. v. 17.1.1995

Ein solches Vorgehen ist immer noch mit dem Risiko von Ungenauigkeiten bei der Schadenersatzbemessung verbunden. Gleichwohl ist es dem deutschen Recht nicht fremd. Ein ähnliches Vorgehen findet sich bei der Zuerkennung von Erwerbs- und Fortkommensschäden nach §§ 842, 843 BGB für solche Opfer von Körperverletzungen, die vor dem Eintritt in das Erwerbsleben stehen[169]. Allerdings hat man gegenüber den Beeinträchtigungen durch Körperverletzungen zu beachten, dass Rufschädigungen weniger nachhaltig wirken. Im Regelfall werden die Auswirkungen von Rufschädigungen schneller verschwinden[170]. Beim Schadenersatz wegen körperverletzungsbedingter Erwerbsunfähigkeit geht es hingegen oft um lebenslange Leistungen für die Sicherung des Lebensunterhalts. Das Prognoserisiko bei Rufschäden wird also in der Regel höher sein als bei körperverletzungsbedingter Erwerbsunfähigkeit. Daher wird man bei Rufschädigungen auch bei Anwendung von § 252 S. 2 BGB und von § 287 Abs. 1 ZPO nur selten in der Lage sein, mit hinreichender Wahrscheinlichkeit den Zukunftsschaden zu beziffern. Andererseits sollte bei Vorliegen stichhaltiger Anhaltspunkte auch die Bezifferung von Zukunftsschäden möglich sein.

Wenn sich mit Hilfe dieser Überlegungen die nach § 252 S. 2 BGB und § 287 ZPO erforderliche Wahrscheinlichkeit zukünftiger Schäden nicht darlegen lässt, bleibt für den in seinem Image Geschädigten allein die Möglichkeit der Beanspruchung einer Geldentschädigung für erlittene immaterielle Beeinträchtigungen. Diese gewährt die Rechtsprechung aufgrund § 823 Abs. 1 BGB i.V.m. Art. 2 Abs. 1, 1 Abs. 1 GG. Canaris meint denn auch, dass solche Image-Schäden bzw. Störungen des Verhältnisses zum sozialen Umfeld gerade von der Ausgleichsfunktion des „Schmerzensgeldanspruchs“ erfasst werden[171].

5. *Lizenzanalogie im Schadenersatzrecht*

Die konkrete Schadensberechnung ist im Persönlichkeitsrecht trotz gewisser Erleichterungen bei Darlegungs- und Beweislast für den Verletzten naturgemäß stets mit Schwierigkeiten verbunden. Ähnlich problematisch ist die konkrete Schadensberechnung bei Verletzungen von Immaterialgüterrechten. Hierauf hat schon das Reichsgericht reagiert, indem es bei Verletzungen von Patent-, Gebrauchsmuster- und Urheberrechten den Schadenersatz mit Hilfe der Lizenzanalogie bzw. anhand des Verletzergewinns bestimmte[172]. Dieser Praxis

169 vgl. zu dieser Problematik: Medicus DAR 1994, 442 ff. m.w.N.

170 vgl. BGH mit dieser Einschätzung in: BGH GRUR 1981, 80 (89) Urt. v. 8.7.1980

171 Canaris-Gewinnabschöpfung S. 103 f.

172 RGZ 35, 63 (71) Urt. v. 8.6.1895 (UrhR); RGZ 43, 56 (59) Urt. v. 31.12.1898 (PatR); RGZ 46, 14 (17) Urt. v. 7.3.1900 (PatR); RGZ 50, 111 (115) Urt. v. 11.1.1902

hat sich der BGH angeschlossen und sie auf das Kennzeichenrecht[173] und teilweise auch auf das Persönlichkeitsrecht[174] erstreckt.

Die Berechnung nach der fiktiven Lizenzgebühr bzw. nach dem Verletzergewinn bietet für den Verletzten mit dem Verzicht auf den konkreten Schadensnachweis eine erhebliche Erleichterung. Der Rechtsschutz für den Verletzten wird verbessert und die Präventivwirkung des Schadenersatzanspruchs erhöht. Im Persönlichkeitsrecht wendet die Rechtsprechung die Berechnung nach der fiktiven Lizenzgebühr in solchen Fällen an, in denen fremde Persönlichkeitsmerkmale unerlaubt kommerziell genutzt werden.

a) Lizenzanalogie im Persönlichkeitsrecht

Die Rechtsprechung hat den Anspruch auf Zahlung einer fiktiven Lizenzgebühr im Persönlichkeitsrecht auf das Schadenersatzrecht und auf das Bereicherungsrecht gestützt[175].

aa) Gedanke des vermögenswerten Ausschließlichkeitsrechts

Beginn dieser Entwicklung im Persönlichkeitsrecht war die Paul-Dahlke-Entscheidung des BGH aus dem Jahr 1956[176]. Hier war über die Klage eines bekannten Schauspielers zu befinden, dessen Bildnis ohne seine Zustimmung zur Werbung für einen Motorroller verwendet worden war. In der Entscheidung wurde festgestellt, dass bei allen unerlaubten Eingriffen in Ausschließlichkeitsrechte, die üblicherweise nur gegen Entgelt gestattet werden, der Schaden anhand des Entgelts zu bestimmen ist, das im Fall eines Vertragsabschlusses unter den üblichen Bedingungen zu zahlen gewesen wäre[177]. Der BGH erkannte das beim Kläger verletzte Recht am eigenen Bild als derartiges vermögenswertes Ausschließlichkeitsrecht an, weil Personen wie der Kläger die Erlaubnis zur

---

(GebrMR); RGZ 84, 370 (376 f.) Urt. v. 4.4.1914 (PatR); RGZ 95, 220 (223) Urt. v. 29.3.1919 (PatR); RGZ 130, 108 (109) Urt. v. 22.10.1930 (PatR); RG GRUR 1934, 627 (630) Urt. v. 16.7.1934 (UrhR); RG GRUR 1938, 449 (451) Urt. v. 29.3.1938 (UrhR)

173 BGHZ 34, 320 (323) Urt. v. 24.2.1961; BGHZ 44, 372 (374) Urt. v. 12.1.1966

174 BGHZ 20, 345 (353) Urt. v. 8.5.1956, BGH GRUR 1961, 138 (140) Urt. v. 17.11.1960

175 z.B.: BGHZ 20, 345 (353 ff.) Urt. v. 8.5.1956 (beide Rechtsgrundlagen); BGH GRUR 1961, 138 (140) Urt. v. 17.11.1960 (Schadenersatzrecht); BGH NJW 1979, 2205 (2206) Urt. v. 26.6.1979; BGHZ 81, 75 (81 f.) Urt. v. 26.6.1981; BGH ZIP 1992, 857 (859) Urt. v. 14.4.1992 (Bereicherungsrecht);

176 BGHZ 20, 345 (352 ff.) Urt. v. 8.5.1956

177 BGHZ 20, 345 (353) Urt. v. 8.5.1956

werbemäßigen Verwendung des Bildnisses üblicherweise nur gegen eine Vergütung erteilen[178].

Der BGH hat mit seinen Ausführungen in der Paul-Dahlke-Entscheidung vermieden, bestimmte Persönlichkeitsmerkmale, wie etwa Bild oder Name, als vermögenswerte Persönlichkeitsrechte zu qualifizieren. Das Kriterium des BGH war die Üblichkeit eines Entgelts für die Gestattung des Eingriffs. Damit benannte der BGH ein allgemeines Kriterium, dass auf die Art des Eingriffs und nicht auf das betroffene Persönlichkeitsmerkmal abstellt.

Neben der schadenersatzrechtlichen Begründung stützte der BGH den Anspruch auf die Zahlung einer fiktiven Lizenzgebühr auch auf das Bereicherungsrecht[179]. Er berief sich hierfür auf die Parallele zur Bereicherungshaftung bei Verletzungen des Urheberrechts. Im konkreten Fall wurde der Bereicherungsanspruch mit der Erwägung begründet, dass der Verletzte die Nutzung seines Bildnisses von einer Vergütung abhängig machen konnte, die der Verletzer durch sein unerlaubtes Vorgehen auf Kosten des Verletzten erspart habe[180]. Auch für den Anspruch auf bereicherungsrechtlicher Grundlage war also die entscheidende Erwägung, dass der Verletzte den Eingriff in das Persönlichkeitsrecht üblicherweise von einer Vergütung abhängig machen konnte.

bb) Kommerzialisierungswille als Voraussetzung der Lizenzanalogie

Mit der Paul-Dahlke-Entscheidung führte der BGH die Lizenzanalogie im Persönlichkeitsrecht ein. In der kurz darauf ergangenen Herrenreiter-Entscheidung[181] verengte der BGH den Anwendungsbereich für die Lizenzanalogie und nahm die Abgrenzung zum Geldentschädigungsanspruch wegen immaterieller Beeinträchtigungen vor.

(1) Rechtsprechung zum Erfordernis des Kommerzialisierungswillens

Gegenstand der Herrenreiter-Entscheidung war die unerlaubte Werbung mit dem Bildnis des Klägers für ein pharmazeutisches Produkt, dem positive Wirkungen für die sexuelle Potenz nachgesagt wurden. Der BGH verweigerte dem Kläger, den Schadenersatz nach den Grundsätzen der Lizenzanalogie zu berechnen. Grund dafür war die Annahme, dass der Kläger niemals eine Nutzung seines Bildnisses in der Werbung für ein solches Produkt gestattet hätte. Der

178 BGHZ 20, 345 (353) Urt. v. 8.5.1956

179 BGHZ 20, 345 (354 f.) Urt. v. 8.5.1956

180 BGHZ 20, 345 (355) Urt. v. 8.5.1956

181 BGHZ 26, 349 ff. Urt. v. 14.2.1958

Kläger sei demnach auch nicht in seinen Vermögensinteressen, sondern in seinen ideellen Interessen beeinträchtigt worden[182].

Ähnlich argumentierte der BGH in der Catarina-Valente-Entscheidung[183]. Dort wurde festgestellt, dass die Klägerin den Einsatz ihres Namens in der Werbung nicht in Erwägung gezogen habe. Deshalb schied für den BGH auch hier die Berechnung des Schadenersatzes nach den Regeln der Lizenzanalogie aus[184]. Die so festgestellte fehlende vermögensrechtliche Benachteiligung diente in der Herrenreiter-Entscheidung auch zur Ablehnung des Anspruchs aus dem Recht der ungerechtfertigten Bereicherung. Konkret wurde hierzu ausgeführt, dass es mangels einer vermögensrechtlichen Benachteiligung auch an einer "Vermögensverschiebung als Voraussetzung der in §§ 812 ff. BGB normierten Ansprüche" fehle[185].

Verbleibt man bei dem in der Paul-Dahlke-Entscheidung geprägten Begriff des vermögenswerten Ausschließlichkeitsrechts, so folgt aus der Herrenreiter-Rechtsprechung, dass der Vermögenswert im Rahmen von Schadenersatz- und Bereicherungsanspruch u.a. davon abhängig ist, ob die kommerzielle Verwertung der Persönlichkeit von dem Berechtigten grundsätzlich erwogen oder ausgeschlossen wird.

Dieser Grundsatz wurde von der Rechtsprechung des BGH bis heute nicht ausdrücklich aufgegeben. Zwar sieht Wenzel in der Fußballtor-Entscheidung des BGH aus dem Jahre 1979[186] die Aufgabe dieses Grundsatzes angedeutet[187]. In dieser Entscheidung befand der BGH aber lediglich über die Frage, ob das Unterlassungsverlangen bezüglich der Verletzungshandlung den Anspruch aus ungerechtfertigter Bereicherung auszuschließen vermag. Der BGH bemerkte hierzu, dass sich diese Frage nur dann stellt, wenn sich aus dem Unterlassungsverlangen unzweifelhaft die grundsätzliche Ablehnung der in Frage stehenden kommerziellen Nutzung ergibt. Gerade dies konnte dem Unterlassungsverlangen des Klägers in der Fußballtor-Entscheidung aber nicht entnommen werden[188]. Der BGH hatte somit über einen anderen Sachverhalt als in der Herrenreiter-Entscheidung zu befinden.

---

182 BGHZ 26, 349 (352 f.) Urt. v. 14.2.1958

183 BGHZ 30, 7 ff. Urt. v. 18.3.1959

184 BGHZ 30, 7 (16 f.) Urt. v. 18.3.1959

185 BGHZ 26, 349 (353 f.) Urt. v. 14.2.1958

186 BGH NJW 1979, 2205 ff. Urt. v. 26.6.1979

187 Wenzel Rn 14.10

188 BGH NJW 1979, 2205 (2206) Urt. v. 26.6.1979

(2) Geldentschädigung statt Schadenersatz bei fehlendem Kommerzialisierungswillen

Letztlich wurde aber auch der Kläger in der Herrenreiter-Entscheidung nicht schutzlos gestellt. Ihm wurde anstelle von Schadenersatz oder eines Anspruchs auf Herausgabe ungerechtfertigter Bereicherung eine Geldentschädigung zum Ausgleich seiner immateriellen Beeinträchtigungen zugesprochen[189].

Die Zuerkennung einer solchen Geldentschädigung ist aber nicht zwangsläufig, wenn Ansprüche auf Schadenersatz und auf Herausgabe ungerechtfertigter Bereicherung am fehlenden Kommerzialisierungswillen des Verletzten scheitern. Auch wenn der BGH in der Herrenreiter-Entscheidung äußerte, "...dass auf dem zivilrechtlichen Sektor jede schuldhafte Verletzung des Rechtes am eigenen Bilde in analoger Anwendung von § 847 BGB, ... , die Verpflichtung zum Ersatz auch immaterieller Schäden auslöst[190]", so stellte der BGH doch später klar, dass die Entschädigung für immaterielle Schäden auf Fälle schwerer Persönlichkeitsverletzungen beschränkt ist[191].

cc) Kommerzielle Präformierung keine Voraussetzung der Lizenzanalogie

Aus der Rechtsprechung des BGH wurde teilweise gefolgert, dass nur die Persönlichkeitsrechte Prominenter als vermögenswerte Ausschließlichkeitsrechte anzusehen seien. Dies deshalb, weil in der Praxis hauptsächlich die Namen und Bildnisse Prominenter entgeltlich zur Werbung genutzt werden[192]. Dementsprechend wird von einer "kommerziellen Präformierung" als Voraussetzung für die Lizenzanalogie gesprochen[193].

Die Beschränkung der Lizenzanalogie auf Prominente ist aber abzulehnen. Die Erwägungen in der Paul-Dahlke- und in der Herrenreiter-Entscheidung stellen nicht auf die Prominenz des Rechtsträgers ab. In ihnen wird vielmehr danach gefragt, ob ein Entgelt üblich ist oder nicht. Üblich ist, dass auch unbekannte Personen ihre Persönlichkeitsmerkmale nur gegen ein Entgelt zur kommerziellen Nutzung freigeben. Dies folgt aus dem jeder Person zustehenden Ausschließlichkeitsrecht an seinen Persönlichkeitsmerkmalen. Freilich ist das Entgelt für unbekannte Personen geringer als jenes, das Prominenten gezahlt wird.

---

189 BGHZ 26, 349 (354 ff.) Urt. v. 14.2.1958

190 BGHZ 26, 349 (357) Urt. v. 14.2.1958

191 BGHZ 35, 363 (369 f.) Urt. v. 19.9.1961; BGH NJW 1962, 1004 (1005) Urt. v. 5.1.1962; BGHZ 39, 124 (133) Urt. v. 5.3.1963

192 Götting S. 51

193 Bötticher AcP Bd. 158, 385 (403); Götting S. 51 u. 53

b) Problematik der Lizenzanalogie im Schadenersatzrecht

Zu der hier erfolgten Vorstellung der Lizenzanalogie im Persönlichkeitsrecht muß jedoch darauf hingewiesen werden, dass die Lizenzanalogie auf dem Boden des Schadenersatzrechts dogmatisch nicht einwandfrei ist. Die Schadensberechnung nach der fiktiven Lizenzgebühr vernachlässigt den direkten Bezug zu einem auf der konkreten Rechtsverletzung beruhenden Vermögensschaden. Dieser wird mit Heranziehung der fiktiven Lizenz pauschalisiert.

aa) Gründe für die Anerkennung der dreifachen Schadensberechnung

Die Rechtsprechung stützt sich zur Rechtfertigung dieses Vorgehens und zur Begründung der dreifachen Schadensberechnung auf zwei Erwägungen. Zum einen wird das besondere Schutzbedürfnis der Inhaber immaterieller Ausschließlichkeitsrechte geltend gemacht. Diese Schutzbedürftigkeit folge aus der für den Rechtsinhaber bestehenden Schwierigkeit, Vorkehrungen gegen Rechtsverletzungen zu treffen, eingetretende Rechtsverletzungen festzustellen und darauf beruhende Schäden nachzuweisen. Das zweite Argument ist eine Billigkeitserwägung. Mit der dreifachen Schadensberechnung soll sichergestellt werden, dass der Verletzer immaterieller Ausschließlichkeitsrechte nicht besser gestellt ist, als der rechtstreue Lizenznehmer, der die vereinbarte Lizenzgebühr bezahlt[194]. Diese zwei Aspekte dienen dann als Grundlage für den Verzicht auf den Nachweis der im Einzelfall entstandenen Vermögenseinbußen[195].

bb) Einordnung der Lizenzgebühr in das Schadenersatzrecht

Die Rechtsprechung versucht die Schadensberechnung nach der Lizenzanalogie auch dogmatisch in das System des Schadenersatzrechts einzuordnen. So wird die Lizenzanalogie gelegentlich als Ausgleich für entgangenen Gewinn i.S.d. § 252 BGB gesehen. Die Lizenzgebühr ist danach der entgangene Gewinn, den der Verletzte im Rahmen einer mit dem Verletzer getroffenen Lizenzvereinbarung erzielt hätte[196] und der als Mindestschaden i.S.d. § 252 BGB geltend gemacht werden kann[197].

---

194 BGHZ 20, 345 (353) Urt. v. 8.5.1956; BGHZ 44, 372 (379) Urt. v. 12.1.1966; BGHZ 57, 116 (118 f.) Urt. v. 8.10.1971; BGHZ 60, 206 (209) Urt. v. 16.2.1973; vgl. Baumbach/Hefermehl S. 350 Rn 381 m.w.N.

195 so die Kritik bei: Fest S. 10; Sack-Lizenzanalogie S. 388 ff.; Schierholz S. 166

196 BGHZ 57, 116 (118) Urt. v. 8.10.1971; BGHZ 68, 90 (94) Urt. v. 30.11.1976; BGH GRUR 1977, 539 (541) Urt. v. 18.2.1977

197 BGHZ 44, 372 (352) Urt. v. 12.1.1966

An anderer Stelle beruft sich die Rechtsprechung gar nicht auf das System des Schadenersatzrechts, sondern sieht die Lizenzanalogie außerhalb der allgemeinen Bestimmungen des Schadenersatzrechts angesiedelt[198].

Praktisch macht die Rechtsprechung die Zuerkennung der Lizenzgebühr allein davon abhängig, ob die verletzte Rechtsposition generell zur Lizensierung geeignet war und ob die Lizenzierung üblicherweise nur gegen Entgelt erfolgt. Ist dies der Fall, wird grundsätzlich von einem Vermögensschaden mindestens in Höhe der fiktiven Lizenzgebühr ausgegangen[199]. Die Rechtsprechung verwehrt den Anspruch andererseits dort, wo der Rechtseingriff üblicherweise auch nicht gegen Zahlung eines Entgelts gestattet oder hingenommen wird[200].

Diese Beschränkung der Lizenzanalogie wird in der Literatur heftig kritisiert[201]. Gleichwohl ist dieser Begrenzung der Lizenzanalogie im Schadenersatzrecht zuzustimmen[202]. Sie berücksichtigt zumindest in Ansätzen das Erfordernis eines konkreten Vermögensschadens.

cc) Kritik an der schadenersatzrechtlichen Lizenzgebühr

Allerdings setzt diese Begrenzung der schadenersatzrechtlich begründeten Lizenzanalogie zu spät an. Der Verzicht auf die Feststellung eines konkreten auf der Rechtsverletzung beruhenden Vermögensschadens und die Annahme des Lizenzentgangs als Mindestschaden pauschalisiert in unzulässiger Weise. Es ist nämlich keineswegs gesichert, dass sich der Verletzer auf einen Lizenzvertrag eingelassen hätte.

Zu Recht bemerkt Sack hierzu, dass die Grundsätze des Schadenersatzrechts verlassen werden, wenn zur Feststellung des entgangenen Gewinns die notwendige Kausalität zwischen Schutzrechtsverletzung und Verlust der angemessenen Lizenzgebühr pauschal unterstellt wird[203]. Im Sinne dieser Kritik ist die Anwendung der Lizenzanalogie im Schadenersatzrecht nur dort möglich, wo die Kausalität zwischen Rechtsverletzung und Entgang der Lizenzgebühr im Einzelfall dargelegt ist.

---

198 BGHZ 26, 349 (353) Urt. v. 14.2.1958

199 BGH GRUR 1995, 349 (351) Urt. v. 2.2.1995

200 BGHZ 26, 349 (352) Urt. v. 14.2.1958; BGHZ 44, 372 (375) Urt. v. 12.1.1966; OLG München, NJW-RR 1996, 539 (540) Urt. v. 20.9.1995

201 vgl. Münch.Komm.-Schwerdtner (3. Aufl.) § 12 Rn 279; Pietzko AfP 1988, 208 (220)

202 vgl. Beuthien/Wasmann GRUR 1997, 255 Fn 12; Münch.Komm.-Rixecker (4. Aufl.) Anhang § 12 Rn 207; Schlechtriem-Bereicherung S. 464

203 Sack-Lizenzanalogie S. 389

Dies erschwert dem Verletzten ohne Frage die Durchsetzung von Schadenersatzansprüchen. Gleichwohl ist der Rechtsschutz des Verletzten damit nicht gefährdet. Das Bereicherungsrecht bietet dem Verletzten den Anspruch auf Zahlung der fiktiven Lizenzgebühr weitgehend auch ohne den Nachweis der Kausalität zwischen Rechtsverletzung und konkretem Vermögensschaden. Dass die Lizenzanalogie auch im Persönlichkeitsrecht bereicherungsrechtlich begründbar ist, hat der BGH schon in der Paul-Dahlke-Entscheidung festgestellt[204]. Deshalb besteht auch aus Gründen des effektiven Rechtsschutzes grundsätzlich kein Bedürfnis, schadenersatzrechtliche Prinzipien zu vernachlässigen[205].

Lediglich in den Fällen, in denen die Person des Verletzers nicht identisch mit der Person ist, die letztlich das Persönlichkeitsmerkmal nutzt, scheitert der bereicherungsrechtliche Anspruch auf Zahlung der fiktiven Lizenzgebühr[206]. Daher hat die Rechtsprechung die schadenersatzrechtliche Begründung der Lizenzanalogie auch nie aufgegeben. In der Marlene-Rechtsprechung aus dem Jahr 1999 wurde der Anspruch auf die Lizenzanalogie gerade deshalb auf das Schadenersatzrecht gestützt, weil in diesem Fall nicht der in Anspruch genommene Verletzer den Vermögensvorteil erlangt hat[207]. Solche Konstellationen und das Risiko des insolventen Bereicherungsschuldners sind aber keine Besonderheit im Persönlichkeitsrecht. Mit diesem Risiko läßt sich die Lizenzanalogie im Schadenersatzrecht daher auch nicht zwingend begründen.

---

204 BGHZ 20, 345 (354 f.) Urt. v. 8.5.1956

205 Enzinger GRUR INT. 1997, 96 (100); Fest S. 7 u. 9; Sack-Lizenzanalogie S. 393

206 vgl. die Konstellation in der Marlene-Entscheidung: BGHZ 143, 214 (215, 217) Urt. v. 1.12.1999

207 vgl. BGHZ 143, 214 (215, 217) Urt. v. 1.12.1999

D. Bereicherungsrechtliche Ansprüche - insbesondere die Lizenzanalogie nach Bereicherungsrecht

Mit dem Bereicherungsrecht läßt sich die Lizenzanalogie dogmatisch befriedigender begründen. Darüber hinaus hat der bereicherungsrechtliche Anspruch aus § 812 Abs. 1 S. 1, 2. Alt. BGB für den Verletzten den Vorteil, dass kein Verschulden des Verletzers erforderlich ist[208].

I. Eingriffskondiktion im Persönlichkeitsrecht

Wenn die Rechtsprechung und die herrschende Lehre bei Verletzungen immaterieller Vermögensrechte im Wege der Eingriffskondiktion heute die fiktive Lizenzgebühr zuerkennen, geschieht das nach den Grundsätzen der Zuweisungstheorie[209]. Der BGH hat sich in seiner Entscheidung "Kunststoffhohlprofil II"[210] grundsätzlich dazu bekannt, bereicherungsrechtliche Ansprüche bei Verletzungen von Immaterialgüterrechten unter Beachtung der Zuweisungstheorie zu bewerten. Der BGH stellte dort fest, dass sich der Verletzer eines gewerblichen Schutzrechts eine Befugnis anmaßt, die nach der Rechtsordnung grundsätzlich dem Schutzrechtsinhaber zugewiesen ist[211].

Auch bei Persönlichkeitsverletzungen hat sich der BGH der Zuweisungstheorie bedient. Klar wurde dies besonders in der Talkmaster-Entscheidung[212]. Hier war über Ansprüche eines Prominenten zu befinden, dessen Bildnis unerlaubt zu Werbezwecken eingesetzt wurde. Der BGH stellte mit Bezug auf die Kunststoffhohlprofil II-Entscheidung fest, dass sich der Beklagte durch die unerlaubte Nutzung des Bildnisses zu Werbezwecken die "Kompetenz zur werbemäßigen Nutzung des Fotos selbst angemaßt" habe[213]. Der Beklagte wurde verpflichtet, den dadurch begründeten rechtsgrundlosen Vermögenszuwachs durch Zahlung der angemessenen Vergütung an den Verletzten auszugleichen. Mit dieser Argumentation wandte der BGH den Gedanken der Zuweisungstheorie auf die erfolgte Persönlichkeitsverletzung an.

---

208 vgl. BGH ZIP 1992, 857 ff. Urt. v. 14.4.1992

209 BGHZ 82, 299 (306) Urt. v. 24.11.1981; BGHZ 99, 385 (387) Urt. v. 30.1.1987; BGHZ 107, 117 (120 f.) Urt. v. 9.3.1989; Larenz/Canaris-SchuldR BT II/2 S. 169 m.w.N.; Münch.Komm.-Lieb § 812 Rn 204 ff.

210 BGHZ 82, 299 (306 f.) Urt. v. 24.11.1981

211 BGHZ 82, 299 (306) Urt. v. 24.11.1981

212 BGH ZIP 1992, 857 (859) Urt. v. 14.4.1992

213 BGH ZIP 1992, 857 (859) Urt. v. 14.4.1992

Mit dieser Entscheidung war aber nicht geklärt, welche Arten von Persönlichkeitsrechtsverletzungen unter Anwendung der Zuweisungstheorie zu einem Bereicherungsanspruch führen können. In Rechtsprechung und Literatur finden sich verschiedene Kriterien, die die nötige Abgrenzung ermöglichen sollen.

1. Üblichkeit der Vergütung

Die Üblichkeit einer Vergütung ist eines dieser Kriterien. Die in der Talkmaster-Entscheidung herangezogenen Entscheidungen "Paul-Dahlke"[214] und "Carrera"[215] machen den Bereicherungsanspruch davon abhängig, ob der Inhaber des Persönlichkeitsrechts die Erlaubniserteilung zu dem Eingriff üblicherweise von der Zahlung einer Vergütung abhängig machen kann[216]. Die Ersparnis der üblichen Vergütung wurde sodann als Bereicherungsgegenstand bezeichnet[217].

2. Grundsätzliche Bereitschaft zur Kommerzialisierung

Wie bei der Lizenzanalogie im Schadenersatzrecht findet sich für den Bereicherungsanspruch als weiteres Kriterium, dass der Verletzte die Nutzung seiner Persönlichkeit nicht von vornherein ausschließt. Bei einem generellen Ausschluß sei die Verletzung nicht als Beeinträchtigung von Vermögensinteressen sondern ausschließlich als Verletzung des sozialen Geltungsanspruchs zu bewerten. Demzufolge sei hier die Gewährung einer Entschädigung für die erlittenen immateriellen Beeinträchtigungen der adäquate Rechtsbehelf[218].

In der Herrenreiter-Entscheidung ließ der BGH den Bereicherungsanspruch dementsprechend wie den Schadenersatzanspruch am fehlenden Vermarktungswillen scheitern[219]. Der fehlende Vermarktungswille schloß für den BGH eine vermögensrechtliche Benachteiligung und damit eine Vermögensverschiebung aus. Diese Argumentation steht sicher nicht mehr im Einklang mit der heute für die Eingriffskondiktion herrschenden Zuweisungstheorie. Nach dieser kommt es nicht auf einen Vermögensverlust beim Verletzten, sondern auf einen Vermögenszuwachs beim Verletzer an[220]. Gleichwohl bezeichnete der BGH noch in seiner 1979 ergangenen Fußballtor-Entscheidung die grundsätzliche

---

214 BGHZ 20, 345 (355) Urt. v. 8.5.1956

215 BGHZ 81, 75 (82) Urt. v. 26.6.1981

216 vgl. BGH NJW 1979, 2205 (2206) Urt. v. 26.6.1979

217 BGHZ 20, 345 (355) Urt. v. 8.5.1956; BGH NJW 79, 2205 (2206) Urt. v. 26.6.1979; BGHZ 81, 75 (81) Urt. v. 26.6.1981

218 vgl. Steffen NJW 1997, 10 (13 f.)

219 BGHZ 26, 349 (354 f.) Urt. v. 14.2.1958

220 vgl. Canaris-Gewinnabschöpfung S. 89

Bereitschaft des Verletzten zur Vermarktung als Voraussetzung des Anspruchs[221].

Gegen diese Beschränkung wird zu Recht eingewandt, dass es nach der Rechtsprechung für den Bereicherungsanspruch gerade nicht darauf ankommen soll, ob der Verletzte selbst die kommerzielle Verwertung seiner Persönlichkeit beabsichtigte oder dazu in der Lage war[222]. Auch der BGH hatte sich derart schon in der Paul-Dahlke-Entscheidung geäußert und dies in ähnlichem Zusammenhang mehrfach wiederholt[223]. Das OLG München sprach sich dementsprechend in seiner Telefon-Sex-Entscheidung ausdrücklich dagegen aus, die Vermarktungsbereitschaft als Voraussetzung für den Bereicherungsanspruch zu fordern. Zu Recht wurde diese Voraussetzung dort auf den Schadenersatzanspruch beschränkt[224].

3. Beschränkung auf besondere Persönlichkeitsrechte

In der Literatur findet sich außerdem die Beschränkung von Bereicherungsansprüchen auf Verletzungen sogenannter besonderer Persönlichkeitsrechte[225]. Damit sind die Persönlichkeitsrechte gemeint, die wie das Namensrecht oder das Recht am eigenen Bild eine besondere gesetzliche Regelung erfahren haben.

Hubmann meint zur Rechtfertigung dieser Beschränkung, dass der Gesetzgeber einem Recht erst durch die Schaffung einer speziellen gesetzlichen Vorschrift Zuweisungsgehalt vermittle[226]. Schwerdtner verweist zusätzlich darauf, dass der BGH mit der Anerkennung des Allgemeinen Persönlichkeitsrechts keine Persönlichkeitsnutzungsrechte schaffen wollte[227].

---

221 BGH NJW 1979, 2205 (2206) Urt. v. 26.6.1979

222 Erman-Ehmann Anhang § 12 Rn 772, 773; Götting S. 55; Münch.Komm.-Rixecker (4. Aufl.) Anhang § 12 Rn 226; Pietzko AfP 1988, 209 (220); Schlechtriem-Bereicherung S. 464

223 BGHZ 20, 345 (354 f.) Urt. v. 8.5.1956; BGH NJW 1979, 2205 (2206) Urt. v. 26.6.1979; BGHZ 81, 75 (82) Urt. v. 26.6.1981

224 OLG München, NJW-RR 1996, 539 (540) Urt. v. 20.9.1995

225 Hubmann Ufita Bd. 39, 223 (230 f.); Medicus-Bürgerliches Recht Rn 710 (mit Zweifeln zum Zuweisungsgehalt beim allgemeinen Persönlichkeitsrecht); Münch.Komm.-Schwerdtner (3. Aufl.) § 12 Rn 281

226 Hubmann Ufita Bd. 39, 223 (231)

227 Münch.Komm.-Schwerdtner (3. Aufl.) § 12 Rn 281

Der BGH nimmt diese Einschränkung nicht vor. Dies belegt die Carrera-Entscheidung. Gegenstand war hier die Verwendung des Namens in der Werbung. Diese verstieß aber nicht gegen § 12 BGB, die besondere Vorschrift zum Namensschutz, sondern stellte einen Eingriff in das allgemeine Persönlichkeitsrecht dar[228]. Wegen dieses Eingriffs wurde dem Verletzten aus ungerechtfertigter Bereicherung der Anspruch auf Zahlung der fiktiven Lizenzgebühr zuerkannt[229].

Die Beschränkung auf sogenannte besondere Persönlichkeitsrechte läßt sich auch nicht mit der Zuweisungstheorie, wie sie vom BGH vertreten wird, in Übereinstimmung bringen. Nach Auffassung des BGH entspricht "der Zuweisungsgehalt der geschützten Rechtsposition" dem "Verbotsanspruch des Rechtsinhabers, in dessen Macht es steht, die Nutzung des Rechtsguts einem sonst ausgeschlossenen Dritten zur wirtschaftlichen Verwertung zu überlassen"[230]. Ein solcher Verbotsanspruch gebührt jeder Person aus ihrem allgemeinen Persönlichkeitsrecht. Dieses Recht vermittelt jedem die Befugnis, die kommerzielle Nutzung der Persönlichkeit durch andere zu untersagen oder gegen Entgelt zu gestatten[231]. Im Umfang dieses Verbotsanspruchs besitzt also auch das allgemeine Persönlichkeitsrecht Zuweisungsgehalt. Die Beschränkung auf besondere Persönlichkeitsrechte ist daher nicht gerechtfertigt.

II. Anwendung der Zuweisungstheorie im Persönlichkeitsrecht

Mit den soeben genannten Kriterien läßt sich der Anwendungsbereich der Eingriffskondiktion bei Persönlichkeitsverletzungen also nicht befriedigend eingrenzen. Letztlich bedarf es aber auch keiner besonderen Kriterien. Die Zuweisungstheorie selbst stellt die ausreichende Beurteilungsgrundlage zur Verfügung. Nach der Zuweisungstheorie erfordert der Anspruch aus § 812 Abs. 1 S. 1, 2. Alt. BGB, dass der Bereicherungsschuldner etwas erlangt hat, was zum Zuweisungsgehalt eines dem Bereicherungsgläubiger zustehenden Rechts gehört[232]. Als Zuweisungsgehalt immaterieller Ausschließlichkeitsrechte wird die Befugnis zur Nutzung, insbesondere zur wirtschaftlichen Verwertung, dieser Rechte bezeichnet[233].

---

228 BGHZ 81, 75 (78 ff.) Urt. v. 26.6.1981

229 BGHZ 81, 75 (81 f.) Urt. v. 26.6.1981

230 BGHZ 107, 117 (121) Urt. v. 9.3.1989

231 Münch.Komm.-Rixecker (4. Aufl.) Anhang § 12 Rn 226

232 BGHZ 82, 299 (306) Urt. v. 24.11.1981; BGHZ 107, 117 (120) Urt. v. 9.3.1989

233 BGHZ 82, 299 (306) Urt. v. 24.11.1981; BGHZ 107, 117 (120) Urt. v. 9.3.1989; Larenz/Canaris-SchuldR BT II/2 S. 169, 170

1. Verletzung deliktisch geschützter Rechtspositionen

Zum Zuweisungsgehalt eines Rechts gehören nach Auffassung des BGH alle Rechtspositionen, die nach der Rechtsordnung dem Rechtsinhaber zur ausschließlichen Verfügung zugewiesen sind[234]. Handlungen, die der Rechtsinhaber nach der Rechtsordnung dulden muß, lösen danach keine Bereicherungsansprüche aus. Umgekehrt wird formuliert, dass der Bereicherungsanspruch den Unterlassungsanspruch des Rechtsinhabers gegenüber dem Verhalten des Anspruchsgegners voraussetze[235].

Mit etwas anderem Ansatz fordert Canaris für den Bereicherungsanspruch aus § 812 Abs. 1 S. 1, 2. Alt. BGB, dass ein rechtswidriger Eingriff in ein deliktisch geschütztes Rechtsgut des Bereicherungsgläubigers vorliegt[236]. Damit ist anders als beim Abstellen auf den Unterlassungsanspruch klargestellt, dass lediglich individualschützende Rechtspositionen berücksichtigt werden[237].

2. Nutzungscharakter des Eingriffs

Aber nicht jede rechtswidrige Verletzung eines deliktisch geschützten Rechtsguts löst Bereicherungsansprüche aus. Dies bedeutet, dass nicht jeder aus einer rechtswidrigen Verletzung entspringende Vorteil kondizierbar ist.

Nach der Zuweisungstheorie unterliegen nur solche Vorteile der Kondiktion nach § 812 Abs.1 S. 1, 2. Alt. BGB, die dem Rechtsinhaber gebühren. Damit sind die Vorteile gemeint, die aus der Nutzung und aus dem Gebrauch seiner Rechte resultieren. Demgemäß wird bei der Verletzung von immateriellen Ausschließlichkeitsrechten, zu denen die Persönlichkeitsrechte zu zählen sind[238], Nutzung und Gebrauch der Rechtsgegenstände als "erlangtes etwas" i.S.d. § 812 BGB angesehen[239]. "Erlangtes etwas" i.S.d. § 812 BGB sind also auch

---

234 BGHZ 82, 299 (306) Urt. v. 24.11.1981

235 BGHZ 107, 117 (121) Urt. v. 9.3.1989

236 Larenz/Canaris-SchuldR BT II/2 S. 170 f.; Schierholz S. 172

237 Larenz/Canaris-SchuldR BT II/2 S. 170 f.

238 BGHZ 20, 345 (353) Urt. v. 8.5.1956

239 BGHZ 82, 299 (307) Urt. v. 24.11.1981; BGHZ 99, 244 (248) Urt. v. 18.12.1986; BGHZ 107, 117 (121) Urt. v. 9.3.1989; OLG München, NJW-RR 1996, 539 (540) Urt. v. 20.9.1995, Baumbach/Hefermehl Einl. UWG Rn 422; Sack-Lizenzanalogie S. 380; Schierholz S. 278

bei Eingriffen in Persönlichkeitsrechte nicht, wie vormals vertreten[240], ersparte Aufwendungen.

Für die Eingriffskondiktion ist daher erforderlich, dass sich der Eingriff als Nutzung oder Gebrauch der persönlichkeitsrechtlichen Befugnisse darstellt[241]. Eine für § 812 Abs.1 S. 1, 2. Alt. BGB beachtliche Bereicherung fehlt hingegen, wenn die Verletzung des Persönlichkeitsrechts keine Verwertung des Rechts beinhaltet[242].

Demnach kann z.B. das bloße rechtswidrige Ausspähen von Geheimnissen aus der Privatsphäre oder die unbefugte Anfertigung von Bildnissen keinen Bereicherungsanspruch auslösen. Denn mit dieser Persönlichkeitsverletzung wird keine aus dem Recht folgende Nutzungmöglichkeit okkupiert. Erst bei Verwertung, etwa durch Veröffentlichung, kommt ein Bereicherungsanspruch in Betracht[243]. Ebenso kann allein die rechtswidrige Verletzung von Ehre und Ansehen durch die Kundgabe von Werturteilen oder die Verfälschung des Persönlichkeitsbildes durch die Veröffentlichung falscher Informationen keine Eingriffskondiktion begründen[244]. Auch hier wird keine aus dem Recht fliessende Befugnis ausgenutzt[245].

Einen Grenzfall stellt in diesem Zusammenhang die Veröffentlichung eines erfundenen Interviews dar, wie es in der Caroline I-Entscheidung[246] zu beurteilen war. Auch für solche Fälle wird unter Heranziehung der Zuweisungstheorie ein Bereicherungsanspruch für möglich erachtet[247]. Dies beruht auf der Erwägung, dass die rechtliche Kompetenz, ein Interview zu geben und es zu vermarkten, der betreffenden Person vorbehalten ist. Diesem Ansatz ist beizupflichten. Andererseits ist zu bedenken, dass die Veröffentlichung eines erfundenen Interviews nichts anderes ist, als jemandem Wörter in den Mund zu legen, die er nicht geäußert hat. Es ist letztlich eine falsche Information über eine Person. Die Veröffentlichung falscher Informationen ist aber keine Nutzung von Befugnissen, die der betroffenen Persönlichkeit zustehen.

---

240 BGHZ 20, 345 (355) Urt. v. 8.5.1956; BGH NJW 1979, 2205 (2206) Urt. v. 26.6.1979; BGHZ 81, 75 (82) Urt. v. 26.6.1981

241 Magold S. 473

242 Schlechtriem-Bereicherung S. 449

243 Larenz/Canaris-SchuldR BT II/2 S. 174; Schlechtriem-Bereicherung S. 449

244 vgl. OLG Hamburg, AfP 1999, 68 (69) Urt. v. 16.9.1997

245 Magold S. 473; Schlechtriem-Bereicherung S. 449

246 BGHZ 126, 1 ff. Urt. v. 15.11.1994

247 Canaris-Gewinnabschöpfung S. 88

3. Zuweisungsgehalt des Persönlichkeitsrechts

Schließlich ist erforderlich, dass die rechtswidrig erfolgte Nutzung dem Rechtsinhaber zugewiesen ist[248]. Es ist deshalb danach zu fragen, ob das verletzte persönlichkeitsrechtliche Interesse für den Rechtsinhaber einen vermögenswerten Zuweisungsgehalt besitzt. Auf dem Boden der Zuweisungstheorie werden verschiedene Ansätze für die Beurteilung angeboten, ob eine Nutzung dem Rechtsinhaber derart zugewiesen ist. Oben wurde dazu bereits festgestellt, dass es weder auf den Kommerzialisierungswillen des Rechtsinhabers noch darauf ankommen kann, ob ein "besonderes" Persönlichkeitsrecht betroffen ist.

a) Marktgängigkeit als Zuweisungskriterium

Im Schrifttum findet sich zunächst das Kriterium der Marktgängigkeit, d.h. die Frage danach, ob für die Nutzung ein Markt besteht[249]. Dies erinnert an das vom BGH aufgestellte Erfordernis, wonach es darauf ankommt, ob die Zahlung einer Vergütung für die Gestattung der Nutzung üblich ist[250].

Diese Kriterien können für die Bestimmung des Zuweisungsgehalts aber nicht ausschlaggebend sein. Wenn mit der Zuweisungstheorie der Bereicherungsgegenstand in der Nutzung und im Gebrauch der mit dem Recht verbundenen Befugnisse gesehen wird, wird auf rechtliche Kriterien abgestellt und nicht auf faktische wie die Marktgängigkeit oder die Üblichkeit einer Vergütung[251]. Diese faktischen Kriterien haben ihren Platz vielmehr auf der Ebene der Rechtsfolgenseite, wo sie zur Bestimmung des Wertes der okkupierten Nutzung heranzuziehen sind[252].

b) Entgeltfähigkeit als Zuweisungskriterium

Für die Beantwortung der Frage, ob die Nutzung dem Verletzten zugewiesen ist, sind also rechtliche Kriterien entscheidend, die Auskunft darüber geben, ob die fragliche Nutzung vom Rechtsinhaber zum "Gegenstand des Rechtsverkehrs" gemacht werden kann[253]. Diese Kriterien werden unter dem Begriff der

---

248 Medicus-Bürgerliches Recht Rn 710; Schlechtriem-Bereicherung S. 448

249 Reuter-Martinek § 7 III 2 c; Schlechtriem-Bereicherung S. 453

250 BGHZ 20, 345 (355) Urt. v. 8.5.1956; BGH NJW 1979, 2205 (2206) Urt. v. 26.6.1979; BGHZ 81, 75 (82) Urt. v. 26.6.1981

251 Beuthien/Schmölz S. 28; Larenz/Canaris-SchuldR BT II/2 S. 172

252 Larenz/Canaris-SchuldR BT II/2 S. 172

253 Erman-Ehmann Anhang § 12 Rn 773; Münch.Komm.-Lieb § 812 Rn 208 u. 219

"Entgeltfähigkeit" zusammengefaßt[254]. Entgeltfähigkeit ist gegeben, wenn es dem Rechtsinhaber von Rechts wegen möglich ist, die jeweilige Nutzung seiner Persönlichkeit grundsätzlich zum Gegenstand eines rechtswirksamen Gestattungsvertrages zu machen.

Die Grenze der Entgeltfähigkeit wird durch die Vorschriften der §§ 134 und 138 BGB gebildet. Dabei ist zu berücksichtigen, dass diese Vorschriften nicht auf die konkret durch den Verletzer vorgenommene Nutzung anzuwenden sind. Mit ihnen ist vielmehr zu beurteilen, ob es dem Rechtsinhaber grundsätzlich erlaubt ist, sein Recht zur Handelsware zu machen[255].

Als schlagendes Beispiel für die fehlende Entgeltfähigkeit ist das Recht auf sexuelle Selbstbestimmung genannt[256]. Dessen rechtswidrige Verletzung bildet keine Grundlage für die Eingriffskondiktion. Mit dem Kriterium der Marktgängigkeit würde man hier zu einem anderen Ergebnis kommen.

c) Unbeachtlichkeit der konkreten Rechtswidrigkeit

Es ist also unerheblich, ob die konkret durch den Verletzer vorgenommene Nutzung zusätzlich, neben dem Verstoß gegen das Selbstbestimmungsrecht der betroffenen Person, gegen weitere Rechtsvorschriften verstößt und dies der Wirksamkeit eines Lizenzvertrages entgegenstehen würde[257].

Dementsprechend entschied der BGH in der Meßmer-Tee-II-Entscheidung[258], die allerdings die Lizenzanalogie im Rahmen des Schadenersatzanspruchs betraf. Der BGH führte dabei aus, dass bei Vorliegen der abstrakten Gestattungsmöglichkeit unerheblich ist, ob eine Gestattungsvereinbarung von den Beteiligten rechtswirksam gerade mit dem Inhalt abgeschlossen werden kann, der dem verletzenden Verhalten des Eingreifers entspricht[259].

Zutreffend ist daran, dass es zumindest im Rahmen des Bereicherungsrechts nicht dem Verletzten zur Last und dem Verletzer zum Vorteil gereichen kann,

---

254 Larenz/Canaris-SchuldR BT II/2 S. 171

255 Erman-Ehmann Anhang § 12 Rn 773

256 Larenz/Canaris-SchuldR BT II/2 S. 171

257 Beuthien/Schmölz S. 45; Larenz/Canaris-SchuldR BT II/2 S. 172; Sack-Lizenzanalogie S. 387 f.

258 BGHZ 44, 372 ff. Urt. v. 12.1.1966

259 BGHZ 44, 372 (379) Urt. v. 12.1.1966

wenn der Eingreifer weitere Rechtsverletzungen begeht[260]. Folgerichtig hat auch der BGH dieses Problem im Rahmen der bereicherungsrechtlichen Lizenzhaftung bisher nicht problematisiert[261].

4. *Persönlichkeitsrechtliche Befugnisse mit Zuweisungsgehalt*

Unter den soeben dargestellten Voraussetzungen sind Bereicherungsansprüche grundsätzlich bei unerlaubter, kommerzieller Verwertung von Persönlichkeitsmerkmalen möglich[262]. Dies meint insbesondere die unerlaubte Verwendung von Persönlichkeitsmerkmalen zu Werbezwecken bzw. die direkte Vermarktung dieser Merkmale im sogenannten Merchandising. Beispiele aus der Rechtsprechung betreffen hierbei vornehmlich die Nutzung von Bildnissen und Namen[263]. Aber auch die Verwendung von Doppelgängern und Stimmimitationen rechtfertigt für die erkennbar nachgeahmten Personen Bereicherungsansprüche[264].

Grundsätzlich kann auch die Verletzung der Persönlichkeit durch die rechtswidrige Verwendung von Bildern und Daten in den Medien zu einem Bereicherungsanspruch führen[265]. Die Entscheidung hängt im Einzelfall von Rechtswidrigkeit, Nutzungscharakter und Entgeltfähigkeit der Verwendung ab.

5. *Informationsinteresse als Beschränkung des Bereicherungsanspruchs*

Daneben kommt es nicht darauf an, ob die Veröffentlichung vorwiegend kommerziellen Charakter oder Informationscharakter trägt[266]. Das Bestehen eines schützenswerten Informationsinteresses ist der entscheidende Gesichtspunkt im Rahmen der Beurteilung zur Rechtmäßigkeit der Veröffentlichung. Ist danach

---

260 Beuthien/Schmölz S. 44; Larenz/Canaris-SchuldR BT II/2 S. 172; Magold S. 482; Sack-Lizenzanalogie S. 387 f.

261 vgl. insoweit den Verweis bei: Larenz/Canaris-SchuldR BT II/2 S. 172 auf BGHZ 99, 244 (248) Urt. v. 18.12.1986

262 Schlechtriem-Bereicherung S. 450

263 BGHZ 20, 345 (354) Urt. v. 8.5.1956; BGH NJW 1979, 2205 (2206) Urt. v. 26.6.1979; BGHZ 81, 75 (81 ff.) Urt. v. 26.6.1981; BGH GRUR 1987, 128 f. Urt. v. 14.10.1986; BGH ZIP 1992, 857 (859) Urt. v. 14.4.1992

264 OLG Hamburg, NJW 1990, 1995 f. Urt. v. 8.5.1989; OLG Karlsruhe, AfP 1996, 282 (283) Urt. v. 10.10.1995; OLG Karlsruhe, AfP 1998, 326 f. Urt. v. 30.1.1998

265 vgl. OLG München, NJW-RR 1996, 539 (540) Urt. v. 20.9.1995; Ehmann JuS 1997, 193 (203); Larenz/Canaris-SchuldR BT II/2 S. 174; Seitz NJW 1996, 2848 (2850) (allerdings mit dem hier abgelehntem Anspruchsgegenstand Gewinnabschöpfung)

266 so aber: Schlechtriem-Bereicherung S. 461 ff.

festgestellt, dass eine Veröffentlichung auch unter Berücksichtigung der Presse-, Rundfunk- und Meinungsfreiheit rechtswidrig ist, so können diese Rechte nicht auf einer weiteren Stufe die Rechtsfolgen der Verletzung ausschließen. Andererseits scheidet für den Betroffenen bei Feststellung des rechtfertigenden Informationsinteresses auch eine Berufung auf eigene vermögensrechtliche Interessen aus[267].

Die Prüfung der Rechtswidrigkeit hat also auch im Hinblick auf mögliche wirtschaftliche Folgen unter gewissenhafter Auseinandersetzung mit den verfassungsrechtlich garantierten Rechten der Medien zu erfolgen. Wenn man sich bei der Bestimmung des Wertes der okkupierten Nutzung an den üblichen für solche Einwilligungen gezahlten Honoraren orientiert, werden die Medien auch nicht übermäßig belastet. Sie werden letztlich nur dem rechtstreu Handelnden gleichgestellt.

6. Unbeachtlichkeit der Kenntnis von der Entgeltpflichtigkeit

Der Bereicherungsschuldner kann sich gegenüber finanziellen Ansprüchen nicht darauf berufen, dass er die Nutzung bei Kenntnis von der Entgeltpflichtigkeit nicht vorgenommen hätte und daher keine Aufwendungen erspart habe[268]. Diese von der Rechtsprechung formulierte Regel hat ihren Ursprung in der Zeit, in der ersparte Aufwendungen noch als das "erlangte Etwas" i.S.d. § 812 BGB angesehen wurden. Nunmehr, wo als Gegenstand der Bereicherung stattdessen die Nutzung der Persönlichkeit angesehen wird, ist diese Regel wohl selbstverständlich.

III. Anspruchsgegenstand im Bereicherungsrecht

Der Verletzte hat nach § 812 Abs. 1 BGB das Erlangte herauszugeben. Dies wird durch § 818 BGB weiter konkretisiert. Wie angesprochen, ist bei Verletzungen immaterieller Ausschließlichkeitsrechte die Nutzung bzw. der Gebrauch als das Erlangte anzusehen[269]. Da Gebrauch und Nutzung nicht ge-

---

267 vgl. Götting S. 59; Magold S. 472

268 BGHZ 20, 345 (354 f.) Urt. v. 8.5.1956; BGH NJW 1979, 2205 (2206) Urt. v. 26.6.1979; BGHZ 81, 75 (82) Urt. v. 26.6.1981; BGH ZIP 1992, 857 (859) Urt. v. 14.4.1992

269 BGHZ 82, 299 (307) Urt. v. 24.11.1981; BGHZ 99, 244 (248) Urt. v. 18.12.1986; BGHZ 107, 117 (121) Urt. v. 9.3.1989; OLG München, NJW-RR 1996, 539 (540) Urt. v. 20.9.1995

genständlich zurückgewährt werden können, ist nach § 818 Abs. 2 BGB Wertersatz zu leisten [270].

1. Wertersatz

Der nach § 818 Abs. 2 BGB anstelle der Nutzung immaterieller Ausschließlichkeitsrechte herauszugebende Wertersatz wird in der Rechtsprechung mit der angemessenen Lizenzgebühr bezeichnet[271]. Darunter wird das Entgelt verstanden, das vernünftige Vertragspartner an der Stelle der Parteien als angemessenes Honorar für die erfolgte Nutzung ausgehandelt hätten[272]. Diese Lizenzgebühr ist Ausdruck des Wertes, der der Nutzung durch den Markt beigemessen wird[273].

Die Darlegung der angemessenen Lizenzgebühr wird dem Verletzten durch die Anwendung von § 287 Abs. 2 ZPO erleichtert[274]. Bei Anwendung dieser Vorschrift sind alle Umstände in die Beurteilung einzubeziehen, die einen Schluß auf die wahrscheinliche Höhe der Lizenzgebühr zulassen[275]. Maßgebliche Umstände sind die Marktgegebenheiten, insbesondere die üblichen am Markt erzielten Lizenzgebühren[276]. Fehlt ein Markt, schließt dies den Anspruch aber nicht aus. Nach hier vertretener Ansicht soll es für den Anspruch ja gerade nicht auf die Marktgängigkeit sondern auf die Entgeltfähigkeit ankommen. In diesen Fällen ist durch einen Vergleich mit ähnlichen Nutzungen von Persönlichkeitsmerkmalen ein angemessenes Entgelt zu ermitteln[277]. Das nach diesen Grundsätzen zu bestimmende Entgelt wird natürlich um so höher ausfallen, je bekannter eine Person in der Öffentlichkeit ist[278].

---

270 BGHZ 82, 299 (307) Urt. v. 24.11.1981; BGHZ 99, 244 (248) Urt. v. 18.12.1986; Beuthien/Schmölz S. 45

271 BGHZ 81, 75 (81 f.) Urt. v. 26.6.1981; BGHZ 82, 299 (308) Urt. v. 24.11.1981; BGHZ 99, 244 (248) Urt. v. 18.12.1986

272 BGH NJW 1979, 2205 (2206) Urt. v. 26.6.1979; BGHZ 81, 75 (81 f.) Urt. v. 26.6.1981; BGH ZIP 1992, 857 (859) Urt. v. 14.4.1992

273 vgl. BGHZ 82, 299 (308) Urt. v. 24.11.1981

274 vgl. BGH NJW 1979, 2205 (2206) Urt. v. 26.6.1979; BGH ZIP 1992, 857 (859) Urt. v. 14.4.1992; OLG Karlsruhe, AfP 1996, 326 (327) Urt. v. 30.1.1998; Beuthien/Schmölz S. 49

275 vgl. BGH ZIP 1992, 857 (859) Urt. v. 14.4.1992

276 vgl. BGHZ 99, 244 (248) Urt. v. 18.12.1986; OLG Karlsruhe, AfP 1998, 326 (327) Urt. v. 30.1.1998

277 Larenz/Canaris-SchuldR BT II/2 S. 172 u. 175 m.w.N.

278 Larenz/Canaris-SchuldR BT II/2 S. 174

Weitere zu berücksichtigende Umstände sind Umfang und Intensität der Nutzung durch den Verletzer. Diese Umstände können vom Verletzer durch die Geltendmachung von Ansprüchen auf Auskunft und Rechnungslegung gemäß § 242 BGB in Erfahrung gebracht werden[279].

2. Gewinnherausgabe nach Bereicherungsrecht

Der Bereicherungsanspruch ist nach bisher herrschendem Verständnis nicht auf die Herausgabe des Verletzergewinns gerichtet[280]. Gleichwohl finden sich im Schrifttum auch Auffassungen, die den Verletzergewinn als Anspruchsgegen-stand sehen.

a) Gewinnherausgabe aufgrund subjektiver Bestimmung des Eingriffswertes

Eine Auffassung geht dahin, den Wert des Erlangten an den subjektiven Verhältnissen des Bereicherungsgläubigers zu bestimmen[281]. Der Wert soll damit dem aus dem Eingriff erzielten Gewinn entsprechen[282]. Damit soll auch dem gutgläubigen Bereicherungsschuldner das Risiko genommen werden, über seinen endgültigen Gewinn hinaus zu haften[283].

Gegen dieses Vorgehen ist einzuwenden, dass als das "erlangte etwas" i.S.d. § 812 Abs. 1 BGB nicht der Gewinn, sondern die Nutzung bzw. der Gebrauch des Rechtes anzusehen ist. Deren Wert ist nach § 818 Abs. 2 BGB zu ersetzen. Zwar ist der Gewinn Folge der Nutzung[284]. Er beruht aber auch auf dem konkreten Einsatz und der Tätigkeit des Verletzers. Damit ist der Gewinn nur mittelbare Folge des Gebrauchs[285]. Als solcher kann er nicht Anspruchsgegenstand nach § 818 Abs. 2 BGB sein. Daran ändert auch die Schutzbedürftigkeit

---

279 Baumbach/Hefermehl Einleitung UWG Rn 399, 402

280 BGHZ 82, 299 (307) Urt. v. 24.11.1981

281 Erman-Westermann § 818 Rn 17; Esser-Weyers S. 95, 104; Koppensteiner NJW 1971, 1769 (1775); a.A. BGHZ 82, 299 (307) Urt. v. 24.11.1981; Goetzke AcP 173, 289 (322)

282 Erman-Westermann § 818 Rn 18; Esser-Weyers S. 105; vgl. auch Seitz NJW 1996, 2848 (2850) (der nicht ausdrücklich an die subj. Theorie anknüpft, sondern über diesen Anspruch die dogmatischen Schwierigkeiten der Präventionsfunktion beim Anspruch auf Geldentschädigung für immaterielle Beeinträchtigungen zu vermeiden sucht); ebenso: Ehmann JuS 1997, 193 (203)

283 Erman-Westermann § 818 Rn 17; Koppensteiner NJW 1971, 1769 (1770)

284 BGHZ 82, 299 (307) Urt. v. 24.11.1981

285 Fest S. 79 Fn 25 m.w.N.

des gutgläubigen Bereicherungsschuldners nichts. Diese wird im System des Bereicherungsrechts über § 818 Abs. 3 BGB gewährleistet[286].

b) Gewinnherausgabe als Nutzungsherausgabe i.S.d. § 818 Abs. 1 BGB

Die Gewinnherausgabe kann auch nicht, wie vereinzelt vorgeschlagen[287], über § 818 Abs. 1 BGB als Nutzungsherausgabe beansprucht werden[288]. Voraussetzung dafür wäre, den Gewinn als Nutzung i.S.d. § 818 Abs. 1 BGB anzusehen. Nutzungen i.S. dieser Vorschrift sind Sach- und Rechtsfrüchte sowie Gebrauchsvorteile der in den §§ 99 und 100 BGB genannten Art[289]. Zu Recht wird darauf hingewiesen, dass der Gewinn aus der Nutzung von Immaterialgüterrechten nicht den spezifischen Gebrauchsvorteil dieser Rechte darstellt[290].

Zudem ist zu beachten, dass Nutzungen i.S.d. § 818 Abs. 1 i.V.m. § 100 BGB Früchte oder Gebrauchsvorteile von erlangten Sachen oder Rechten sind. Die Nutzungsherausgabe nach § 818 Abs. 1 BGB setzt also voraus, dass primärer Bereicherungsgegenstand eine Sache oder ein Recht ist. Bei Verletzungen von Immaterialgüter- und Persönlichkeitsrechten ist Bereicherungsgegenstand aber keine Sache und auch kein Recht, sondern wie gesehen, Nutzung und Gebrauch eines fremden Rechts. An diesen Bereicherungsgegenstand knüpfen keine Nutzungen i.S.d. § 100 BGB an.

c) Gewinnherausgabe nach §§ 819 Abs. 1, 818 Abs. 4 i.V.m. § 281 BGB

Ein gangbarer Weg zur Begründung eines Anspruchs auf Herausgabe des Gewinns mit dem Bereicherungsrecht findet sich allerdings bei Canaris[291]. Als Anspruchsgrundlage dienen ihm die §§ 819 Abs. 1, 818 Abs. 4 i.V.m. § 281 BGB.

Entsprechend diesen Vorschriften kann der Gewinn allerdings nur bei vorsätzlich rechtswidriger Verletzung der Persönlichkeitsrechte beansprucht werden. Denn § 819 Abs. 1 BGB setzt einen in Kenntnis der Rechtsgrundlosigkeit erfolgten Eingriff voraus[292]. In solchen Fällen kommt man über die Vorschrift

---

286 Sack-Lizenzanalogie S. 381

287 Münch.Komm.-Lieb § 818 Rn 21; Pietzko AfP 1988, 207 (221)

288 Beuthien/Schmölz S. 48 f.; Fest S. 79

289 Palandt-Thomas § 818 Rn 8

290 Fest S. 79

291 Canaris-Gewinnabschöpfung S. 85 ff.

292 Canaris-Gewinnabschöpfung S. 92

des § 818 Abs. 4 BGB zur Anwendung der allgemeinen Haftungsnormen. Hierzu zählt die Rechtsprechung auch die Vorschrift des § 281 BGB[293]. Nach § 281 Abs. 1 BGB besteht bei nachträglicher Unmöglichkeit einer Leistung ein Anspruch auf Herausgabe des Ersatzgegenstands. Ersatzgegenstand für die nicht herausgabefähige Nutzung eines immateriellen Ausschließlichkeitsrechts ist nach Canaris' Auffassung der hieraus erzielte Gewinn[294].

Allerdings gesteht Canaris selbst ein, dass bei der Bereicherungshaftung aus Persönlichkeitsverletzungen an sich keine nachträgliche Unmöglichkeit hinsichtlich des herauszugebenden Gegenstands vorliegen kann. Da die erlangte Nutzung von vornherein nicht herausgegeben werden kann, handelt es sich vielmehr um einen Fall der anfänglichen Unmöglichkeit[295].

Canaris nimmt diese Klippe aber mit guter Begründung, indem er den Fall der Persönlichkeitsverletzung mit dem des anfänglichen Unvermögens vergleicht, wo § 281 BGB ebenfalls Anwendung findet. Hierbei kommt er zu dem vertretbaren Schluß, dass das Schicksal der Leistungsgegenstände und die Interessenlagen derart vergleichbar sind, dass eine analoge Anwendung des § 281 BGB möglich ist[296].

Rechtsfolge der Anwendung von § 281 BGB ist dann die Herausgabe des speziell aus der Persönlichkeitsverletzung resultierenden Gewinns[297]. Für den Umfang der Gewinnabschöpfung ist also danach zu fragen, welchen Gewinn der Eingreifer gerade durch die Nutzung der Persönlichkeit des Verletzten erzielt hat.

IV. Wegfall der Bereicherung

Dem Bereicherungsschuldner steht bei Persönlichkeitsverletzungen grundsätzlich keine Berufung auf den Wegfall der Bereicherung zu[298]. Die Nutzung, als das vom Bereicherungsschuldner Erlangte, kann bei ihm nicht nachträglich i.S.d. § 818 Abs. 3 BGB entfallen.

---

293 BGHZ 75, 203 (205 ff.) Urt. v. 11.10.1979

294 Canaris-Gewinnabschöpfung S. 94 f.

295 Canaris-Gewinnabschöpfung S. 94

296 Canaris-Gewinnabschöpfung S. 94 f.

297 Canaris-Gewinnabschöpfung S. 96

298 vgl. Magold S. 480; Münch.Komm.-Lieb § 818 Rn 106 a; Sack-Lizenzanalogie S. 384; Schierholz S. 180

Zur Korrektur dieses Ergebnisses wird zugunsten des gutgläubigen Eingreifers eine Beschränkung der Haftung auf den durch den Eingriff erzielten Gewinn gefordert[299]. Dagegen ist einzuwenden, dass der Bereicherungsschuldner damit das wirtschaftliche Risiko der Nutzung auf den Bereicherungsgläubiger abwälzen könnte. Er wäre also besser gestellt als der rechtstreue Lizenznehmer, der das wirtschaftliche Risiko auch selbst zu tragen hat[300].

Die Vermeidung einer unangemessenen Benachteiligung des Bereicherungsschuldners hat vielmehr bei der Wertbestimmung im Rahmen des § 818 Abs. 2 BGB zu erfolgen. Hierbei sind stets die Umstände der konkreten Nutzung zu beachten[301]. Maßgeblicher Umstand ist dabei die durch die Nutzung eröffnete Gewinnerzielungsmöglichkeit[302]. Diese bildet auch bei vertraglichen Gestattungsvereinbarungen das maßgebliche Entgeltkriterium. In diesem Sinne stellte auch der BGH in seiner Talkmaster-Entscheidung für die Höhe des zu zahlenden Entgelts darauf ab, welche Werbewirkung die Bildnisveröffentlichung für den Bereicherungsschuldner hatte[303].

V. Anspruchsgegner bei mehreren Verletzern

Anspruchsgegner des Bereicherungsanspruchs ist der Begünstigte. Dies ist bei Eingriffen in immaterielle Auschließlichkeitsrechte derjenige, dem die Nutzung zugute kommt[304].

Diese Bestimmung macht keine Schwierigkeiten, wenn am Nutzungsvorgang nur eine Person beteiligt ist. Probleme tauchen dagegen in Fällen mit mehreren Beteiligten auf. Insbesondere ist dabei an Fälle zu denken, in denen die rechtswidrige Nutzung innerhalb einer Kette erfolgt, die mehrere "Verfügungen" über das Persönlichkeitsmerkmal enthält. Beispiel dafür bildet die Veräußerung einer Fotografie mit dem Bildnis einer Person, wobei die Veräußerung durch den Fotografen bzw. weitere zwischengeschaltete Vertreiber an den "Endnutzer" erfolgt, und der Endnutzer diese Fotografie schließlich zur Werbung verwendet[305].

---

299 Larenz/Canaris-SchuldR BT II/2 S. 297; Magold S. 480 f.; Münch.Komm.-Lieb § 818 Rn 106 d; Sack-Lizenzanalogie S. 384 ff.

300 Schierholz S. 181

301 Schierholz S. 181

302 Beuthien/Schmölz S. 50; Larenz/Canaris-SchuldR BT II/2 S. 279

303 BGH ZIP 1992, 857 (859) Urt. v. 14.4.1992

304 Larenz/Canaris-SchuldR BT II/2 S. 178

305 vgl. den Sachverhalt zur Fußballtor-Entscheidung: BGH NJW 1979, 2205 Urt. v. 26.6.1979

1. Keine Gesamtschuldnerschaft

Die Rechtsprechung hat in der Fußballtor-Entscheidung für solche Fälle als Grundsatz bestimmt, dass jeder Beteiligte nur für seine Bereicherung haftet. Eine Gesamtschuldnerschaft derart, dass die Beteiligten unabhängig von ihrer eigenen Bereicherung für die des anderen mithaften, besteht nicht[306].

2. Keine alleinige Haftung des Endnutzers

Daraus wurde geschlußfolgert, dass im Fall mehrerer Beteiligter nur der Bereicherungsschuldner sei, an dem letztlich die Kostentragungspflicht für die Einwilligung hängenbleiben würde. Derjenige, für den die Kosten der Einwilligung lediglich einen durchlaufenden Posten darstellen, sei demnach nicht Bereicherungsschuldner. Entscheidend sei mithin eine wirtschaftliche Betrachtungsweise[307].

Die damit vorgenommene Beschränkung der Bereicherungshaftung auf den "Endnutzer" erscheint aber nicht sachgerecht. Der BGH hat eine solche Beschränkung in der Fußballtor-Entscheidung auch nicht vorgenommen. Er hat die Haftung der Person, die das letztlich zur Werbung verwendete Bild "veräußert" hatte, lediglich für den Vermögensvorteil verneint, der in der Nutzung des Bildes zur Werbung liegt. Damit wurde die Haftung des "Veräußerers" aber nicht grundsätzlich ausgeschlossen. Ganz im Gegenteil wurde auch die Möglichkeit gesehen, dass der "Veräußerer" aus dem Verkauf des Bildes "auf Kosten des Klägers einen Vermögensvorteil" erlangt haben könnte. Dieser war nach den Ausführungen des BGH aber nicht Streitgegenstand[308], so dass eine Entscheidung zu dem Bereicherungsanspruch gegen den "Veräußerer" unterblieb.

3. Haftung aller Beteiligten nach den allgemeinen Grundsätzen

Diese vom BGH offengelassene Frage der Haftung des "Veräußeres" ist letztlich nach den oben dargestellten Grundsätzen zu beantworten. Dies bedeutet, dass die Haftung davon abhängt, ob die Handlung des "Veräußerers" eine objektive Verletzung des deliktisch geschützten Rechtsguts mit Nutzungscharakter darstellt und ob diese Nutzung generell entgeltfähig ist.

306 BGH NJW 1979, 2205 (2206 f.) Urt. v. 26.6.1979

307 Schierholz S. 182 f.

308 BGH NJW 1979, 2205 (2207) Urt. v. 26.6.1979

a) Verschiedene Nutzungen bei der kommerziellen Verwertung von Persönlichkeitsmerkmalen

In dem oben genannten Beispiel mit der zu Werbezwecken veräußerten Fotografie finden durch die verschiedenen Beteiligten unterschiedliche Nutzungen statt. Einerseits erfolgt die werbemäßige Nutzung des Bildnisses durch den Erwerber des Fotos. Der Veräußerer erlangt dagegen nicht die werbemäßige Nutzung[309], sondern die Nutzung des Bildnisses als Handelsware. Der Wert als Handelsware ergibt sich aus der mit der Veräußerung beabsichtigten Nutzungsgestattung. Der Wert dieser Nutzung ist nach dem Entgelt zu bemessen, das üblicherweise an den Berechtigten zu zahlen ist, der die Befugnis zu derartiger Vermarktung überträgt[310].

Mangels Gestattung durch den Abgebildeten verstoßen beide Nutzungen gegen dessen Recht am eigenen Bild. Da beide Nutzungen grundsätzlich auch entgeltfähig sind, wären an sich gegen beide Nutzer Bereicherungsansprüche gegeben. Eine kumulative Inanspruchnahme verbietet sich aber dort, wo sich beide Nutzungen inhaltlich decken, d.h. wo der Endnutzer die vom "Veräußerer" vermeintlich übertragene Befugnis nutzt. Dies gebietet letztlich auch die vom BGH zitierte wirtschaftliche Betrachtungsweise[311]. Dieses Ergebnis läßt sich auch aus den bereicherungsrechtlichen Regelungen ableiten.

b) Belastung des "Veräußerers" mit der Rechtsverschaffungspflicht

Im genannten Beispiel ist bei der Bestimmung des durch den Veräußerer Erlangten zu beachten, dass die Nutzung des Bildnisses als Handelsware mit der Pflicht zur Verschaffung der Berechtigung zugunsten des "Erwerbers" verknüpft ist[312]. Diese Verpflichtung ist ein Vermögensnachteil, der bei der Wertbestimmung des Bereicherungsgegenstands gemäß § 818 Abs. 3 BGB berücksichtigt werden muß[313].

---

309 BGH NJW 1979, 2205 (2207) Urt. v. 26.6.1979

310 vgl. die Fallgestaltung in der Nena-Entscheidung: BGH GRUR 1987, 128 Urt. v. 14.10.1986 (hier hatte der Kläger die exklusive Befugnis zur Vermarktung verschiedener Persönlichkeitsdetails u.a. Name und Bildnis von der Berechtigten eingeräumt bekommen)

311 BGH NJW 1979, 2205 (2207) Urt. v. 26.6.1979

312 vgl. die Fallgestaltung in: BGH NJW 1990, 1106 Urt. v. 31.1.1990

313 Larenz/Canaris-SchuldR BT II/2 S. 301; Münch.Komm.-Lieb § 818 Rn 54; Staudinger-Lorenz § 818 Rn 33

Dies bedeutet in Fällen, in denen die werbemäßige Nutzung durch den "Erwerber" selbst stattgefunden hat, dass ein Bereicherungsanspruch gegen den "Veräußerer" nur dann gegeben ist, wenn der Verletzte gleichzeitig auf Bereicherungsansprüche gegen den "Erwerber" der Nutzungsbefugnis verzichtet. Damit ist der "Veräußerer" nicht mehr den Ansprüchen des "Erwerbers" ausgesetzt. Dies bedeutet für den "Veräußerer", dass die mit dem Eingriff verbundenen Vermögensnachteile entfallen. Der Verletzte hat dann die Möglichkeit, den Wert der Nutzung als Handelsware nach den §§ 812 Abs. 1 S. 1, 2. Alt., 818 Abs. 2 BGB zu kondizieren.

Für den Fall, dass eine Nutzung durch den Erwerber noch nicht stattgefunden hat, stehen dem Verletzer gegenüber dem Erwerber keine Bereicherungsansprüche zu. Dieser hat ja bis dahin noch nichts auf Kosten des Rechtsinhabers erlangt. Bereicherungsansprüche gegenüber dem Veräußerer hängen wiederum davon ab, ob dieser mit der Rechtsverschaffungspflicht zugunsten des "Erwerbers" belastet ist. Dies ist er nicht mehr, wenn der Verletzte das Geschäft zwischen "Veräußerer" und "Erwerber" "genehmigt" und damit die Einwilligung zur Nutzung durch den "Erwerber" erteilt. Damit ist der Veräußerer wiederum von seiner Rechtsverschaffungspflicht befreit. Der Verletzte kann den Wert der Nutzung als Handelsware beim "Veräußerer" kondizieren. Dabei kommt es nicht darauf an, ob der "Erwerber" sein nunmehr erworbenes Recht nutzt.

Diese Lösung hat ihre Parallele in der in § 816 Abs. 1 BGB getroffenen Regelung für das "Opfer" einer durch einen Nichtberechtigten vorgenommenen Verfügung. Auch hier kann der Verletzte durch seine Genehmigung einen Schuldnerwechsel und damit auch einen Wechsel beim herauszugebenden Gegenstand bewirken[314]. Zwar scheidet die Anwendung von § 816 Abs. 1 BGB auf Persönlichkeitsrechte schon deshalb aus, weil ein gutgläubiger Erwerb von persönlichkeitsrechtlichen Befugnissen nicht möglich ist[315]. Dies verbietet es aber nicht, bei Persönlichkeitsverletzungen mit Vermögensbezug auf die Wertung des § 816 BGB zurückzugreifen.

4. Mehrere Bereicherungsschuldner bei unerlaubtem Personenmerchandising

Neben dem soeben zugrundegelegten Beispiel ist die Auswahl des Bereicherungsschuldners nach eben beschriebenem Muster auch in anderen Konstellationen möglich. Beispielhaft sei hier auf die Fallgestaltung verwiesen, die der Chanel Nr. 5-Entscheidung des BGH zugrundelag[316]. Ergebnis dieser Ent-

---

314 vgl. Münch.Komm.-Lieb § 816 Rn 24 f.; Staudinger-Lorenz § 816 Rn 9

315 vgl. Canaris JZ 1992, 1114 (1119)

316 BGHZ 99, 244 Urt. v. 18.12.1986

scheidung war die Haftung eines Verkäufers, dessen Waren unberechtigterweise mit dem Warenzeichen der Klägerin ausgestattet waren. Unterstellt man, dass anstelle des Warenzeichens unberechtigterweise Bildnis oder Name einer Person zur Kennzeichnung der Waren genutzt worden wären[317], so würde sich an der Haftung des Verkäufers nichts ändern.

Neben diesem "Letztverkäufer" sind aber auch die vor diesem in der Veräußerungskette stehenden Beteiligten einem Bereicherungsanspruch ausgesetzt, sofern diese anderen Beteiligten die Ware ebenfalls unter Verletzung der Persönlichkeitsrechte in den Wirtschaftskreislauf gebracht haben. Auch hier kann der Verletzte bei inhaltlich übereinstimmender Nutzung nicht gegen alle Nutzer kumulativ Bereicherungsansprüche geltend machen. Der Verletzte ist wiederum auf eine Nutzungsstufe beschränkt.

317 vgl. die Konstellation in: RGZ 74, 308 Urt. v. 28.10.1910

E. Gewinnherausgabe nach dem Recht der Geschäftsanmaßung

Neben dem soeben behandelten Recht der ungerechtfertigten Bereicherung werden im Schrifttum zu Persönlichkeitsrechtsverletzungen auch das Schadenersatzrecht[318] und das Recht der Geschäftsführung ohne Auftrag[319] als Grundlage des Anspruchs auf Herausgabe des Verletzergewinns genannt. In der Rechtsprechung sind hierzu nur ganz vereinzelt Stellungnahmen zu finden. Der BGH hat in dem Leitsatz zu seiner Miss-Petite-Entscheidung aus dem Jahr 1973 festgestellt, dass auch bei Verletzungen des Namensrechts durch den Gebrauch einer verwechslungsfähigen Bezeichnung, der Schadenersatzanspruch des Verletzten "nach Maßgabe einer entgangenen Lizenzgebühr oder nach dem Verletzergewinn" berechnet werden kann[320].

I. Gewinnherausgabe im Wege der dreifachen Schadensberechnung

Diese für das Namensrecht getroffene Feststellung lässt sich allgemein auf die Persönlichkeitsrechte übertragen[321]. Wenn man im Namensrecht mit Bezug auf die Immaterialgüterrechte die Berechnung des Schadenersatzes nach der Lizenzanalogie zuläßt, ist an sich kein Grund ersichtlich, warum man die ebenfalls aus dem Immaterialgüterrecht stammende Berechnung nach dem Verletzergewinn nicht zulassen sollte. Der BGH gewährte dementsprechend in der Marlene-Rechtsprechung nach den Grundsätzen der dreifachen Schadensberechnung den Anspruch auf Herausgabe des Verletzergewinns[322].

Allerdings kann diese Berechnungsmethode ebenso wie die schadenersatzrechtliche Lizenzanalogie nur dann zur Anwendung kommen, wenn die Grundsätze des Schadenersatzrechts gewahrt bleiben. Danach kommt die Beanspruchung des Verletzergewinns als Schadenersatz nur dann in Frage, wenn davon ausgegangen werden kann, dass der Verletzte ohne den Eingriff des Verletzers gerade den Gewinn erzielt hätte, der beim Verletzten eingetreten ist[323].

---

318 Erman-Ehmann Anhang § 12 Rn 794; Münch.Komm.-Schwerdtner (3. Aufl.) § 12 Rn 277; Wenzel Rn 14.78

319 Larenz/Canaris-SchuldR BT II/2 S. 279; Sack-Lizenzanalogie S. 382; Pietzko AfP 1988, 209 (220); Münch.Komm.-Schwerdtner (3. Aufl.) § 12 Rn 277; Münch.Komm.-Thode § 287 Rn 16; Schierholz S. 183 f.

320 BGHZ 60, 206 Urt. v. 16.2.1973

321 Münch.Komm.-Schwerdtner (3. Aufl.) § 12 Rn 277; so auch gefordert von: Wenzel Rn 14.78

322 BGHZ 143, 214 (232) Urt. v. 1.12.1999

323 Baumbach/Hefermehl Einl. UWG Rn 384; Beuthien/Wasmann GRUR 1997, 255; Münch.Komm.-Grunsky § 252 Rn 16

Die Rechtsprechung zum Schadenersatz im Immaterialgüterrecht verlangt dies allerdings nicht. Nach dieser Rechtsprechung ist es ausreichend, dass beim Verletzten überhaupt Gewinneinbußen festgestellt werden können[324]. Steht dagegen fest, dass der Eingriff den Gewinn des Verletzten tatsächlich nicht negativ beeinträchtigt oder ihn sogar begünstigt hat, dann kann der Verletzergewinn nicht über den Weg der dreifachen Schadensberechnung beansprucht werden[325]. In solchen Fällen soll dem Verletzten nach der Rechtsprechung jedoch die Möglichkeit der Schadenersatzberechnung nach der Lizenzanalogie verbleiben[326].

Die Rechtsprechung beruft sich zur Begründung des Gewinnherausgabeanspruchs auf ein entsprechendes Gewohnheitsrecht[327]. Dieses Gewohnheitsrecht hat seinen Ursprung in der rechtsähnlichen Anwendung der §§ 687 Abs. 2 S. 1, 681 S. 2, 667 BGB[328]. An dieser Ableitung des Gewinnherausgabeanspruchs wird zu Recht kritisiert, dass die Vorschriften zur Geschäftsanmaßung keinen Schadenersatz gewähren[329].

II. Anspruch auf Gewinnherausgabe nach dem Recht der Geschäftsanmaßung

Läßt sich also nicht feststellen, dass der Schaden beim Verletzten dem Gewinn des Verletzers entspricht, so kann die Gewinnherausgabe richtigerweise nur nach dem Recht der Geschäftsanmaßung gemäß §§ 687 Abs. 2, 681 S. 2, 667 BGB beansprucht werden[330].

1. Persönlichkeitsrechtsverletzung als fremdes Geschäft

Die Anwendbarkeit dieser Vorschriften ist prinzipiell auch bei Persönlichkeitsverletzungen möglich. Freilich führt nicht jede Persönlichkeitsverletzung zu einem Gewinnherausgabeanspruch gemäß §§ 687 Abs. 2, 681 S. 2, 667 BGB.

---

324 BGH GRUR 1962, 509 (511 f.) Urt. v. 29.5.1962; BGH GRUR 1995, 349 (351) Urt. v. 2.2.1995

325 BGH GRUR 1962, 509 (512) Urt. v. 29.5.1962; BGH GRUR 1995, 349 (351) Urt. v. 2.2.1995

326 BGH GRUR 1995, 349 (351) Urt. v. 2.2.1995

327 BGH GRUR 62, 509 (511) Urt. v. 29.5.1962

328 für „rechtsähnliche Anwendung“: RGZ 130, 108 (110) Urt. v. 22.10.1930; RGZ 156, 56 (67) Urt. v. 13.10.1937; BGHZ 34, 320 (322) Urt. v. 24.2.1961

329 Beuthien/Wasmann GRUR 1997, 255 (256)

330 vgl. Larenz/Canaris-SchuldR BT II/2 S. 279; Münch.Komm.-Rixecker (4. Aufl.) Anhang § 12 Rn 227; Münch.Komm.-Thode § 287 Rn 16; Pietzko AfP 1988, 209 (220); Sack-Lizenzanalogie S. 382; Schierholz S. 183 f.

So erfaßt die in § 687 Abs. 2 BGB geregelte Geschäftsanmaßung nur vorsätzliche Eingriffe in fremde Rechte[331]. Diese Eingriffe müssen sich zudem als Ausübung objektiv fremder Geschäfte darstellen[332]. Damit sind vornehmlich Handlungen gemeint, die den Inhabern absoluter oder sonstiger Ausschließlichkeitsrechte vorbehalten sind[333].

Wie schon oben im Rahmen des Bereicherungsrechts dargestellt, sind auch die Persönlichkeitsrechte als Ausschließlichkeitsrechte anzusehen, die dem Inhaber ausschließliche Befugnisse vermitteln[334]. Diese Befugnisse ergeben sich auch im Recht der Geschäftsanmaßung aus dem Zuweisungsgehalt der jeweils betroffenen persönlichkeitsrechtlich geschützten Position[335]. Damit läßt sich sagen, dass solche Persönlichkeitsverletzungen zu Gewinnherausgabeansprüchen nach §§ 687 Abs. 2, 681 S. 2, 667 BGB führen können, die als Nutzung des Persönlichkeitsrechts anzusehen sind und die von Rechts wegen dem Inhaber vorbehalten, sprich "zugewiesen", sind[336].

Was die Art des Eingriffs anbelangt, unterliegt der Anspruch aus §§ 687 Abs. 2, 681 S. 2, 667 BGB somit der gleichen Voraussetzung wie der aus dem Bereicherungsrecht[337]. Deshalb ist der Aussage von Gounalakis, wonach bei der Zwangskommerzialisierung der Persönlichkeit schwerlich von einem Geschäft des Verletzten gesprochen werden kann[338], zumindest dann zuzustimmen, wenn mangels Entgeltfähigkeit oder mangels eines feststellbaren Nutzungscharakters des Eingriffs keine Verletzung des Zuweisungsgehalts vorliegt. Übt der Verletzer aber rechtswidrig eine dem Rechtsinhaber vorbehaltene entgeltfähige Nutzung seiner Persönlichkeit aus, kann auch von einem fremden Geschäft gesprochen werden.

---

331 BGHZ 119, 257 (259) Urt. v. 28.9.1992; Münch.Komm.-Seiler § 687 Rn 8; Staudinger-Wittmann § 687 Rn 5

332 Beuthien/Wasmann GRUR 1997, 255 (258); Münch.Komm.-Seiler § 687 Rn 8 u. 14; Staudinger-Wittmann § 687 Rn 1 u. 5

333 Münch.Komm.-Seiler § 687 Rn 15; Staudinger-Wittmann § 687 Rn 6

334 vgl. oben D. II.

335 Münch.Komm.-Seiler § 687 Rn 16 (dort wird an vermögenswerte Abspaltungen und deren Verwertungsüblichkeit angeknüpft); Staudinger-Wittmann § 687 Rn 6 (dort wird an den Eingriff in Rechte mit wirtschaftlichem Zuweisungsgehalt angeknüpft)

336 Münch.Komm.-Seiler § 687 Rn 15 (dort wird von Ausnutzung fremder Rechts- und Leistungspositionen gesprochen); Staudinger-Wittmann § 687 Rn 9 (dort wird von der Ausbeutung fremder Rechte gesprochen)

337 Beuthien/Schmölz S. 51; Münch.Komm.-Seiler § 687 Rn 15

338 Gounalakis AfP 1998, 10 (19)

Ebenso wie der Anspruch aus § 812 Abs.1 S. 1, 2. Alt. BGB wird auch der Anspruch aus §§ 687 Abs. 2, 681 S. 2, 667 BGB nicht dadurch ausgeschlossen, dass der Verletzte der widerrechtlichen Nutzung unter keinen Umständen zugestimmt hätte[339].

2. Handeln ohne Fremdgeschäftsführungswillen

In Abgrenzung zu den Vorschriften der sogenannten echten GoA kommt § 687 BGB nur dann zur Anwendung, wenn der Eingreifer ohne Fremdgeschäftsführungswillen, d.h. in eigennütziger Absicht handelt[340]. Auf diese Eigennützigkeit kann geschlossen werden, wenn der Eingreifer über die Rechte des anderen im eigenen Namen verfügt oder sie im eigenen Namen nutzt und die wirtschaftlichen Ergebnisse daraus nicht dem Geschäftsherrn, sondern sich selbst zuordnet[341].

Tatsächlich treten wohl kaum Fälle auf, in denen jemand unberechtigt in eigenem Namen aber im Interesse eines anderen dessen Persönlichkeitsrechte nutzt. Denkbar ist allein, dass jemand im irrtümlichen Glauben, er sei zur Wahrnehmung der Interessen des Rechtsinhabers befugt, dessen Rechte nutzt. Dies wird der Verletzer aber angesichts der klaren Zuordnung persönlichkeitsrechtlicher Befugnisse wohl selten darlegen können.

3. Wissen um die Nichtberechtigung

Das Wissen um die Nichtberechtigung ist der entscheidende Unterschied zu den Haftungsvoraussetzungen des § 812 Abs. 1 S. 1, 2. Alt. BGB. Diese Voraussetzung unterscheidet den Tatbestand des § 687 Abs. 2 BGB auch von dem des § 687 Abs. 1 BGB.

Kenntnis von der Nichtberechtigung heißt, der Eingreifer hat positive Kenntnis davon, dass es sich um ein fremdes Geschäft handelt und dass keine Berechtigung besteht, dieses wahrzunehmen[342]. Bei Verletzungen von Persönlichkeitsrechten ist von dieser Kenntnis jedenfalls dann auszugehen, wenn eine kommerzielle Nutzung von Persönlichkeitsmerkmalen stattgefunden hat, die schon gar nicht in den Schutzbereich von Art. 5 GG fällt. Denn wie zu Recht festgestellt wurde, sind bei solchen Persönlichkeitsrechtsverletzungen, anders als bei Immaterialgüterrechten wie Patenten, Urheberrechten oder Marken, kaum Fälle

---

339 Beuthien/Schmölz S. 66

340 Münch.Komm.-Seiler § 687 Rn 8; Staudinger-Wittmann § 687 Rn 1

341 Staudinger-Wittmann § 687 Rn 13

342 Münch.Komm.-Seiler § 687 Rn 8; Staudinger-Wittmann § 687 Rn 12

denkbar, in denen sich der Verletzer auf die Unkenntnis vom Bestehen des Schutzrechts bzw. seiner Nichtberechtigung berufen kann[343]. Hier kann man durchaus sagen, dass der, der von seiner Berechtigung nichts weiß, von seiner Nichtberechtigung weiß. Soweit sich der Verletzer also nicht in ausreichendem Maße hinsichtlich seiner Berechtigung zur Nutzung der Persönlichkeit vergewissert hat, ist von seiner Kenntnis der Nichtberechtigung auszugehen[344]. In der Praxis kann man also von der Kenntnis der Nichtberechtigung ausgehen, wenn der Verletzer die behauptete Kenntnis nicht unter Darlegung entlastender Umstände bestreitet. Beruft sich der Verletzer dabei auf die Vermittlung der Berechtigung durch Dritte, so hat er darzulegen, dass er aufgrund von Nachfragen und sicherstellenden Erkundigungen vom Bestehen der Berechtigung ausgehen konnte[345].

Ein Beispiel, in dem das Wissen um die Nichtberechtigung fehlte, bietet der Sachverhalt der Talkmaster-Entscheidung des BGH[346]. Hier wurde für den Verwender der Fotogarafie einer berühmten Persönlichkeit im Rahmen der Beurteilung eines Schadenersatzanspruchs das Verschulden verneint. Grund dafür waren die besonderen Umstände bei der Herstellung und Übermittlung des Bildes. Diese ließen für den Verwender den Schluß zu, das Bild zur Werbung nutzen zu dürfen. Die auf das Vorliegen der Berechtigung gerichtete Prüfungspflicht wurde hier als erfüllt angesehen[347].

4. Herausgabe des Erlangten als Rechtsfolge

Anspruchsgegenstand nach den §§ 687 Abs. 2, 681 S. 2, 667 BGB ist die Herausgabe des aus der Geschäftsführung Erlangten. Diese in § 667 BGB enthaltene Bestimmung bezeichnet die Gegenstände, die der Geschäftsführer nicht vom Geschäftsherrn, sondern in Ausübung des Geschäfts von Dritten erhalten hat[348]. Es ist also der Erwerb gemeint, der dem Geschäftsführer aus der Verletzungshandlung zugeflossen ist[349]. Damit kann der Geschäftsherr auch die aus der rechtswidrigen Geschäftsführung erworbenen Gewinne beanspruchen[350]. Der Geschäftsführer hat danach die um seine Aufwendungen gekürzten Erlöse

343 Schierholz S. 180

344 Schierholz S. 180

345 BGH ZIP 1992, 857 (858) Urt. v. 14.4.1992

346 BGH ZIP 1992, 857 Urt. v. 14.4.1992

347 BGH ZIP 1992, 857 (858) Urt. v. 14.4.1992

348 Münch.Komm.-Seiler § 667 Rn 9; Staudinger-Wittmann § 667 Rn 9

349 Münch.Komm.-Seiler § 687 Rn 21

350 Staudinger-Wittmann § 687 Rn 15

herauszugeben[351]. Entscheidend ist, dass das herausgegeben wird, was an sich dem Rechtsinhaber als Geschäftsherrn der vom Geschäftsführer wahrgenommenen Angelegenheit gebührt.

Für diesen Anspruch ist es unerheblich, ob der Rechtsinhaber durch die Geschäftsführung einen Schaden erlitten hat[352] oder ob er den Gewinn selbst hätte erzielen können[353]. Dies unterscheidet diesen Anspruch wesentlich vom Schadenersatzanspruch[354].

Die Bestimmung des herauszugebenden Gewinns hängt von der konkreten Form der Verletzung ab. Setzt der Verletzer beispielsweise ein Persönlichkeitsmerkmal zur Bezeichnung einer Ware ein, so hat er den Gewinn herauszugeben, der gerade durch die Benutzung des Persönlichkeitsmerkmals erzielt wurde[355]. Zu fragen ist also, um welchen Betrag der Verletzer seinen Gewinn durch die Verwendung des Persönlichkeitsmerkmals steigern konnte. Dies gilt im Grundsatz auch bei anderen Persönlichkeitsverletzungen, die die Haftung nach § 687 Abs. 2 BGB auslösen. In all diesen Fällen ist zu fragen, in welchem Umfang gerade der Einsatz der Persönlichkeit des Verletzten den Gewinn des Verletzers verursacht oder gesteigert hat.

Zu Recht wird darauf hingewiesen, dass die Ermittlung solcher Gewinnanteile praktisch mit erheblichen Ungenauigkeiten verbunden ist[356]. Zwar steht dem Verletzten zur Ermittlung der Beurteilungsgrundlagen der Auskunfts- und Rechnungslegungsanspruch nach den §§ 687 Abs. 2, 681, 666 BGB zu. Aber auch die dadurch zu erlangenden Informationenen können die Ungenauigkeiten nicht gänzlich beseitigen.

Das kann aber letztlich nicht dazu führen, dass der Gewinnherausgabeanspruch scheitert. Es ist vielmehr unter Anwendung des § 287 ZPO mit Hilfe der erlangbaren Beurteilungsgrundlagen eine näherungsweise Gewinnbestimmung

---

351 Staudinger-Wittmann § 687 Rn 15

352 Beuthien/Wasmann GRUR 1997, 255 (259)

353 Staudinger-Wittmann § 687 Rn 21

354 vgl. zum Schadenersatzanspruch: BGH GRUR 1993, 55 (56 f.) Urt. v. 17.6.1992; BGH GRUR 1995, 349 (351) Urt. v. 2.2.1995

355 vgl. zu ähnlicher Konstellation bei unbefugter Benutzung eines Warenzeichens: BGHZ 34, 320 (323) Urt. v. 24.2.1961; bei unerlaubter Nachahmung eines bekannten Produkts: BGH GRUR 1993, 55 (59) Urt. v. 17.6.1992

356 Prinz NJW 1996, 953 (956); Schierholz S. 184

vorzunehmen[357]. Derart verfährt die Rechtsprechung auch bei der Ermittlung des Gewinns im Rahmen der dreifachen Schadensberechnung[358]. Auch die außerhalb der GoA-Vorschriften normierten Ansprüche, die sich am Gewinn des Verletzten orientieren, wie die aus § 139 Abs. 2 S. 2 PatG, § 24 Abs. 2 S. 2 GebrMG, § 14 a Abs. 1 S. 3 GeschMG sowie der Gewinnherausgabeanspruch aus § 97 Abs. 1 S. 2 UrhG müssen mit diesen Unsicherheiten auskommen und sind deswegen auch nicht als zweitrangig zu behandeln.

III. Gewinnherausgabeanspruch im Fall der fahrlässigen Verletzung

Der Gewinnherausgabeanspruch nach dem Recht der Geschäftsanmaßung ist auf vorsätzliche Verletzungen beschränkt. Zu erwägen bleibt aber im Persönlichkeitsrecht eine analoge Anwendung von immaterialgüterrechtlichen Vorschriften, die die Gewinnherausgabe anstelle des Schadenersatzes und damit auch für bloß fahrlässige Verletzungen vorsehen.

Diese in § 97 Abs. 1 S. 2 UrhG und in § 14 a Abs. 1 S. 2 GeschmMG enthaltenen Regelungen können, wie Beuthien/Wasmann[359] nachgewiesen haben, im Markenrecht analog angewandt werden. Gegen eine solche Analogie im Persönlichkeitsrecht spricht jedoch, dass es hier anders als im Markenrecht an einer planwidrigen Regelungslücke fehlt.

Von einer Regelungslücke kann nur dann gesprochen werden, wenn der Gesetzgeber objektiv eine regelungsbedürftige Materie ungeregelt gelassen hat und das Gebot der Gleichbehandlung gleichartiger Tatbestände nur durch Heranziehung von Normen erfüllt werden kann, die nach dem Gesetzeswortlaut nicht anwendbar sind[360]. Damit ist die planwidrige Regelungslücke von der bewußten Unterlassung einer bestimmten Regelung zu unterscheiden[361].

Die Regelung eines Anspruchs auf Gewinnherausgabe für Fälle der fahrlässigen Verletzung des Persönlichkeitsrechts hat der Gesetzgeber aber bewußt unterlassen. Der Gesetzgeber hat sich weder bei Schaffung des BGB noch im Laufe der Entwicklung des Persönlichkeitsrechts dazu bekannt, im Falle fahrlässiger Verletzungen Gewinnherausgabeansprüche zuzubilligen.

---

357 mit konkreten Vorschlägen zur Ermittlung des Gewinns bei Zwangskommerzialisierung in der Werbung, im redaktionellen Teil von Zeitungen und Zeitschriften sowie in Rundfunk und Fernsehen: Beuthien/Schmölz S. 53 ff.; Prinz NJW 1996, 953 (956)

358 vgl. BGH GRUR 1993, 55 (59) Urt. v. 17.6.1992 m.w.N.

359 Beuthien/Wasmann GRUR 1997, 255 (259)

360 vgl. Larenz/Canaris-Methodenlehre S. 193 u. 220; Pawlowski Rn 475

361 vgl. Larenz/Canaris-Methodenlehre S. 194 f.; Pawlowski Rn 474

Die von Beuthien/Wassmann angeführten Argumente zur Begründung der planwidrigen Regelungslücke im Markenrecht, lassen sich auf das Persönlichkeitsrecht nicht übertragen. Im Markenrecht wird die Regelungslücke aus dem fehlenden Bewußtsein des Gesetzgebers hinsichtlich der dogmatischen Unhaltbarkeit der Rechtsprechung zur dreifachen Schadensberechnung im Kennzeichenrecht gefolgert[362]. Da im Bereich von Persönlichkeitsverletzungen die Gewinnherausgabe als Form der Schadenersatzleistung durch die Rechtsprechung nie derart etabliert war, greift diese Begründung einer Regelungslücke hier nicht.

362 Beuthien/Wassmann GRUR 1997, 255 (259)

F. Geldentschädigung für immaterielle Beeinträchtigungen

Neben den bisher dargestellten Möglichkeiten des finanziellen Ausgleichs von Persönlichkeitsverletzungen existiert das in der Rechtspraxis bedeutsame Institut des Geldentschädigungsanspruchs zum Ausgleich immaterieller Beeinträchtigungen. Rechtsgrundlage dieses Anspruchs ist heute der in den Art. 1 Abs. 1 und 2 Abs. 1 GG enthaltene Schutzauftrag zu Gunsten der Persönlichkeit[363]. Hauptanwendungsbereich dieses Geldentschädigungsanspruchs sind persönlichkeitsverletzende Veröffentlichungen in den Massenmedien. Gleichwohl ist die Geldentschädigung nicht auf solche Verletzungen beschränkt. Die Voraussetzungen des Anspruchs erlauben die Zuerkennung auch bei anderen Verletzungsformen. Erforderlich ist in jedem Fall die immaterielle Beeinträchtigung des Verletzten als Folge der Persönlichkeitsverletzung.

I. Rechtsprechung zum Geldentschädigungsanspruch

Die Entwicklung des Geldentschädigungsanspruchs begann im Jahr 1958 mit der Herrenreiter-Entscheidung des BGH[364]. Der BGH bekannte sich in dieser Entscheidung erstmals zur Notwendigkeit des finanziellen Ausgleichs immaterieller Beeinträchtigungen bei Verletzungen des Persönlichkeitsrechts.

Als Rechtsgrundlage diente damals § 847 BGB in analoger Anwendung[365]. Zur Begründung für diese analoge Anwendung wurde auf den in den Art. 1 und 2 GG enthaltenen Schutzauftrag für die innere Persönlichkeit verwiesen[366]. Mittlerweile wird die Regelung zum Schmerzensgeld in § 847 BGB nicht mehr zur Begründung des Anspruchs herangezogen. Der Geldentschädigungsanspruch wird jetzt direkt auf den in Art. 1 Abs. 1 und 2 Abs. 1 GG enthaltenen Schutzauftrag i.V.m. § 823 Abs. 1 BGB gestützt[367].

Das Bundesverfassungsgericht hat die grundsätzliche Möglichkeit eines so begründeten Anspruchs in der Soraya-Entscheidung aus dem Jahre 1973 anerkannt[368]. Insbesondere die direkte Ableitung des Anspruchs aus den Art. 1 Abs. 1 und 2 Abs. 1 GG wurde nicht beanstandet. Die mit der Entwicklung des

---

363 BGHZ 35, 363 (367) Urt. v. 19.9.1961; BGHZ 128, 1 (15) Urt. v. 15.11.1994

364 BGHZ 26, 349 ff. Urt. v. 14.2.1958

365 BGHZ 26, 349 (356) Urt. v. 14.2.1958

366 BGHZ 26, 349 (354) Urt. v. 14.2.1958

367 BGH NJW 1996, 984 (985) Urt. v. 5.12.1995; BGH NJW 1996, 985 (987) Urt. v. 12.12.1995

368 BVerfGE 34, 269 Beschl. v. 14.2.1973

Anspruchs auf Geldentschädigung vorgenommene Rechtsfortbildung wurde nach den Maßstäben des Verfassungsrechts für zulässig erachtet[369].

1. Voraussetzungen des Geldentschädigungsanspruchs

Die aus dieser Rechtsprechung hervorgegangenen Anspruchsvoraussetzungen sind wie folgt. Es muß ein schwerwiegender Eingriff in das Persönlichkeitsrecht stattgefunden haben und diese Beeinträchtigung muß derart gravierend sein, dass sie sich anders als durch die Gewährung einer Geldentschädigung nicht genügend ausgleichen läßt[370].

Die Rechtsprechung hat für die Annahme einer schwerwiegenden Persönlichkeitsverletzung verschiedene Kriterien herausgearbeitet. Zu berücksichtigen sind danach Bedeutung und Tragweite des Eingriffs für den Verletzten, Anlaß und Beweggrund für den Verletzer und der Grad des Verschuldens auf seiten des Verletzers[371].

Die Schwere der Verletzung kann aus der Art der Verletzung, aus ihrer Intensität oder aus ihrer Dauerhaftigkeit folgen. Als besonders schwere Verletzungen werden die persönlichkeitsverfälschende Darstellung in der Öffentlichkeit[372], die Verwendung der Persönlichkeit zu kommerziellen Zwecken, z.B. in der Werbung[373] und mit besonderer Hartnäckigkeit begangene Verletzungen[374] angesehen[375].

Bei der Beurteilung, ob die Persönlichkeitsverletzung auf andere Weise befriedigend ausgeglichen werden kann, sind wiederum die Umstände des Einzelfalls maßgebend. Insbesondere bei Verletzungen durch Medienveröffentlichungen ist zu fragen, ob andere negatorische Rechtsbehelfe wie Widerruf, Berichtigung und Gegendarstellung die Verletzung hinreichend ausgleichen können. Deren Wirksamkeit ist je nach Verletzungsform und nach den die Verletzung bestim-

---

369 BVerfGE 34, 269 (292) Beschl. v. 14.2.1973

370 BGHZ 35, 363 (369) Urt. v. 19.9.1961; BGHZ 39, 124 (133 f.) Urt. v. 5.3.1963; BGH NJW 1996, 985 (986) Urt. v. 12.12.1995; BGHZ 132, 13 (27) Urt. v. 30.1.1996

371 BGHZ 35, 363 (370) Urt. v. 19.9.1961; BGH GRUR 1972, 97 (99) Urt. v. 26.1.1971; BGH NJW 1996, 985 (986) Urt. v. 12.12.1995; BGHZ 132, 13 (27) Urt. v. 30.1.1996

372 BGH NJW 1962, 1004 (1005) Urt. v. 5.1.1962; BGHZ 132, 13 (28) Urt. v. 30.1.1996; BGH NJW 1997, 1149 (1150) Urt. v. 26.11.1996; LG Berlin, NJW-RR 1998, 316 Urt. v. 9.10.1997

373 BGHZ 35, 363 (369) Urt. v. 19.9.1961

374 BGH NJW 1996, 985 (987) Urt. v. 12.12.1995

375 weitere Nachweise bei: Prinz/Peters Rn 745-757

menden Umständen zu beurteilen[376]. Zu berücksichtigen ist bei diesen Rechtsbehelfen, inwieweit die Adressaten der verletzenden Veröffentlichung auch von den Veröffentlichungen, die Widerruf, Berichtigung oder Gegendarstellung enthalten, Kenntnis nehmen werden[377].

2. *Höhe der Geldentschädigung*

Die Höhe des Entschädigungsanspruchs richtet sich nach der dem Anspruch beigelegten Funktion. Nach der Rechtsprechung soll der Geldentschädigungsanspruch der Genugtuung und der Prävention dienen[378]. Die Ausgleichsfunktion spielt dagegen, anders als beim Schmerzensgeld nach § 847 BGB, kaum eine Rolle[379].

a) *Genugtuungsfunktion*

Die Genugtuung soll der nachtatlichen Prävention und der Sanktionierung der Norm dienen[380]. Genugtuung meint desweiteren die Besänftigung des Opfers. Die Geldentschädigung als Mittel der Genugtuung soll also die beim Verletzten hervorgerufenen negativen Gefühle kompensieren[381]. Insoweit deckt sich der Genugtuungsbegriff mit dem des Schweizerischen Obligationenrechts in Art. 49 OR.

b) *Präventionsfunktion*

Wenn auch die Genugtuungsfunktion der Geldentschädigung nicht unumstritten ist, so konzentriert sich die Kontroverse doch vornehmlich auf die in jüngster Zeit durch die Rechtsprechung hervorgehobene Präventionsfunktion.

Der Präventionszweck des Geldentschädigungsanspruchs wurde schon in der Ginseng-Entscheidung des BGH aus dem Jahr 1961 genannt[382]. Dort war davon die Rede, dass dem "unlauteren Gewinnstreben, wirksam nur entgegengetreten werden kann, wenn es mit dem Risiko eines fühlbaren materiellen Ver-

---

376 hierzu Gounalakis AfP 1998, 10 (19 ff.)

377 BGHZ 132, 13 (29) Urt. v. 30.1.1996

378 BGHZ 35, 363 (369) Urt. v. 19.9.1961; BGHZ 128, 1 (15) Urt. v. 15.11.1994; BGH NJW 1996, 984 (985) Urt. v. 5.12.1995

379 BGHZ 35, 363 (369) Urt. v. 19.9.1961; BGHZ 128, 1 (15) Urt. v. 15.11.1994; BGH NJW 1996, 984 (985) Urt. v. 5.12.1995

380 Deutsch-Unerlaubte Handlungen Rn 475

381 Deutsch-Unerlaubte Handlungen Rn 474

382 BGHZ 35, 363 (369) Urt. v. 19.9.1961

lustes belastet wird." Die Präventionsfunktion war also insbesondere für Sachverhalte vorgesehen, in denen die Verletzung kommerziellen Interessen des Verletzers diente.

Mit der Caroline-Rechtsprechung aus den Jahren 1994 und 1995 hat der BGH die Präventionsfunktion des Geldentschädigungsanspruchs stärker in den Vordergrund gestellt[383]. Auch dies wiederum für Fälle, wo die Persönlichkeitsverletzung kommerziellen Interessen dient. Der BGH prägte hierfür den Begriff der "Zwangskommerzialisierung." Der BGH stellte fest, dass eine wirksame Prävention in solchen Fällen rücksichtsloser Mißachtung der Persönlichkeitsrechte nur durch die Orientierung der Geldentschädigung am wirtschaftlichen Vorteil des Verletzers gewährleistet würde. Zwar sei keine Gewinnabschöpfung im eigentlichen Sinne vorzunehmen. Im Ergebnis müsse die Geldentschädigung aber geeignet sein, den Verletzer zukünftig vor ähnlichen Verletzungshandlungen abzuschrecken[384].

Diese Äußerungen legen es nahe, die Präventionsfunktion auf Fälle vorsätzlicher Zwangskommerzialisierung zu beschränken. Eine solche Beschränkung wird jedoch nicht vorgenommen[385]. Es ist aber im Einzelfall zu prüfen, inwieweit Prävention erforderlich ist. Geschieht die Verletzung nicht zielgerichtet bzw. nicht unter bewußter Ausnutzung der Persönlichkeit, ist eine Prävention durch Geldentschädigung nicht geboten und daher auch nicht bei der Höhe der Geldentschädigung zu berücksichtigen[386].

c) Spitzen bei den bisher ausgeurteilten Geldentschädigungen

Die Spitzen bei Geldentschädigungen betragen auch nach der Caroline-Rechtsprechung nicht mehr als DM 100.000. Der vom OLG Hamburg in dem Fall "Caroline I" zugesprochene Betrag von DM 180.000[387] stellt eine Ausnahme dar, die davon geprägt ist, dass mit dieser Geldentschädigung drei verschiedene Verletzungen abgegolten wurden.

Die Mehrzahl der Entscheidungen kommt nicht über einen Betrag von DM 20.000 hinaus. Das Schwergewicht liegt dabei auf Fällen persönlichkeits-

---

383 BGHZ 128, 1 (15) Urt. v. 15.11.1994; BGH NJW 1996, 984 (985) Urt. v. 5.12.1995; BGH NJW 1996, 985 (987) Urt. v. 12.12.1995

384 BGHZ 128, 1 (15 f.) Urt. v. 15.11.1994; BGH NJW 1996, 984 (985) Urt. v. 5.12.1995

385 BGH NJW 1997, 1148 (1150) Urt. v. 26.11.1996

386 LG Berlin, NJW-RR 1998, 316 Urt. v. 9.10.1997

387 OLG Hamburg, NJW 1996, 2870 Urt. v. 25.7.1996

verletzender Medienveröffentlichungen. Lediglich spektakuläre Ausnahmefälle aus diesem Bereich übersteigen diese Grenze[388].

II. Kritik an der Präventionsfunktion

Die von der Rechtsprechung propagierte Präventionsfunktion des Geldentschädigungsanspruchs wird aus zwei Richtungen kritisiert. Eine Auffassung fordert zur Durchsetzung effektiver Prävention, bei vorsätzlicher Zwangskommerzialisierung eine konkrete Gewinnabschöpfung vorzunehmen. Dies beinhaltet die Forderung nach wesentlich höheren Entschädigungssummen[389]. Von anderer Seite wird die der Geldentschädigung beigelegte Präventionsfunktion als systemwidrig kritisiert[390].

Zuzustimmen ist zunächst Gounalakis' Feststellung, wonach der Mangel an normativen Vorgaben die dogmatische Auseinandersetzung zur Ausgestaltung des Entschädigungsanspruchs erschwert[391]. Läßt sich die Präventionsfunktion des Entschädigungsanspruchs nicht dogmatisch begründen, so erscheint sie als rechtspolitisches Produkt der Rechtsprechung. Dies gilt freilich schon für die Geldentschädigung selbst, die die Rechtsprechung mit der Herrenreiter-Entscheidung aus der Taufe gehoben hat.

1. Begründung des BGH zur Präventionsfunktion

In der Begründung der Präventionsfunktion benutzt der BGH die Erwägung, dass von "der Höhe der Geldentschädigung eine echter Hemmungseffekt ... ausgehen" müsse[392]. Zur Erzielung dieses Hemmungseffekts sei es erforderlich, bei der Bemessung der Geldentschädigung die mit der Verletzung verfolgte Gewinnerzielungsabsicht des Verletzers einzubeziehen[393], auch wenn letztlich keine echte Gewinnabschöpfung vorzunehmen sei. Für die Höhe der Geldentschädigung kommt es nach dieser Rechtsprechung darauf an, was zur Disziplinierung des Verletzers erforderlich erscheint.

Der Zwang zur Einhaltung der Rechtsordnung wird also durch die Verpflichtung zur Zahlung einer Geldentschädigung ausgeübt. Die Berufung des BGH

---

388 vgl. auch die Aufstellung bei: Prinz/Peters Rn 769

389 Prinz NJW 1996, 953 ff.; Schwerdtner-Persönlichkeitsschutz S. 41 f.

390 Canaris-Gewinnabschöpfung S. 85 ff.; Gounalakis AfP 1998, 10 (14 ff.); Seitz NJW 1996, 2848

391 Gounalakis AfP 1998, 10 f.

392 BGHZ 128, 1 (16) Urt. v. 15.11.1994; BGH NJW 1996, 984 (985) Urt. v. 5.12.1995

393 BGHZ 128, 1 (16) Urt. v. 15.11.1994; BGH NJW 1996, 984 (985) Urt. v. 5.12.1995

auf den Präventionsgedanken erfolgte mit der Erwägung, dass der Schutz der Persönlichkeit vor vorsätzlichen wiederholten Angriffen anders nicht zu gewährleisten sei[394].

2. *Kritik an der Position des BGH*

Ein solcher mit dem Begriff "Strafschadensersatz" zutreffend gekennzeichneter Entschädigungsanspruch wird zu Recht kritisiert[395]. Die Frage von Seitz: "War das nötig?"[396] fasst die Kritik treffend zusammen. Denn zur Disziplinierung des Verletzers stehen anstelle der Geldentschädigung andere Instrumentarien zur Verfügung. Dabei ist nicht unbedingt auf das Strafrecht zurückzugreifen. Die Kritik an der Rechtsprechung zum Präventionszweck verweist auch zu Recht auf einen Widerspruch zur Rechtsprechung des BGH, nach der punitive-damages Urteile aus dem anglo-amerikanischen Rechtskreis keine Anerkennung finden. Der Präventionszweck der Geldentschädigung passt an sich nicht zu dieser Ablehnung von punitive-damages Urteilen[397].

a) *Prävention bei rücksichtsloser Verletzung durch die Medien*

Der BGH stellte in seiner Caroline-Rechtsprechung fest, dass ohne die Zahlung einer am Gewinn orientierten Geldentschädigung kein wirksamer Schutz der Persönlichkeit erreichbar sei. Insbesondere das spezifische presserechtliche Instrumentarium biete bei der Zwangskommerzialisierung der Persönlichkeit nur unzureichenden Schutz. Dieses Instrumentarium sei wegen der verfassungsrechtlich verbürgten Pressefreiheit weitgehend unwirksam[398].

Beim Erkennen von Unzulänglichkeiten des spezifisch presserechtlichen Instrumentariums liegt es doch nahe, gerade dieses Instrumentarium im Rahmen der verfassungsrechtlichen Vorgaben weiterzuentwickeln[399]. Vorschläge hierfür sind die Absenkung der Beweislast für den eingeschränkten Unterlassungsanspruch, die Absenkung der Anforderungen für die Annahme einer Wie-

---

394 BGHZ 128, 1 (16) Urt. v. 15.11.1994

395 Canaris-Gewinnabschöpfung S. 85 f.; Gounalakis AfP 1998, 10 (16); Seitz NJW 1996, 2848; Weyers S. 87

396 Seitz NJW 1996, 2848 (2850)

397 Gounalakis AfP 1998, 10 (17 f.); Rosengarten NJW 1996, 1935 ff.; Seitz NJW 1996, 2848 (2849)

398 BGHZ 128, 1 (16) Urt. v. 15.11.1994

399 Gounalakis AfP 1998, 1 (19 ff.); Seitz NJW 1996, 2848 (2850)

derholungsgefahr beim Unterlassungsanspruch[400] sowie die erweiterte Auslegung des strafbewerten Unterlassungstenors[401].

Statt dieser notwendigen Weiterentwicklung verlagert die Caroline-Rechtsprechung des BGH die Wahrung der Persönlichkeitsrechte, unter Umgehung des spezifisch presserechtlichen Instrumentariums, zunehmend auf den Geldentschädigungsanspruch. Einer solchen Verlagerung, weg von den negatorischen Rechtsbehelfen hin zum Geldentschädigungsanspruch, ist aber im Medienbereich die objektivrechtliche Seite des Art. 5 Abs. 1 GG entgegenzuhalten[402].

Positiv anzumerken ist allein, dass die Rechtsprechung noch weit von der Zuerkennung echter punitive-damages nach dem Muster des anglo-amerikanischen Rechts entfernt ist, wenn die volle Gewinnabschöpfung vom BGH und den Instanzgerichten nicht praktiziert wird[403] bzw. darüberhinausgehende Verletzerzuschläge nicht erwogen werden.

b) Gewinnabschöpfung als vermögensrechtlicher Ausgleich

Die Gewinnabschöpfung sollte letztlich dem vermögensrechtlichen Bereich vorbehalten bleiben. Entsprechende Ansprüche ergeben sich, wie oben dargestellt, aus dem Bereicherungsrecht und aus dem Recht zur Geschäftsanmaßung. Wenn man die Grenzen dieser vermögensrechtlichen Ansprüche auslotet, wird man auch über sie die vom BGH verfolgte Präventionswirkung erreichen[404]. Der Geldentschädigungsanspruch kann darauf beschränkt werden, die immateriellen Beeinträchtigungen auszugleichen[405]. Mit dieser Zielsetzung wäre auch ein ausgewogenes Verhältnis zum Schmerzensgeld wegen körperlicher oder seelischer Beeinträchtigungen geschaffen.

---

400 vgl. Gounalakis AfP 1998, 1 (21); Seitz NJW 1996, 2848 (2850)

401 vgl. Gounalakis AfP 1998, 1 (22); Seitz NJW 1996, 2848 (2850)

402 vgl. LG Hamburg, ZUM 1998, 852 (862 f.) Urt. v. 8.5.1998

403 vgl. BGHZ 126, 1 (16) Urt. v. 15.11.1994, OLG Hamburg, NJW 1996, 2870 (2872 f.) Urt. v. 25.7.1996

404 vgl. Beuthien/Schmölz S. 5; Canaris-Gewinnabschöpfung S. 85 f.

405 Beuthien/Schmölz S. 67

G. Ansprüche bei Verletzungen des postmortalen Persönlichkeitsrechts

Die dargestellten Ansprüche stehen grundsätzlich der in ihrer Persönlichkeit verletzten Person zu. Damit ist zunächst die lebende Person gemeint. Anerkannt ist aber, dass das Persönlichkeitsrecht nicht mit dem Tod endet. Das hat bekanntlich auch Konsequenzen für die Ansprüche aus dem Persönlichkeitsrecht.

I. Postmortales Persönlichkeitsrecht

Der BGH kam bald nach Anerkennung des allgemeinen Persönlichkeitsrechts als sonstiges Recht im Sinne des § 823 Abs. 1 BGB zu einer Entscheidung, in der er sich für das Fortbestehen dieses Rechts nach dem Tod entschied[406]. Der BGH bestätigte dies später in der Mephisto-Entscheidung. Dort erkannte der BGH zugunsten des Verstorbenen einen Unterlassungsanspruch aus den §§ 1004, 823 BGB i.V.m. Art. 1 und 2 GG an[407]. Diese Rechtsprechung stand in Übereinstimmung mit Teilen des Schrifttums, die in Art. 1 Abs. 1 GG die Grundlage für ein den Tod überdauerndes, wenn auch mit Dauer schwindendes, Persönlichkeitsrecht des Verstorbenen sahen[408].

1. Diskussion zum postmortalen Persönlichkeitsrecht

Gegen die Anerkennung des postmortalen Persönlichkeitsrechts wendet sich die Kritik, dass mit dem Tod der Person das Rechtssubjekt entfalle, dem Persönlichkeitsrechte zugeordnet werden können[409]. Insbesondere wurde gegen die Anwendung von Art. 2 Abs. 1 GG als Begründung neben Art. 1 Abs. 1 GG eingewandt, dass Art. 2 Abs. 1 GG die Existenz einer lebenden Person voraussetze[410]. Demzufolge sehen die Kritiker des postmortalen Persönlichkeitsrechts den nach Art. 1 Abs. 1 GG notwendigen Schutz für das hinterlassene Wirken des Verstorbenen und für das Andenken der Hinterbliebenen über das Allgemeine Persönlichkeitsrecht der Angehörigen gesichert[411].

---

406 BGHZ 15, 249 (259) Urt. v. 26.11.1954

407 BGHZ 50, 133 (136 u. 143) Urt. v. 20.3.1968

408 Becker JR 1951, 328 (330); Hubmann-Persönlichkeitsrecht S. 341 u. 346; Koebel NJW 1958, 936 (937)

409 Buschmann NJW 1970, 2081 (2086); Münch.Komm.-Schwerdtner (3. Aufl.) § 12 Rn 194; Stein FamRZ 1986, 7 (9); Westermann FamRZ 1969, 561 (566)

410 Buschmann NJW 1970, 2081 (2083)

411 Schack JZ 1989, 609 (614); Stein FamRZ 1986, 7 (9); Westermann FamRZ 1969, 561 (567)

Die Kritik an der Herleitung des postmortalen Persönlichkeitsrechts aus Art. 2 Abs. 1 GG wurde durch das Bundesverfassungsgericht bestätigt, indem es den Schutz aus Art. 2 Abs. 1 GG auf lebende Personen beschränkte. Das Bundesverfassungsgericht bestätigte andererseits die Rechtsprechung des BGH, als es aufgrund der Garantie der Menschenwürde in Art. 1 Abs. 1 GG die Fortwirkung eines postmortalen allgemeinen Achtungsanspruchs anerkannte[412].

Zu dem Argument, dass das postmortale Persönlichkeitsrecht mangels Rechtssubjekt nicht denkbar wäre, zog der BGH den Vergleich mit den Regelungen in § 22 S. 3 KUG und in § 83 Abs. 3 UrhG. Mit diesen Vorschriften sah der BGH für das Recht am eigenen Bild und für das Urheberpersönlichkeitsrecht einen postmortalen Schutz anerkannt[413]. Dieser postmortale Schutz durch § 22 S. 3 KUG und § 83 Abs. 3 UrhG wird mit einer die Rechtsfähigkeit überdauernden Rechtssubjektivität begründet[414]. Entscheidend für den postmortalen Achtungsanspruch spricht jedoch die in Art. 1 Abs. 1 GG geschützte Menschenwürde, die anerkanntermaßen über den Tod hinaus Schutz genießt[415].

2. *Fortbestand vermögenswerter Bestandteile des Persönlichkeitsrechts nach dem Tod*

In den beiden Marlene-Entscheidungen aus dem Jahr 1999 hat der BGH dann ausdrücklich die Vererblichkeit der vermögenswerten Bestandteile von Persönlichkeitsrechten festgestellt[416]. Damit hat der BGH klargestellt, dass das postmortale Persönlichkeitsrecht nicht nur ideelle Werte des Verstorbenen, sondern auch vermögenswerte Bestandteile umfasst. Diese vermögenswerten Bestandteile haben damit ein Stück Verkehrsfähigkeit erhalten. Zur Übertragbarkeit unter Lebenden hat der BGH bewußt keine Stellung bezogen[417]. Die Streitgegenstände der beiden Verfahren machten dies nicht notwendig.

3. *Ideelle und vermögenswerte Teile des postmortalen Persönlichkeitsrechts*

Die in den Marlene-Entscheidungen des BGH getroffene Unterscheidung zwischen ideellen und vermögenswerten Bestandteilen des postmortalen Persönlichkeitsrechts war nicht zuletzt durch die Ausführungen der Instanzgerichte

---

412 BVerfGE 30, 173 (194) Beschl. v. 24.2.1971

413 BGHZ 50, 133 (137 f.) Urt. v. 20.3.1968

414 Buschmann NJW 1970, 2081 (2088)

415 BVerfGE 30, 173 (194) Beschl. v. 24.2.1971; Jarass/Pieroth-Jarass Art. 1 Rn 5; Maunz/Dürig-Dürig Art. 1 Rn 23

416 BGHZ 142, 214 (220 ff.) Urt. v. 1.12.1999; BGH NJW 2000, 2201 Urt. v. 1.12.1999

417 BGHZ 142, 214 (221 f.) Urt. v. 1.12.1999

herausgefordert. Das OLG München lehnte in der Vorentscheidung ein vererbliches Vermögensrecht an der Person ab und beschränkte den postmortalen Persönlichkeitsschutz allein auf ideelle Interessen[418]. Das Kammergericht stützte die Ablehnung von Schadenersatzansprüchen gänzlich auf die Erwägungen, mit denen der BGH in der Fiete-Schulze-Entscheidung[419] Geldentschädigungsansprüche der Nachkommen bei Verletzungen ideeller Interessen des Verstorbenen abgelehnt hatte[420]. Diese Übertragung der Argumentation auf Verletzungen vermögenswerter Bestandteile des postmortalen Persönlichkeitsrechts mußte beim BGH auf Widerstand stoßen[421]. Der BGH hatte schon in seiner Mephisto-Entscheidung aus dem Jahr 1968 klar zwischen ideellen und vermögenswerten Bestandteilen des postmortalen Persönlichkeitsrechts unterschieden[422].

Mit den Marlene-Entscheidungen hat der BGH klargestellt, dass zwischen diesen beiden Rechtsbestandsteilen Unterschiede bezüglich Rechtsinhaberschaft, bezüglich der Intensität des postmortalen Schutzes sowie bezüglich der Rechtsfolgen bei Verletzungen bestehen.

Die ideellen Bestandteile des Persönlichkeitsrechts sind nicht vererblich und auch nicht anderweit übertragbar[423]. Das Persönlichkeitsrecht geht also nicht auf die Erben oder andere Personen über. Es bleibt das Recht der Persönlichkeit[424]. Da der wirksame Rechtsschutz aber die Aktivlegitimation lebender Personen voraussetzt, werden die nächsten Angehörigen in Analogie zu § 22 S. 3 und 4 KUG und zu den §§ 189, 198 Abs. 2 StGB als berechtigt angesehen, diese fremden ideellen Rechtspositionen wahrzunehmen[425]. Die vermögenswerten Bestandteile des Persönlichkeitsrechts gehen dagegen auf die Erben über[426]. Diese unterschiedlich definierte Rechtsträgerschaft kann dazu führen, dass ideelle und vermögenswerte Bestandteile des Persönlichkeitsrechts in verschiedenen Händen liegen.

---

418 OLG München, BB 1997, 1971 (1972) Urt. v. 6.6.1997

419 BGH GRUR 1974, 797 Urt. v. 4.6.1974

420 KG, AfP 1997, 926 (928) Urt. v. 5.11.1996

421 BGHZ 142, 214 (224) Urt. v. 1.12.1999

422 BGHZ 50, 133 (137) Urt. v. 20.3.1968

423 BGHZ 50, 133 (137) Urt. v. 20.3.1968

424 BGHZ 143, 214 (220) Urt. v. 1.12.1999

425 BGHZ 50, 133 (137, 140) Urt. v. 20.3.1968; BGH GRUR 1974, 797 (798) Urt. v. 4.6.1974; BGHZ 107, 384 (389) Urt. v. 8.6.1989; Erman-Ehmann Anhang § 12 Rn 174; Münch.Komm-Rixecker (4. Aufl.) Anhang § 12 Rn 26; Wenzel Rn 12.36

426 BGHZ 143, 214 (220) Urt. v. 1.12.1999; BGH NJW 2000, 2201 Urt. v. 1.12.1999

Indem das Bundesverfassungsgericht die Anwendung von Art. 2 Abs. 1 GG auf Verstorbene ablehnt und den postmortalen allgemeinen Achtungsanspruch auf Art. 1 Abs. 1 GG gründet, ist deutlich, dass die ideellen Interessen Verstorbener nur gegen schwere Eingriffe, die die Menschenwürde tangieren, geschützt werden[427]. Die Rechtsprechung stützt den Wert- und Achtungsanspruch Verstorbener dementsprechend auf Art. 1 Abs. 1 GG und begreift ihn als Schutz vor schwerwiegenden Entstellungen des Lebensbildes[428].

Für die vermögenswerten Bestandteile des postmortalen Persönlichkeitsrechts ist der Schutz nicht auf schwerwiegende Eingriffe beschränkt. Der BGH hat in seiner Marlene-Rechtsprechung klargestellt, dass keine besondere Eingriffsintensität erforderlich ist[429]. Die vermögenswerten Bestandteile des postmortalen Persönlichkeitsrechts genießen den gleichen Schutz wie sonstige Vermögensrechte[430]. Dem Erben stehen wie bei anderen Vermögensrechten die Schutz- und Ausgleichsansprüche zu, wie sie dem ursprünglichen Rechtsträger zugestanden hätten[431]. Dieser Grundsatz gilt bei der Verletzung ideeller Interessen gerade nicht. Der Geldentschädigungsanspruch zum Ausgleich immaterieller Beeinträchtigungen steht dem Wahrnehmungberechtigten nicht zu. Er ist darauf beschränkt, Abwehransprüche geltend zu machen und dafür aufgewandte Vermögensopfer geltend zu machen[432].

Beide Bestandteile des postmortalen Persönlichkeitsrechts unterliegen zeitlichen Beschränkungen. In der Mephisto-Entscheidung verknüpfte der BGH die Geltung des postmortalen Persönlichkeitsrechts mit der Erinnerung an die Persönlichkeit[433]. Diese Verknüpfung hat der BGH in der Marlene-Entscheidung zu Recht auf die vermögenswerten Bestandteile des Persönlichkeitsrechts übertragen[434]. Eine feste Schutzdauer hat der BGH in der Marlene-Entscheidung nicht bestimmt. Wie schon in der Mephisto-Entscheidung nahm der BGH als Anhaltspunkt die Zehnjahresfrist des § 22 Satz 2 KUG[435]. Entscheidendes Kriterium für die Schutzdauer ist letztlich die Erinnerung an den Verstorbenen.

---

427 Damm/Kuner Rn 120; Soehring-Presserecht Rn 13.8; Wenzel Rn 5.101

428 BGH GRUR 1974, 797 (798) Urt. v. 4.6.1974; BGH GRUR 1984, 907 (908) Urt. v. 17.5.1984; BGHZ 107, 384 (391) Urt. v. 8.6.1989; OLG Hamburg, NJW 1990, 1995 Urt. v. 8.5.1989; OLG München, NJW-RR 1994, 925 Urt. v. 26.1.1994

429 BGHZ 143, 214 (228) Urt. v. 1.12.1999

430 BGHZ 143, 214 (228) Urt. v. 1.12.1999

431 BGHZ 143, 214 (225 f.) Urt. v. 1.12.1999

432 siehe unten II. 1. a

433 BGHZ 50, 133 (140) Urt. v. 20.3.1968

434 BGHZ 143, 214 (227 f.) Urt. v. 1.12.1999

435 BGHZ 143, 214 (227 f.) Urt. v. 1.12.1999

Diese Erinnerung kann bei außergewöhnlichen Personen auch über die genannten zehn Jahre hinausreichen[436].

II. Ansprüche bei Verletzungen des postmortalen Persönlichkeitsrechts

Bis zu den 1999 ergangenen Marlene-Entscheidungen des BGH waren finanzielle Ansprüche bei Verletzungen des postmortalen Persönlichkeitsrechts nicht etabliert. Die höchstrichterliche Rechtsprechung hatte sich bis dahin nur zum Geldentschädigungsanspruch eindeutig geäußert[437]. Eindeutige Stellungnahmen zu Schadenersatz- und Bereicherungsansprüchen, gerade bei Verletzungen der vermögenswerten Bestandteile des postmortalen Persönlichkeitsrechts, gab es demgegenüber nicht.

Die Instanzgerichte urteilten zu diesen Ansprüchen vor den Marlene-Entscheidungen unterschiedlich. In einer Entscheidung des OLG München findet sich als obiter dictum eine Äußerung, wonach den Erben in Fällen, in denen die Persönlichkeit des Erblassers rechtswidrig zur Werbung eingesetzt wird, Schadenersatzansprüche zustehen[438]. Das Kammergericht bejahte in seiner Vorentscheidung zur einer der Marlene-Entscheidungen des BGH die grundsätzliche Möglichkeit des Bestehens von Bereicherungsansprüchen[439]. Das LG München und das OLG München lehnten in den Vorentscheidungen zu der anderen Marlene-Entscheidung des BGH für Verletzungen des postmortalen Persönlichkeitsrechts jegliche finanziellen Ansprüche ab[440]. Auch im akademischen Schrifttum finden sich Stellungnahmen in beide Richtungen. Ein Teil des Schrifttums lehnt finanzielle Ansprüche umfassend ab[441]. Andere befürworten die Möglichkeit vermögensrechtlicher Ansprüche[442].

Die Begründung zur Ablehnung finanzieller Ansprüche hat im Wesentlichen zum Inhalt, dass das postmortale Persönlichkeitsrecht von den Angehörigen lediglich treuhänderisch wahrgenommen werde und der Persönlichkeitsschutz ausschließlich dem Verstorbenen diene[443]. Das Kammergericht stützte die

---

436 BGHZ 143, 214 (228) Urt. v. 1.12.1999

437 BGH GRUR 1974, 797 (800) Urt. v. 4.6.1974

438 OLG München, NJW-RR 1990, 1327 (1328) Urt. v. 8.3.1990

439 KG Berlin, AfP 1997, 926 (928) Urt. v. 5.11.1996

440 LG München, AfP 1997, 554 (556) Urt. v. 3.4.1996; OLG München, BB 1997, 1971 f. Urt. v. 6.6.1997

441 Moll GRUR 1996, 558 ff.

442 Seifert NJW 1999, 1889 ff.

443 Moll GRUR 1996, 558 (565) mit Berufung auf das LG München, AfP 1997, 554 Urt. v. 3.4.1996

Ablehnung von Schadenersatzansprüchen, wie erwähnt, auf die gleichgelagerten Erwägungen des BGH zum Geldentschädigungsanspruch bei postmortalen Persönlichkeitsverletzungen in der Fiete-Schulze-Entscheidung[444]. Mit der Anwendung dieser Erwägungen vernachlässigte das Kammergericht unzulässigerweise die gebotene Differenzierung zwischen den ideellen und den vermögenswerten Bestandteilen des Persönlichkeitsrechts.

Unter Berücksichtigung dieser notwendigen Differenzierung wird im folgenden zwischen finanziellen Ansprüchen bei Verletzungen vermögenswerter und ideeller Bestandteile der Persönlichkeit Verstorbener unterschieden.

1. Verletzung ideeller Bestandteile des Persönlichkeitsrechts

Bei der Verletzung ideeller Bestandteile des postmortalen Persönlichkeitsrechts kommen Schadenersatzansprüche sowie Geldentschädigungsansprüche in Betracht. Ansprüche aus dem Recht der ungerechtfertigten Bereicherung oder aus dem Recht der Geschäftsführung ohne Auftrag scheiden von vornherein aus. Diese Ansprüche können lediglich aus der Verletzung der vermögenswerten Bestandteile des postmortalen Persönlichkeitsrechts entstehen. Dies gilt auch für den Ersatz entgangenen Gewinns. Lassen sich die Persönlichkeitswerte des Verstorbenen etwa aufgrund einer Schmähung des Verstorbenen weniger gut vermarkten, so folgt daraus ein Schaden für die Erben als Träger der vermögenswerten Bestandteile des postmortalen Persönlichkeitsrechts.

a) Schadenersatzanspruch

Auch bei Verletzungen des postmortalen Persönlichkeitsrechts bildet § 823 Abs. 1 BGB bzw. § 823 Abs. 2 BGB i.V.m. den jeweiligen Schutzgesetzen die Grundlage für den Schadenersatzanspruch. Da das postmortale Persönlichkeitsrecht jedoch einen geringeren Schutzumfang als das Persönlichkeitsrecht lebender Personen hat, ist eine Verletzung des postmortalen Persönlichkeitsrechts erst bei schwerwiegenderen Eingriffen anzunehmen. Ist allerdings der Verletzungstatbestand bejaht, ist der Anspruchsumfang der gleiche, wie er oben bei Verletzungen des Persönlichkeitsrechts Lebender festgestellt wurde. Das heißt, unter den oben dargestellten Voraussetzungen kann für notwendigen Herstellungsaufwand sowie für die notwendigen Kosten der Rechtsverfolgung Schadenersatz beansprucht werden.

---

444 KG Berlin, AfP 1997, 926 (928) Urt. v. 5.11.1996

Inhaber dieser Ansprüche ist der Wahrnehmungsberechtigte. Dieser wird zwar nicht Inhaber des Persönlichkeitsrechts des Verstorbenen. Er ist aber dazu berufen, die ideellen Interessen des Verstorbenen wahrzunehmen[445].

Der bei dem Wahrnehmungsberechtigten zur Wahrung dieser Interessen angefallene Aufwand ist ihm unter den Voraussetzungen der §§ 823 Abs. 1, 249 S. 2 BGB zu ersetzen. Angefallene Rechtsverfolgungskosten sind dem Wahrnehmungsberechtigten ebenfalls nach den §§ 823, 249 S. 1 bzw. 250 S. 2 BGB zu ersetzen. Nur wenn man dem Wahrnehmungsberechtigten diese Ansprüche zubilligt, erhält man dessen Motivation, sich um das postmortale Ansehen des Verstorbenen zu kümmern.

Rechtstechnisch läßt sich die Anspruchsberechtigung des Wahrnehmungsberechtigten nach dem Vorbild der Drittschadensliquidation rechtfertigen. Entscheidend für eine Anspruchsberechtigung des Wahrnehmungsberechtigten spricht, dass ein ihm anvertrautes absolutes Recht verletzt wurde und ihm daraus ein Schaden entstanden ist. Dass der Schaden letztlich nicht beim Verstorbenen, als dem Inhaber des Rechts, sondern bei dem Wahrnehmungsberechtigten entstanden ist, stellt für den Verletzer gewissermaßen eine zufällige Schadensverlagerung dar. Auch im Fall der Verletzung des postmortalen Persönlichkeitsrechts kann es dem Verletzer nicht zu Gute kommen, dass der Schaden nicht beim eigentlichen Rechtsträger eingetreten ist.

b) Kein Geldentschädigungsanspruch für den Wahrnehmungsberechtigten

Die Rechtsprechung des BGH zur Geldentschädigung als Ausgleich immaterieller Beeinträchtigungen ist mit der Fiete-Schulze-Entscheidung[446] aus dem Jahr 1974 eindeutig. Hier wurde den wahrnehmungsberechtigten Hinterbliebenen ein solcher Anspruch verwehrt. Der BGH wies in seiner Begründung darauf hin, dass der mit diesem Anspruch verfolgte Zweck der Genugtuung für die verletzte Person, hier für den Verstorbenen, nicht erreicht werden kann[447].

Nachdem in der Caroline-Entscheidung des BGH auch die Prävention als Zweck der Geldentschädigung betont wurde[448], wäre an sich auch die Möglichkeit gegeben, diese Hürde zu überwinden. Mit dem Gedanken der Prävention könnte man auch einen Geldentschädigungsanspruch bei Verletzungen des postmortalen Persönlichkeitsrechts rechtfertigen. Gleichwohl sollte dies aus

---

445 vgl. BGHZ 50, 133 (139 f.) Urt. v. 20.3.1968; BGHZ 143, 214 (226) Urt. v. 1.12.1999

446 BGH GRUR 1974, 797 ff. Urt. v. 4.6.1974

447 BGH GRUR 1974, 797 (800) Urt. v. 4.6.1974

448 BGHZ 128, 1 (15) Urt. v. 15.11.1994

den Erwägungen, die oben gegen die Betonung des Präventionszwecks erhoben wurden, nicht geschehen.

2. *Verletzungen der vermögenswerten Bestandteile des postmortalen Persönlichkeitsrechts*

Mit seiner Marlene-Rechtsprechung hat der BGH für die Erben die vermögensrechtlichen Ansprüche eröffnet, die auch Lebenden bei Verletzungen der vermögenswerten Bestandteile ihrer Persönlichkeitsrechte zustehen[449]. Dies bedeutet, dass der Erbe bei der Verletzung der vermögenswerten Bestandteile des Persönlichkeitsrechts eines Verstorbenen Schadenersatzansprüche, Ansprüche aus ungerechtfertigter Bereicherung und Ansprüche aus dem Recht der Geschäftsanmaßung geltend machen kann. Die Anspruchsberechtigung korrespondiert mit dem Unterlassungsanspruch, der dem Erben gegen rechtswidrige Eingriffe in vermögenswerte Bestandteile des Persönlichkeitsrechts Verstorbener zusteht[450].

a) *Schadenersatzanspruch*

Der Erbe kann unter den Voraussetzungen des § 823 BGB für alle Vermögenseinbußen, die aus der Beeinträchtigung der vermögenswerten Bestandteile des ererbten Persönlichkeitsrechts entstehen, Ersatz beanspruchen. In Voraussetzungen und Umfang entspricht dieser Schadenersatzanspruch dem des lebenden Persönlichkeitsträgers.

Der BGH hat in seiner Marlene-Rechtsprechung für Fälle der Verletzung des Nutzungsrechts an der Persönlichkeit auch die dreifache Schadensberechnung anerkannt[451]. Die schon oben gegen die dreifache Schadensberechnung geübte Kritik hat auch hier ihre Gültigkeit.

b) *Anspruch aus ungerechtfertigter Bereicherung*

Wird das Nutzungsrecht an den Persönlichkeitsmerkmalen verletzt, stehen dem Erben auch die oben beschriebenen Bereicherungsansprüche zu[452]. Der Erbe kann also bei unerlaubten kommerziellen Nutzungen der Persönlichkeit des Verstorbenen insbesondere die Herausgabe der fiktiven Lizenzgebühr nach den §§ 812 Abs. 1 S. 1, 2. Alt., 818 Abs. 2 BGB beanspruchen.

---

449 BGHZ 143, 214 (226) Urt. v. 1.12.1999

450 vgl. OLG Hamburg, NJW 1990, 1995 (1996) Urt. v. 8.5.1989

451 BGHZ 143, 214 (232) Urt. v. 1.12.1999

452 Schierholz S. 159

Gegen das Bestehen von Bereicherungsansprüchen wurde argumentiert, dass das postmortale Persönlichkeitsrecht nicht im Wege der Rechtsnachfolge auf die Erben übergehe, sondern durch den Wahrnehmungsberechtigten lediglich hinsichtlich der immateriellen Interessen des Verstorbenen wahrgenommen werde. Daher fehle es für vermögensrechtliche Ansprüche allgemein und für den Bereicherungsanspruch im Besonderen an einem Zuweisungssubjekt[453]. Geht man entsprechend den Grundsätzen der Marlene-Rechtsprechung des BGH von der Vererblichkeit der vermögenswerten Bestandteile des Persönlichkeitsrechts aus, ist diese Kritik natürlich nicht mehr aufrechtzuerhalten. Diese Kritik am Bereicherungsanspruch war aber schon bei der früher angenommen Unvererblichkeit[454] unberechtigt.

Im Bereicherungsrecht ist mit der Zuweisungstheorie darauf abzustellen, wer berechtigt ist, die persönlichkeitsrechtlichen Befugnisse zu nutzen und andere von dieser Nutzung auszuschließen[455]. Dementsprechend billigte der BGH in seiner Nena-Entscheidung einer Person, der durch die Berechtigte die Befugnis zum Personenmerchandising eingeräumt worden war, Bereicherungsansprüche zu[456]. Diese Nutzungsbefugnis kennzeichnet den bereicherungsrechtlichen Zuweisungsgehalt.

Diese Wertung wird auch durch die Regelungen zum postmortalen Schutz von Bildnis- und Urheberrechten in den §§ 22 S. 3 KUG und 83 Abs. 3 UrhG belegt. Indem § 22 S. 3 KUG den Angehörigen die Befugnis zur Erteilung der Einwilligung zur Bildnisveröffentlichung gibt, erhalten die Angehörigen die rechtlich sanktionierte Möglichkeit, von dem Recht am eigenen Bild wirtschaftlich zu profitieren. Dementsprechend stellte auch das Kammergericht in seiner Vorentscheidung zur Marlene-Entscheidung des BGH fest, dass die Verwendung von Bildnissen Verstorbener in der Werbung zu Ansprüchen der Hinterbliebenen nach den Grundsätzen der Eingriffskondiktion führen kann[457]. In die gleiche Richtung ging eine Entscheidung des OLG Hamburg. Hier wurde das Interesse der Erben an einer kommerziellen Nutzung der Persönlichkeit des Verstorbenen zur Begründung des Unterlassungsanspruchs der Erben gegen eine in der Werbung verwendete Stimmimitation des Verstorbenen genutzt[458].

---

453 Magold S. 491 f.

454 Götting S. 142

455 Schierholz S. 159

456 BGH GRUR 1987, 128 f. Urt. v. 14.10.1986

457 KG Berlin, AfP 1997, 926 (929) Urt. v. 5.11.1996

458 OLG Hamburg, NJW 1990, 1995 (1996) Urt. v. 8.5.1989

c) *Ansprüche aus dem Recht der Geschäftsanmaßung*

Die vorstehenden Ausführungen zum Bereicherungsrecht gelten entsprechend für den Gewinnherausgabeanspruch aus den §§ 687 Abs. 2, 681 S. 2, 667 BGB. Auch bei diesem Anspruch kommt es auf die Verletzung einer aus dem postmortalen Persönlichkeitsrecht fließenden Nutzungsbefugnis an. Da die Nutzungsbefugnis dem Erben zusteht, kann sich für ihn ein Anspruch auf Gewinnherausgabe nach den §§ 687 Abs. 2, 681 S. 2, 667 BGB ergeben.

H. Anspruchskonkurrenzen

Die in den bisherigen Ausführungen dargestellten Ansprüche können von ihren Voraussetzungen her durchaus nebeneinander entstehen. Das Konkurrenzverhältnis dieser Ansprüche zueinander bestimmt sich dann nach den von ihnen erfaßten Interessen. Wenn die von den verschiedenen Ansprüchen erfaßten Interessen übereinstimmen, kommt nur eine alternative Geltendmachung in Frage. Bei unterschiedlichen Interessen ist dagegen eine kumulative Geltendmachung der Ansprüche möglich.

I. Verhältnis zwischen den Ansprüchen auf Schadenersatz, aus ungerechtfertigter Bereicherung und aus dem Recht der Geschäftsanmaßung

Nach diesen Grundsätzen können Bereicherungsanspruch und GoA-Anspruch nur alternativ geltend gemacht werden, weil beide Ansprüche den Vorteil des Verletzers aus der Nutzung der Persönlichkeit abschöpfen sollen. Der Betrag, der durch die fiktive Lizenz beansprucht werden kann, ist in der Regel in dem Anspruch auf Gewinnherausgabe enthalten[459].

Soweit der Schadenersatzanspruch dazu dient, eine entgangene Lizenz oder einen entgangenen Gewinn gerade hinsichtlich der vom Verletzer vorgenommenen Nutzung zu beanspruchen, besteht dieser Anspruch ebenfalls nur alternativ zum Bereicherungsanspruch auf Zahlung einer Lizenzgebühr und zum GoA-Anspruch auf Herausgabe des Gewinns. Die Interessen der Ansprüche decken sich auch in diesem Fall[460].

Hat der Verletzte durch die Persönlichkeitsverletzung aber weitere Schäden erlitten, die sich nicht im Lizenz- oder Gewinnentgang erschöpfen, so kann der Schadenersatzanspruch grundsätzlich neben den Ansprüchen aus Bereicherungsrecht oder aus GoA geltend gemacht werden. Allerdings muß beim Anspruch auf Herausgabe der fiktiven Lizenz darauf geachtet werden, ob diese Lizenz ihrer Höhe nach nicht schon so bemessen ist, dass damit neben dem reinen Entgelt für die Nutzung auch ein mit der Nutzung notwendigerweise einhergehender materieller Verlust des Rechtsinhabers abgegolten sein soll[461]. Wenn dem so ist, kann dieser mit der Lizenz abgegoltene Schaden nicht noch einmal im Wege des Schadenersatzanspruchs geltend gemacht werden.

---

459 Schierholz S. 185

460 Schierholz S. 185

461 BGH GRUR 1993, 55 (58) Urt. v. 17.6.1992

II. Verhältnis vermögensrechtlicher Ansprüche zum Anspruch auf Geldentschädigung für immaterielle Beeinträchtigungen

Die Ansprüche auf Schadenersatz, auf Herausgabe ungerechtfertigter Bereicherung und auf Gewinnherausgabe nach dem Recht der Geschäftsanmaßung bestehen neben dem Anspruch auf Geldentschädigung für immaterielle Beeinträchtigungen[462]. Der Anspruch auf Geldentschädigung dient dem Ausgleich immaterieller Beeinträchtigungen. Die anderen Ansprüche dienen jeweils dem Ausgleich vermögenswerter Interessen.

Hinsichtlich des Bereicherungsanspruchs auf Herausgabe der angemessenen Lizenzgebühr ist aber wiederum darauf zu achten, ob die Lizenzgebühr nicht auch einen Teil der mit der Nutzung der Persönlichkeit verbundenen immateriellen Nachteile erfaßt. Insoweit ist die Geldentschädigung zu kürzen.

Mit der hier vertretenen Auffassung ist der vom BGH in der Herrenreiter-Entscheidung[463] vertretene Standpunkt abzulehnen, nach dem die Zahlung der fiktiven Lizenzgebühr und die Geldentschädigung für den Ausgleich immaterieller Schäden nur alternativ beansprucht werden können[464]. Diese Alternativität ergab sich für den BGH damals aus der für den Anspruch auf die fiktive Lizenzgebühr notwendigen Voraussetzung des Vermarktungswillens. Für den Anspruch aus ungerechtfertigter Bereicherung besteht diese Voraussetzung jedoch nicht, wie oben unter D. I. 2. festgestellt wurde.

---

462 Beuthien/Schmölz S. 67;

für das Verhältnis zwischen Schadenersatz und Geldentschädigung: BGHZ 30, 7 (18) Urt. v. 18.3.1959; OLG München, AfP 1990, 45 Urt. v. 22.3.1989

für das Verhältnis zwischen Bereicherungsanspruch und Geldentschädigung: OLG München, NJW-RR 1996, 539 (541) Urteil v. 9.3.1995; Prinz/Peters Rn 921; Schierholz S. 185

463 BGHZ 26, 349 (353 ff.) Urt. v. 14.2.1958

464 Götting S. 282

2. Kapitel: Finanzieller Ausgleich bei Persönlichkeitsverletzungen nach schweizerischem Recht

Die Betrachtung des schweizerischen Rechts zum finanziellen Ausgleich bei Persönlichkeitsverletzungen wird eingeleitet mit einem Überblick über das schweizerische Persönlichkeitsrecht (A - C). Hieran schließt sich die Darstellung der Ausgleichsansprüche an (D).

A. Die Vorschriften zum Persönlichkeitsschutz in der Schweiz

Der Schutz der Persönlichkeit gegen Verletzungen durch Private wird in der Schweiz durch Normen des Strafrechts und des Zivilrechts gewährleistet. Im folgenden werden die für diese Untersuchung relevanten Regelungen des Zivilrechts dargestellt.

I. Art. 28 ZGB als zentrale Norm des Persönlichkeitsschutzes

Zentrale Vorschrift für den zivilrechtlichen Persönlichkeitsschutz ist Art. 28 ZGB (Schweizerisches Zivilgesetzbuch vom 10. Dezember 1907). Die jetzige Fassung dieser Vorschrift gilt seit dem 1. Juli 1985. Die Generalklausel des Art. 28 ZGB hat die Aufgabe, im privatrechtlichen Bereich den Schutz der Persönlichkeit zu gewährleisten[465]. Sie wird durch speziellere Normen zum Persönlichkeitsschutz ergänzt.

Die 1985 vollzogene Revision des Persönlichkeitsrechts führte zu einer Neufassung des seit 1907 geltenden Art. 28 ZGB. Gleichzeitig wurden die Art. 28a-281 ZGB eingefügt. Diese Normen konkretisieren heute den Persönlichkeitsschutz, der zuvor allein in Art. 28 ZGB a.F. verankert war. Mit der Revision des Persönlichkeitsrechts im ZGB war allerdings keine Veränderung beim Umfang der geschützten Persönlichkeitsrechte beabsichtigt[466]. Ziel der Neufassung war die detailiertere Regelung der Rechtsbehelfe. Dies ist durch Einfügung der Art. 28a - 281 ZGB sowie durch die Neufassung von Art. 49 OR (Bundesgesetz betreffend die Ergänzung des Schweizerischen Zivilgesetzbuches [Fünfter Teil: Obligationenrecht]) geschehen[467].

---

465 Bucher Rn 453, 455

466 Geiser-Persönlichkeitsverletzung S. 13; Honsell/Vogt/Geiser-ZGB-Meili Art. 28 Rn 3; Schürmann/Nobel S. 231; Tuor/Schnyder S. 93

467 Honsell/Vogt/Geiser-ZGB-Meili Art. 28 Rn 4; Schürmann/Nobel S. 231

Der Persönlichkeitsschutz durch Art. 28 ff. ZGB gilt für natürliche und juristische Personen[468] sowie für Personenmehrheiten ohne eigene Rechtspersönlichkeit, denen aber im Außenverhältnis Rechtsfähigkeit zukommt[469]. Juristische Personen sind gemäß Art. 53 ZGB selbstverständlich nur bezüglich solcher persönlichen Interessen geschützt, die nicht ihrem Wesen nach eine natürliche Person voraussetzen[470], wie dies z.B. beim Recht auf körperliche Integrität und beim Recht auf Pietät der Fall ist. Hinsichtlich Ehre[471] und Privatsphäre[472] sind juristische Personen daher durch Art. 28 ff. ZGB ebenso geschützt wie natürliche Personen.

II. Spezialregelungen zum Persönlichkeitsschutz

Neben Art. 28 ff. ZGB dienen spezielle Normen zum Persönlichkeitsrecht dem Schutz ausgewählter Persönlichkeitswerte.

1. Spezialregelungen im ZGB und im OR

Zunächst ist dabei auf Art. 27 ZGB zu verweisen, der die Rechts- und Handlungsfähigkeit der Person sichert[473].

Durch Art. 29 ZGB wird das Namensrecht geschützt. Es schützt den Namen ähnlich wie § 12 BGB vor dem Mißbrauch durch andere sowie dagegen, dass dem Inhaber das Recht zur Führung des Namens bestritten wird[474].

Art. 93 ZGB schützt das Persönlichkeitsrecht in der besonderen Situation des Verlöbnisbruchs[475]. Im Zusammenhang mit der Scheidung wird die Persönlichkeit durch Art. 151 Abs. 2 ZGB geschützt[476]. Art. 328 OR enthält eine besondere Regelung zum Schutz der Persönlichkeitsrechte von Arbeitnehmern[477].

---

468 Bucher Rn 420; Honsell/Vogt/Geiser-ZGB-Meili Art. 28 Rn 33

469 Geiser-Persönlichkeitsverletzung S. 94

470 Bucher Rn 420; Geiser-Persönlichkeitsverletzung S. 92; Honsell/Vogt/Geiser-ZGB-Meili Art. 28 Rn 33

471 BGE 95 II 481 (489) Urt. v. 31.3.1969

472 BGE 97 II 97 (100) Urt. v. 3.6.1971

473 Bucher Rn 424, 425; Pedrazzini/Oberholzer S. 120; Tuor/Schnyder S. 89

474 Geiser-Persönlichkeitsverletzung S. 16; Honsell/Vogt/Geiser-ZGB-Bühler Art. 29 Rn 3

475 Geiser-Persönlichkeitsverletzung S. 17

476 Geiser-Persönlichkeitsverletzung S. 18

477 Honsell/Vogt/Geiser-ZGB-Meili Art. 28 Rn 30; Metzger S. 141

2. Spezialregelungen zum Schutz der Wirtschaftsfreiheit

Die Wirtschaftsfreiheit, gemeint ist damit die Freiheit, eine wirtschaftliche Tätigkeit frei entfalten zu können, wird als besonderer Wert der Persönlichkeit verstanden. Sie wird durch das Bundesgesetz gegen den unlauteren Wettbewerb vom 19. Dezember 1986 (UWG) sowie durch das Bundesgesetz über Kartelle und andere Wettbewerbsbeschränkungen vom 6. Oktober 1992 (KG) geschützt[478].

3. Schweizerisches Urheberrecht

Das Urheberrecht, dessen Inhalt sich aus den Art. 9 - 15 des Bundesgesetzes über das Urheberrecht und verwandte Schutzrechte (URG) vom 9. Oktober 1992 ergibt, schützt die Rechte der Urheberpersönlichkeit in materieller und in ideeller Hinsicht. Es geht den Art. 28 ff. ZGB als abschließende Regelung vor, sofern es um Verletzungen der geistigen und persönlichen Beziehungen des Urhebers zu seinem Werk geht[479].

4. Schweizerisches Datenschutzrecht

Das Bundesgesetz über den Datenschutz (DSG) vom 19. Juni 1992 wurde zum Schutz der Persönlichkeitsrechte beim Umgang mit persönlichen Daten geschaffen. Es findet Anwendung auf die Bearbeitung persönlicher Daten durch Private und durch Bundesorgane. Der Begriff der Bearbeitung ist dabei weit zu verstehen. Die in Art. 3 lit. e DSG enthaltene Legaldefinition macht dies deutlich, wenn es unter dem Begriff der Bearbeitung jeglichen Umgang mit Personendaten von der Beschaffung über die Bekanntgabe bis hin zur Vernichtung erfaßt.

Der Schutz der Privatsphäre, der vor Inkrafttreten dieses Gesetzes allein durch Art. 28 ff. ZGB geregelt wurde, richtet sich aufgrund des weiten Anwendungsbereichs des DSG nun weitgehend auch nach diesem Gesetz[480]. Das DSG tritt allerdings nicht an die Stelle des durch Art. 28 ff. ZGB gewährten Schutzes. Vielmehr konkretisiert es diesen Schutz[481]. Deshalb gelten auch bei der Anwendung des DSG weitgehend die Grundsätze, die für den Schutz der Persönlichkeit nach Art. 28 ff. ZGB maßgeblich sind[482].

---

478 Bucher Rn 503, 504; Honsell/Vogt/Geiser-ZGB-Meili Art. 28 Rn 31

479 Peter S. 70

480 Bucher Rn 488

481 Glaus S. 44; Maurer/Vogt-DSG-Hünig Art. 12 Rn 1; Steinauer in Schweizer S. 44

482 Peter S. 71

So verweist Art. 15 Abs. 1 DSG auf die in den Art. 28 - 281 ZGB enthaltenen Regeln über Ansprüche und das Verfahren zu deren Durchsetzung. Zudem stimmt die Formulierung zur Bestimmung der Rechtswidrigkeit einer Verletzung in Art. 13 Abs. 1 DSG mit der in Art. 28 Abs. 2 ZGB überein.

Bereits an dieser Stelle wird darauf hingewiesen, dass die vom DSG geregelte Bearbeitung von Daten gemäß Art. 3 lit. e und f DSG auch die Datenveröffentlichung umfasst. Dies hat zur Folge, dass Verletzungen der Persönlichkeit durch die Veröffentlichung personenbezogener Daten in den Medien auch nach dem DSG zu beurteilen sind[483].

Gemäß Art. 1 und 3 lit. b DSG erstreckt sich der Schutz des DSG auf natürliche und juristische Personen. Dazu zählen Verstorbene nicht, da deren Persönlichkeit gemäß Art. 31 Abs. 1 ZGB mit dem Tod endet. Sofern also Daten über Verstorbene veröffentlicht werden, richtet sich der Persönlichkeitsschutz weiterhin nur nach Art. 28 ff. ZGB.

---

483 Glaus S. 3; Peter S. 73; Schürmann/Nobel S. 62

B. Schutz der Person durch das Schweizerische Persönlichkeitsrecht

Im folgenden wird der Persönlichkeitsschutz nach den Regelungen der Art. 28 ff. ZGB, des DSG und des UWG skizziert. Diese Normen regeln im Wesentlichen die hier in Frage stehenden Persönlichkeitsverletzungen, die durch Medienveröffentlichungen und durch kommerzielle Verwertungen von Persönlichkeitsmerkmalen erfolgen.

I. Schutzbereiche des Persönlichkeitsrechts in Art. 28 ZGB

Die Generalklausel des Art. 28 ZGB umfaßt über die erwähnten speziellen Regelungen hinaus alle wesentlichen Werte einer Person, die ihr Kraft ihrer Existenz zustehen und Gegenstand einer Verletzung sein können[484]. Diese Umschreibung zeigt, dass es im Schweizerischen Recht keinen geschlossenen Katalog geschützter Persönlichkeitswerte gibt[485]. Es wird als Aufgabe der Rechtsprechung angesehen, die geschützten Werte der Persönlichkeit entsprechend den gesellschaftlichen Verhältnissen zu bestimmen und anzupassen[486].

Als Hauptbereiche der durch Art. 28 ZGB geschützten Persönlichkeitswerte gelten die körperliche Integrität, die soziale Persönlichkeit sowie das Gefühls- und Seelenleben[487].

1. Recht auf körperliche Integrität

Der Schutz der körperlichen Integrität umfaßt das Recht auf Leben, das Recht auf körperliche Unversehrtheit in physischer und psychischer Hinsicht[488] sowie das Recht auf körperliche Bewegungsfreiheit[489], das Recht auf sexuelle Freiheit[490] und das Recht, über das Schicksal des eigenen Leichnams verfügen zu können[491].

---

484 Bucher Rn 457; Jäggi ZSR 2. Halbbd. 1960, S. 164a f.

485 BGE 95 II 481 (491 f.) Urt. v. 21.3.1969; Geiser-Persönlichkeitsverletzung S. 27; Grossen S. 356; Honsell/Vogt/Geiser-ZGB-Meili Art. 28 Rn 5

486 Bucher Rn 463

487 Bucher Rn 465; Geiser-Persönlichkeitsverletzung S. 27; Pedrazzini/Oberholzer S. 131

488 Bucher Rn 466; Geiser-Persönlichkeitsverletzung S. 29

489 Geiser-Persönlichkeitsverletzung S. 30; Deschenaux/Steinauer Rn 546

490 Bucher Rn 466; Deschenaux/Steinauer Rn 547

491 BGE 101 II 177 (191) Urt. v. 3.7.1975; Bucher Rn 468; Deschenaux/Steinauer Rn 548

2. Schutz der sozialen Persönlichkeit gemäß Art. 28 ZGB

Die soziale Persönlichkeit beinhaltet die persönlichen Güter, die für das Leben in der Gesellschaft und für die harmonische Gestaltung sozialer Beziehungen notwendig sind[492]. Dazu gehören das Recht am Namen, soweit es nicht schon von Art. 29 ZGB erfaßt ist[493], sowie der Schutz von Privatsphäre und Ehre[494].

a) Schutz des Namens gemäß Art. 28 ZGB in Abgrenzung zu Art. 29 ZGB

Der Namensschutz hat in Art. 29 ZGB eine besondere Regelung erfahren. Durch diese Norm wird der Namensträger, wie nach deutschem Recht durch § 12 BGB, vor Namensbestreitung und Namensanmaßung geschützt.

Die Namensanmaßung ist gegeben bei unbefugter Verwendung des Namens, durch die eine Verwechslungsgefahr hervorgerufen wird. Sei es, dass der Verletzer den Namen zur Bezeichnung der eigenen Person benutzt und damit eine Identitätsverwirrung bewirkt[495] oder dass der Verletzer mit fremdem Namen Waren oder Leistungen bezeichnet und somit den falschen Eindruck erweckt, der Namensträger stehe mit dem Namensverwender oder dessen Geschäft in personeller, ideeller, geistiger oder geschäftlicher Verbindung[496]. Damit erfaßt Art. 29 ZGB auch die Fälle der sogenannten Zuordnungsverwirrung[497].

Bei der bloßen Namensnennung hingegen, bei der der Name nicht zur Kennzeichnung benutzt wird, liegt kein Fall der Namensanmaßung vor[498]. Solche Fälle unterfallen allenfalls Art. 28 ZGB[499], sofern die Namensnennung schutzwürdige Interessen des berechtigten Trägers beeinträchtigt[500]. Auch die bloße Namensnennung in der Medienberichterstattung unterfällt demnach nicht dem besonderen Namensrecht, sondern ist im Rahmen des allgemeinen Persönlichkeitsschutzes nach Art. 28 ZGB zu beurteilen[501]. Nach einer anderen

---

492 Bucher Rn 476; Geiser-Persönlichkeitsverletzung S. 35

493 BGE 102 II 161 (166) Urt. v. 8.7.1976; Deschenaux/Steinauer Rn 557

494 Bucher Rn 477, 492; Deschenaux/Steinauer Rn 558, 560

495 Honsell/Vogt/Geiser-ZGB-Bühler Art. 29 Rn 18; Seemann S. 182

496 BGE 112 II 369 (371) Urt. v. 13.11.1986; Honsell/Vogt/Geiser-ZGB-Bühler Art. 29 Rn 19; Seemann S. 182

497 Semmann S. 182

498 BGE 108 II 241 (243) Urt. v. 1.12.1982; Lack S. 194, 196

499 Bucher Rn 501; Honsell/Vogt/Geiser-ZGB-Bühler Art. 29 Rn 21

500 Geiser-Persönlichkeitsverletzung S. 37

501 BGE 95 II 481 (487 f.) Urt. v. 31.3.1969; Honsell/Vogt/Geiser-ZGB-Bühler Art. 29 Rn 21

Auffassung sollen jedoch Namensnennungen, die im Rahmen kommerzieller Nutzungen erfolgen, nach der speziellen Vorschrift zum Namensschutz in Art. 29 ZGB zu beurteilen sein[502].

b) Schutz der Ehre gemäß Art. 28 ZGB

Der in Art. 28 ZGB angelegte Ehrenschutz erstreckt sich wie der strafrechtliche Ehrenschutz der Schweiz auf die sittliche Geltung des Menschen. Weitergehend als im Strafrecht ist durch Art. 28 ZGB auch das berufliche und das gesellschaftliche Ansehen geschützt[503].

Eine zivilrechtlich relevante Ehrverletzung kann durch Tatsachenbehauptungen, durch Werturteile oder durch sogenannte gemischte Werturteile erfolgen[504]. Allgemeine Voraussetzung für das Eingreifen des Ehrenschutzes ist jeweils, dass das Ansehen durch die beanstandete Äußerung negativ betroffen wird. Maßstab zur Beurteilung dieser Voraussetzung ist die Bewertung durch den Durchschnittsbürger[505].

Unter diesen Voraussetzungen sind unwahre Tatsachenbehauptungen grundsätzlich persönlichkeitsverletzend, wenn sie beim Durchschnittsbürger negativer als die wahren Umstände bewertet werden[506]. Dementsprechend stellt es nach der Rechtsprechung des Bundesgerichts keine Ehrverletzung dar, wenn die unrichtigen Tatsachen nur einen Nebenaspekt betreffen und daher nicht geeignet sind, die betroffene Person in ein falsches Licht zu stellen[507].

Es ist umstritten, ob auch die Äußerung wahrer Tatsachen eine Ehrverletzung darstellen kann. Eine Auffassung bejaht dies mit der Rechtsprechung für Fälle, in denen die Äußerung ohne sachlichen Grund mit der Absicht erfolgt, dem Betroffenen grundlos zu schaden[508] oder wo die Form der Darstellung, insbe-

---

502 Seemann S. 183

503 BGE 103 II 161 (164) Urt. v. 3.6.1977; BGE 105 II 161 (163) Urt. v. 5.7.1979; Bucher Rn 492; Geiser-Persönlichkeitsverletzung S. 68

504 Geiser-Persönlichkeitsverletzung S. 73, 75; Metzger S. 118

505 BGE 100 II 177 (179) Urt. v. 11.7.1974; BGE 103 II 161 (164) Urt. v. 3.6.1977; BGE 105 II 161 (163 f.) Urt. v. 5.7.1979; BGE 106 II 92 (97) Urt. v. 8.5.1980; BGE 107 II 1 (4) Urt. v. 22.1.1981; BGE 111 II 209 (211) Urt. v. 2.5.1985; Bucher Rn 492; Geiser-Persönlichkeitsverletzung S. 69; Pedrazzini/Oberholzer S. 136

506 BGE 103 II 161 (164) Urt. v. 3.6.1977; Geiser-Persönlichkeitsverletzung S. 75

507 BGE 105 II 161 (165) Urt. v. 5.7.1979; BGE 107 II 1 (6) Urt. v. 22.1.1981; Geiser-Persönlichkeitsverletzung S. 74

508 BGE 105 II 161 (164 f.) Urt. v. 5.7.1979; Bucher Rn 494

sondere die Würdigung eines Sachverhalts, unnötig verletzend ist[509]. Die andere Auffassung lehnt dies mit der Erwägung ab, dass der Schutz der Persönlichkeit bei der Äußerung wahrer Tatsachen ausreichend unter dem Gesichtspunkt der Wahrung der Privatsphäre gewährleistet sei[510]. Zudem wird argumentiert, dass ein positives Ansehen, welches der Träger nicht verdient, auch nicht schützenswert sei[511]. Im Ergebnis unterscheiden sich beide Ansichten nicht. Der Unterschied besteht lediglich in der unterschiedlichen Einordnung der wahren ansehensmindernden Äußerung als Verletzung der Ehre oder der Privatsphäre.

Negative Werturteile gelten nach einmütiger Ansicht als ehrverletzend, wenn sie nicht auf bestimmte Tatsachen als Beurteilungsgrundlage gestützt werden[512]. Werturteile, die auf Tatsachen gestützt werden, sind dagegen grundsätzlich zulässig[513]. Jedoch müssen die in Bezug genommenen Tatsachen wahr sein und die Wertung muß sich im Rahmen dessen halten, was aufgrund des Sachverhalts als vertretbar erscheint[514]. Unvertretbar sind unnötig verletzende Wertungen, die den Betroffenen in unsachlicher Form angreifen[515]. Kritik muß sachlich bleiben und darf den Betroffenen nicht verunglimpfen[516]. Die Verwendung von Kraftausdrücken verbietet sich daher[517].

Werturteile in Form der Satire unterliegen wegen der Relativität der darin enthaltenen Äußerungen einem weniger strengen Maßstab[518]. Allerdings ist auch bei Karrikaturen und Glossen zu beachten, dass die mit ihnen suggerierten Tatsachen der Wahrheit entsprechen und deren satirische Wertung sachlich und verhältnismäßig bleibt[519].

---

509 BGE 122 III 449 (456) Urt. v. 21.11.1996; Riklin S. 200; Tercier Rn 484

510 Geiser-Persönlichkeitsverletzung S. 73

511 Geiser-Persönlichkeitsverletzung S. 73; Schumacher S. 107

512 Geiser-Persönlichkeitsverletzung S. 75; Grossen-Recht der Einzelpersonen S. 366

513 Geiser-Persönlichkeitsverletzung S. 75

514 BGE 71 II 191 (194) Urt. v. 18.9.1945

515 BGE 106 II 92 (98 f.) Urt. v. 8.5.1980; Geiser-Persönlichkeitsverletzung S. 76; Pedrazzini/Oberholzer S. 138

516 BGE 106 II 92 (98 f.) Urt. v. 8.5.1980; Geiser-Persönlichkeitsverletzung S. 76

517 BGE 120 II 225 (228) Urt. v. 15.8.1994

518 Honsell/Vogt/Geiser-ZGB-Meili Art. 28 Rn 51; Riklin S. 203

519 BGE 95 II 481 (495 f.) Urt. v. 31.3.1969; Bucher Rn 495; Forkel SJZ 1996, 97 (103)

c) Schutz der Privatsphäre gemäß Art. 28 ZGB

Der Schutz der Privatsphäre durch Art. 28 ZGB beinhaltet das Recht, zum Privatleben gehörende Vorgänge vor Kenntnisnahme durch Dritte zu bewahren.

Sowohl das Schweizerische Bundesgericht als auch die schweizerische Lehre nehmen zur Bestimmung des geschützten Privatbereichs, in Anlehnung an das deutsche Recht, die Sphärentheorie zu Hilfe[520]. Danach werden im Rahmen des Art. 28 ZGB die Lebensbereiche der Person eingeteilt, und zwar in den allgemein zugänglichen Gemein- oder Öffentlichkeitsbereich und in die geschützten Bereiche der Geheim- bzw. Intimsphäre und der Privatsphäre[521]. Der Schutz persönlicher Daten und Informationen nach Art. 28 ZGB erstreckt sich also auf den Privatbereich und auf den Geheimbereich.

Zum Privatbereich gehören alle Umstände, deren Kenntnis die Person nur mit Vertrauten wie Angehörigen, Verwandten, Freunden und Bekannten teilen will[522]. Diese Umstände dürfen ohne Zustimmung des Betroffenen nicht öffentlich bekannt gemacht werden[523]. Zum enger gezogenen Geheim- bzw. Intimbereich werden Tatsachen gezählt, die nach dem Willen des Betroffenen der Kenntnis Dritter entzogen oder nur bestimmten Vertrauenspersonen bekannt sein sollen[524]. Der ungeschützte Gemein- bzw. Öffentlichkeitsbereich umfaßt hingegen all die Umstände, die weder zum Geheimbereich noch zum Privatbereich gehören, sondern sich mit dem Willen des Betroffenen in der Öffentlichkeit abspielen[525].

Die Umschreibung der geschützten Privatsphäre mit Hilfe der Sphärentheorie wird von Teilen des schweizerischen Schrifttums kritisiert[526]. Insbesondere

---

520 Honsell/Vogt/Geiser-ZGB-Meili Art. 28 Rn 23

521 BGE 97 II 97 (100) Urt. v. 3.6.1971; BGE 118 IV 41 (45) Urt. v. 24.1.1992; BGE 119 II 222 (225) Urt. v. 20.4.1993; Honsell/Vogt/Geiser-ZGB-Meili Art. 28 Rn 23; Glaus S. 51; Pedrazizini/Oberholzer S. 138; Schürmann/Nobel S. 234

522 BGE 97 II 97 (101) Urt. v. 3.6.1971; BGE 118 IV 41 (45) Urt. v. 24.1.1992; Bucher Rn 477; Geiser-Persönlichkeitsverletzung S. 56; Geyer-Schäfer S. 106

523 BGE 97 II 97 (101) Urt. v. 3.6.1971; Bucher Rn 477; Geiser-Persönlichkeitsverletzung S. 52; Hempel S. 197

524 BGE 118 IV 41 (45) Urt. v. 24.1.1992; Bucher Rn 480; Geiser-Persönlichkeitsverletzung S. 53; Geyer-Schäfer S. 106

525 BGE 118 IV 41 (45) Urt. v. 24.1.1992; Bucher Rn 481; Geiser-Persönlichkeitsverletzung S. 57

526 Druey S. 12 f.; Geiser-Persönlichkeitsverletzung S. 59

Geiser möchte im Grundsatz alle Äußerungen über eine erkennbare Person als Persönlichkeitsverletzung qualifizieren und die Bestimmung zulässiger Äußerungen nachfolgend auf der Ebene der Rechtfertigung vornehmen[527]. Auch von Befürwortern der Sphärentheorie wird anerkannt, dass die Zuordnung zu den einzelnen Bereichen nicht schematisch, sondern nach den Umständen des Einzelfalls erfolgen muß[528]. Die Sphärentheorie liefert also keine abstrakt subsumierbare Definition dessen, was im konkreten Fall geschützt ist und was nicht. Sie erfüllt lediglich eine ordnende Funktion, die bei der Rechtsanwendung eine Berücksichtigung der konkurrierenden Interessen sichert[529].

Verbleibt man in der Sprache der Sphärentheorie, bleibt festzustellen, dass Medienveröffentlichungen über Geschehnisse aus dem Privat- oder Geheimbereich einen Eingriff in das Persönlichkeitsrecht darstellen. Veröffentlichungen, die den Gemein- oder Öffentlichkeitsbereich betreffen, sind hingegen zulässig[530].

Dies bringt es mit sich, dass über Personen, die sich und ihr Leben in die Öffentlichkeit stellen, Medienberichterstattungen in weitergehendem Umfang möglich sind. Die Gemeinsphäre ist hier ja weitreichender. Weitreichend heißt jedoch nicht grenzenlos. Auch bei Personen, die sich ins Licht der Öffentlichkeit stellen, dürfen nur solche Fakten aus dem Privatleben berichtet werden, die aufgrund der öffentlichen Stellung der Person oder sonst von öffentlichem Interesse sind[531].

Ereignisse, die sich in der Vergangenheit abgespielt haben und zum Gemeinbereich gehört haben, gehen wegen des Vergessens in der Öffentlichkeit auch wieder in die Privatsphäre über[532]. Sie dürfen also später nicht ohne aktuellen Anlaß veröffentlicht werden. Damit ist die Veröffentlichung vergangener persönlicher Daten aber nicht schlechthin untersagt. So entschied auch das Schweizerische Bundesgericht, dass eine derzeit noch im politischen Leben engagierte Person die Berichterstattung über zurückliegende politische Aktivitäten dulden muß[533]. Das anhaltende politische Engagement bot die entscheidende Voraussetzung für die Zulässigkeit des Wiederaufgreifens.

---

527 Geiser-Persönlichkeitsverletzung S. 60

528 Pedrazzini/Oberholzer S. 139

529 Pedrazzini/Oberholzer S. 138, 139

530 Honsell/Vogt/Geiser-ZGB-Meili Art. 28 Rn 27; Pedrazzini/Oberholzer S. 139; Sigel S. 82

531 BGE 71 II 191 (193) Urt. v. 18.9.1945; BGE 111 II 209 (213 f.) Urt. v. 2.5.1985; Riklin S. 209

532 BGE 109 II 353 (356) Urt. v. 9.6.1983; Bucher Rn 483; Pedrazzini/Oberholzer S. 139

533 BGE 111 II 209 (214) Urt. v. 2.5.1985

Bei der Verdachtsberichterstattung über allgemein interessierende Ereignisse wie schwere Straftaten ist erforderlich, dass die Veröffentlichung hinreichend deutlich macht, dass es sich lediglich um einen Verdacht handelt[534].

d) Recht am eigenen Bild

Anders als das deutsche Recht enthält das schweizerische Zivilrecht keine ausdrückliche Bestimmung zum Schutz des eigenen Bildes. Dennoch haben die schweizerische Lehre und die kantonale Rechtsprechung ein solches Recht als Bestandteil des Persönlichkeitsrechts etabliert[535]. Dieses Recht am eigenen Bild schützt die Person vor der eigenmächtigen Verwendung[536] des Bildnisses, insbesondere vor dessen Veröffentlichung[537]. Grundsätzlich erfordert die Rechtmäßigkeit einer Abbildung also die Zustimmung des Betroffenen.

Dieser Grundsatz hat Ausnahmen. So ist ähnlich wie in § 23 Abs. 1 Nr. 2 KUG die Abbildung lediglich als Beiwerk zur Darstellung einer Landschaft, einer Umgebung oder eines Ereignisses erlaubt[538]. Auch die mittelbare Abbildung, etwa die Wiedergabe eines Porträts, wird für zulässig erachtet[539]. Dies kann aber wohl nur für die Fälle gelten, in denen die abgebildete Person die Veröffentlichung des Porträts dem Künstler gegenüber nicht untersagt hat. Zulässig ist weiterhin die Abbildung von Personen der Zeitgeschichte[540]. Auch hier findet sich die Parallele zu § 23 Abs. 1 Nr. 1 und Abs. 2 KUG. Jedoch endet diese Abbildungsfreiheit an den Grenzen, die das Recht auf Ehre und Privatsphäre setzt. Unter diesem Gesichtspunkt ist insbesondere die Darstellung mißlicher Stuationen verpönt[541]. Beispiel dafür ist die Abbildung trauernder Familienangehöriger bei einem Begräbnis[542].

---

534 Forkel SJZ 1996, 97 (102)

535 Seemann S. 192

536 Obergericht Zürich ZR 23 (1924) Nr. 21 S. 33 (34) Urt. v. 12.1.1923; Obergericht Zürich ZR 71 (1972) Nr. 36 S. 107 (109) Urt. v. 9.5.1972; Bucher Rn 478; Honsell/Vogt/Geiser-ZGB-Meili Art. 28 Rn 19; Riklin S. 203; Schürmann/Nobel S. 233

537 Obergericht Zürich SJZ 1975 S. 27 (28) Urt. v. 6.5.1974; Geiser-Persönlichkeitsverletzung S. 41

538 Honsell/Vogt/Geiser-ZGB-Meili Art. 28 Rn. 20; Riklin S. 204; Schürmann/Nobel S. 233

539 Honsell/Vogt/Geiser-ZGB-Meili Art. 28 Rn 20; Schürmann/Nobel S. 233

540 Honsell/Vogt/Geiser-ZGB-Meili Art. 28 Rn 20; Riklin S. 205; Schürmann/Nobel S. 233

541 Honsell/Vogt/Geiser-ZGB-Meili Art. 28 Rn 21; Pedrazzini/Oberholzer S. 135; Schürmann/Nobel S. 234

542 BGE 112 II 465 Urt. v. 18.12.1986

Schließlich ist zu beachten, dass im Rahmen der Ausnahmetatbestände solche Darstellungen verboten sind, die die abgebildete Person in einem falschen Licht erscheinen lassen, also eine falsche Aussage über die Person vermitteln. Beispiel dafür ist die Verwendung eines Bildnisses im Rahmen der Werbung, wenn die abgebildete Person dem nicht zugestimmt hat[543].

Es ist umstritten, ob das Recht am eigenen Bild auch die Anfertigung des Bildes verbietet. Dagegen spricht sich Geiser mit der Begründung aus, dass die bloße Anfertigung keine Interessen des Betroffenen verletze[544]. Er erkennt zwar an, dass die Anfertigung eines Bildnisses unter Umständen erfolgen kann, die eine Verletzung der Privatsphäre oder der Ehre begründen können. Diese Persönlichkeitsverletzung sei aber dann nicht im speziellen Bildnisrecht begründet[545]. Andere sehen dagegen auch in der bloßen Anfertigung eines Bildnisses eine Verletzung des Rechts am eigenen Bild[546]. Folge dieser Auffassung ist, dass die Anfertigung nur dann rechtmäßig ist, wenn die Verwendung, insbesondere die Veröffentlichung im Rahmen der oben genannten Ausnahmetatbestände, rechtmäßig wäre. Bei Bildern, die ohne Verletzung von Ehre und Privatsphäre gefertigt werden, läßt sich dies aber erst mit Veröffentlichung des Bildes feststellen[547]. Dieser Gesichtspunkt läßt die Lösung Geisers als praktikabler erscheinen.

e) Recht an der eigenen Stimme

Ähnlich wie das Recht am eigenen Bild wird im Rahmen des Art. 28 ZGB ein Recht an der eigenen Stimme geschützt[548]. Angelehnt an den strafrechtlichen Schutz vor der Aufnahme nichtöffentlicher Gespräche in Art. 179bis und 179ter des Schweizerischen Strafgesetzbuches ist die Aufnahme und die Verbreitung nicht öffentlich gesprochener Worte auch nach Art. 28 ZGB untersagt[549]. Die Aufzeichnung des öffentlich gesprochenen Wortes ist zulässig[550].

543 Züricher Obergericht ZR 71 (1972) Nr. 36 S. 107; Honsell/Vogt/Geiser-ZGB-Meili Art. 28 Rn 21; Pedrazzini/Oberholzer S. 135

544 Geiser-Persönlichkeitsverletzung S. 39

545 Geiser-Persönlichkeitsverletzung S. 39; Glaus S. 54

546 Honsell/Vogt/Geiser-ZGB-Meili Art. 28 Rn 19; Riklin S. 203; Schürmann/Nobel S. 233; Trachsler S. 113

547 Geiser-Persönlichkeitsverletzung S. 40

548 Bucher Rn 478; Geiser-Persönlichkeitsverletzung S. 43; Riklin S. 207; Schürmann/Nobel S. 234

549 Geiser-Persönlichkeitsverletzung S. 44; Riklin S. 207

550 Glaus S. 54; Riklin S. 207

Die Weiterverbreitung solcher Aufnahmen stellt aber grundsätzlich eine Persönlichkeitsverletzung dar, wenn die Stimme identifizierbar ist und der Betroffene ein schutzwürdiges Interesse an der Nichtverbreitung geltend machen kann[551]. Solche Interessen sind der Wille des Betroffenen, dass seine Stimme nicht mit technischen Mitteln verbreitet wird[552] oder der Schutz vor Erzeugung eines falschen Persönlichkeitsbildes, das durch Veränderung der Stimme oder durch die Verwendung in irreführendem Zusammenhang entstehen kann[553].

f) Schutz des Lebensbildes

Im Rahmen von Art. 28 ZGB wird auch ein Recht am eigenen Lebensbild anerkannt[554]. Mit diesem Recht werden zwei Interessen umschrieben. Einerseits soll dieses Recht den Schutz vor wahrheitswidriger, identifizierender Schilderung persönlicher Umstände bezwecken[555]. Andererseits soll auch die nicht identifizierende, aber nahezu umfängliche Verarbeitung der Lebensgeschichte einer Person verhindert werden[556].

3. Schutz des Gefühls- und Seelenlebens durch Art. 28 ZGB

Art. 28 ZGB schützt schließlich die Integrität des Gefühls- und Seelenlebens im Hinblick auf die zwischenmenschlichen Beziehungen. Insbesondere sind damit das Recht auf Umgang mit den Angehörigen und das Recht auf Pietät gemeint.

a) Recht auf Umgang mit den Angehörigen

Das Recht auf Umgang mit den Angehörigen beinhaltet den Schutz vor gravierenden Eingriffen in die Angehörigenbeziehung. Ausdrückliche Anerkennung fand dieses Recht schon durch die seit Einführung des Obligationenrechts im Jahr 1911 geltende Vorschrift des Art. 47 OR. Diese Vorschrift gewährt den Angehörigen eines Getöteten als Ausgleich für den seelischen Schmerz einen Genugtuungsanspruch.

---

551 Geiser-Persönlichkeitsverletzung S. 45

552 Geiser-Persönlichkeitsverletzung S. 45

553 Honsell/Vogt/Geiser-ZGB-Meili Art. 28 Rn 22; Riklin S. 207; Seemann S. 195

554 Geiser-Persönlichkeitsverletzung S. 46 f; Riklin S. 213 f.

555 Geiser-Persönlichkeitsverletzung S. 47; Riklin S. 213 f.

556 Geiser-Persönlichkeitsverletzung S. 49

Art. 49 OR bietet darüberhinaus auch Genugtuungsansprüche für Angehörige von Körperverletzungsopfern[557]. Diese Ansprüche bestehen dann, wenn die Körperverletzung Dauerfolgen verursacht, die nicht nur die Lebensumstände des Opfers, sondern auch die der Angehörigen grundlegend verändern[558]. In der Rechtsprechung findet sich als Beispiel die Verursachung von Erblindung und dauernder Pflegebedürftigkeit. Diese Verletzungsfolgen wurden für den Ehepartner des so Geschädigten wegen der damit verbundenen Zerstörung des bisher geführten Ehelebens als Persönlichkeitsverletzung gewertet[559]. Ein anderes Beispiel bietet ein Fall, in dem die Verursachung der Impotenz für die Ehepartnerin des Geschädigten als schwere Verletzung der familiären Beziehungen in Betracht kam[560].

Andere nicht mit körperlichen Schäden verbundene Verletzungen der Angehörigenbeziehungen sind etwa Störungen des Familienlebens. So wurde das Verhalten eines Dritten, der sich als Vater eines Kindes der betroffenen Familie bezeichnete und Kontakt zu diesem aufnahm, als Verletzung der persönlichen Verhältnisse beurteilt[561]. Unzeitgemäß wirkt hingegen die Rechtsprechung des Bundesgerichts, die auch die Aufnahme ehebrecherischer Beziehungen als Persönlichkeitsverletzung gegenüber dem unbeteiligten Ehepartner ansieht, selbst wenn der beteiligte Ehepartner die Beziehung aus freien Stücken eingegangen war[562]. Die Annahme von Persönlichkeitsverletzungen in solchen Fällen wird von Geiser zu Recht abgelehnt[563].

b) Recht auf Pietät

Die Beziehung zu verstorbenen Angehörigen wird durch das Recht auf Pietät geschützt. Durch dieses Recht kann der Angehörige seine Beziehung zum Verstorbenen sowie dessen Andenken und Ehre bewahren[564]. Das Recht auf Pietät berechtigt die Angehörigen beispielsweise, die bildliche Darstellung des Toten zu untersagen[565]. Weiterhin ermöglicht es den Hinterbliebenen grundsätzlich,

---

557 BGE 116 II 519 (520) Urt. v. 23.10.1990; Berner Kommentar-Brehm Art. 47 Rn 190

558 Geiser-Persönlichkeitsverletzung S. 31, 33

559 BGE 112 II 220 (225 f.) Urt. v. 22.4.1986

560 BGE 112 II 226 (227 f.) Urt. v. 22.4.1986

561 BGE 108 II 344 (348) Urt. v. 23.9.1982

562 BGE 109 II 4 (5) Urt. v. 27.4.1983

563 Geiser-Persönlichkeitsverletzung S. 32

564 BGE 70 II 127 (130 f.) Urt. v. 20.7.1944; BGE 104 II 225 (236) Urt. v. 14.12.1978; BGE 109 II 353 (359) Urt. v. 9.6.1983; Bucher Rn 474; Geiser-Persönlichkeitsverletzung S. 34; Knellwolf S. 100

565 BGE 70 II 127 (131) Urt. v. 20.7.1944

gegen Ehrverletzungen und Eingriffe in die Privatsphäre des Verstorbenen vorzugehen[566].

Dieser mittelbare Schutz der Ehre und des Andenkens Verstorbener als eigenes Recht der Angehörigen hat seinen Grund in dem sehr begrenzten zivilrechtlichen Persönlichkeitsschutz für Verstorbene[567]. Dieser begrenzte Schutz ergibt sich aus der bereits erwähnten Vorschrift des Art. 31 Abs. 1 ZGB. Nach dieser Vorschrift endet die Persönlichkeit mit dem Tod. Da die Persönlichkeitsrechte untrennbar mit der Persönlichkeit verbunden sind und daher auch nicht vererbt werden können, hat der Tod das Erlöschen der Persönlichkeitsrechte zur Folge[568]. Eine Ausnahme von diesem Grundsatz findet sich im Urheberrecht, das gemäß Art. 16 Abs. 1 URG übertragbar und vererblich ist. Weitere Ausnahme ist, dem Verfassungsrecht folgend, das über den Tod hinauswirkende Recht, über das Schicksal des eigenen Leichnams bestimmen zu können[569]. Hat der Verstorbene zu Lebzeiten keine solche Bestimmung getroffen, fällt dieses Recht den Hinterbliebenen zu[570].

Das durch den Tod bedingte Ende der Persönlichkeitsrechte wird im Schrifttum kritisiert. Dort findet sich die Forderung nach Anerkennung eines postmortalen Persönlichkeitsrechts ähnlich der Rechtslage in Deutschland[571]. Allerdings schließt auch diese Stimme unter der Geltung von Art. 31 Abs. 1 ZGB ein postmortales Persönlichkeitsrecht aus und fordert daher die Abschaffung dieser Vorschrift[572].

Festzustellen bleibt, dass der Persönlichkeitsschutz Verstorbener mittelbar über das den Hinterbliebenen zustehende Recht auf Pietät erfolgt. Ähnlich wie das postmortale Persönlichkeitsrecht in Deutschland verliert auch dieses Recht mit zunehmender Zeit an Intensität[573].

---

566 BGE 104 II 225 (235 f.) Urt. v. 14.12.1978; BGE 109 II 353 (359) Urt. v. 9.6.1983

567 Bucher Rn 219-222; Geiser-Persönlichkeitsverletzung S. 34

568 BGE 101 II 177 (191) Urt. v. 3.7.1975; BGE 104 II 225 (234 f.) Urt. v. 14.12.1978; BGE 109 II 353 (359) Urt. v. 9.6.1983; Bucher Rn 220

569 BGE 98 Ia 508 (522) Urt. v. 28.6.1972; BGE 101 II 177 (191) Urt. v. 3.7.1975; BGE 111 Ia 231 (233) Urt. v. 18.9.1985; BG NJW 1994, 504 (505) Urt. v. 10.7.1992

570 BGE 101 II 177 (191) Urt. v. 3.7.1975; BGE 111 Ia 231 (233 f.) Urt. v. 18.9.1985

571 Kehl S. 59

572 Kehl S. 62

573 Knellwolf S. 116

II. Widerrechtliche Verletzung als Schutzvoraussetzung

1. Verletzung der Persönlichkeit

Art. 28 ZGB gewährt den Schutz der Persönlichkeit mit den eben beschriebenen Bestandteilen gegen Verletzungen. Dieses Verletzungserfordernis stellt klar, dass nicht jeder die Persönlichkeit negativ berührende Eingriff mit Hilfe der Art. 28 ff. ZGB abgewehrt werden kann. Der Eingriff muß, um Verletzungscharakter zu besitzen, eine Intensität aufweisen[574], die über das allgemeine Lebensrisiko hinausgeht[575]. Eingriffe in das Persönlichkeitsrecht, die auf sozialadäquatem Verhalten beruhen, werden nicht vom Tatbestand des Art. 28 ZGB erfaßt[576]. So erachtete das Bundesgericht die Grenze zur Verletzung dort nicht überschritten, wo ein Presseartikel den Betroffenen zwar in negativem Zusammenhang erwähnt hatte, dadurch aber keine empfindliche Minderung des Ansehens oder eine Darstellung in falschem Licht bewirkte[577]. Ob die Grenze zur Verletzung überschritten ist, beurteilt sich nach den Umständen des Einzelfalls. Dennoch ist zu beachten, dass die von Rechtsprechung und Lehre entwickelten Schutzbereiche grundsätzlich den Rahmen verletzender Eingriffe umschreiben[578].

2. Widerrechtlichkeit der Verletzung

Eingriffe mit Verletzungsqualität sind schließlich nur dann abwehrfähig, wenn sie auch widerrechtlich erfolgen. Widerrechtlich sind Verletzungen, die durch keinen der in Art. 28 Abs. 2 ZGB genannten Rechtfertigungsgründe legitimiert sind[579]. Art. 28 Abs. 2 ZGB nennt als Rechtfertigungsgründe die Einwilligung des Verletzten, überwiegende private oder öffentliche Interessen sowie die gesetzlichen Rechtfertigungsgründe. Die so normierten Rechtfertigungsgründe galten auch schon unter dem alten Recht. Auch wenn diese Rechtfertigungsgründe in Art. 28 ZGB a.F. nicht einzeln genannt waren, so waren sie doch von Rechtsprechung und Lehre anerkannt[580].

---

574 Egger Art. 28 Rn 53; Schürmann/Nobel S. 239

575 Glaus S. 21

576 Geiser-Persönlichkeitsverletzung S. 97; Riklin S. 198

577 BG Medialex 1997 S. 32 (34) Urt. v. 31.10.1996

578 Geiser-Persönlichkeitsverletzung S. 96; Grossen S. 359

579 Bucher Rn 515; Honsell/Vogt/Geiser-ZGB-Meili Art. 28 Rn 45; Pedrazzini/Oberholzer S. 144

580 vgl. BGE 101 II 177 (196 f.) Urt. v. 3.7.1975; Grossen-Recht der Einzelpersonen S. 359

Bevor die einzelnen Rechtfertigungsgründe genauer beleuchtet werden, soll vorab gleich darauf hingewiesen werden, dass eine Persönlichkeitsverletzung, die eine Straftat gegen Persönlichkeitsgüter darstellt, auch im Sinne des Zivilrechts widerrechtlich ist[581].

a) Einwilligung gemäß Art. 28 Abs. 2 ZGB

Die rechtfertigende Einwilligung muß, um wirksam zu sein, vor dem Eingriff erklärt sein[582]. Sie setzt die Urteilsfähigkeit des Betroffenen voraus[583]. Sie bedarf keiner besonderen Form, kann also auch konkludent erfolgen[584]. Personen, die durch ihr Wirken in der Öffentlichkeit zu Personen der Zeitgeschichte zählen, erteilen jedoch allein durch ihr öffentliches Wirken keine generelle Einwilligung zur persönlichkeitsverletzenden Berichterstattung. Lediglich das, was die Person mit ihrem öffentlichen Wirken in die Öffentlichkeit stellt, kann von einer konkludenten Einwilligung erfaßt sein[585].

Die Grenze der Einwilligungsfähigkeit ergibt sich aus Art. 27 ZGB. Danach sind unklare, zeitlich und sachlich unbegrenzte sowie unwiderruflich erklärte Einwilligungen unwirksam[586].

b) Gesetzliche Rechtfertigungsgründe

Gesetzliche Rechtfertigungsgründe sind die Notwehr gemäß Art. 52 Abs. 1 OR, der Notstand gemäß Art. 52 Abs. 2 OR sowie die Selbsthilfe gemäß Art. 52 Abs. 3 OR. Diese Rechtfertigungsgründe erhalten bei Persönlichkeitsverletzungen, die keine Eingriffe in die körperliche Integrität enthalten, kein eigenständiges Gewicht, da sie eine Abwägung privater Interessen erfordern, wie sie nach Art. 28 Abs. 2 ZGB ohnehin geboten ist[587].

c) Überwiegende private oder öffentliche Interessen i.S.d. Art. 28 Abs. 2 ZGB

Die Rechtfertigung ist gemäß Art. 28 Abs. 2 ZGB möglich aufgrund privater oder öffentlicher Interessen, die das Interesse auf Wahrung der Persönlichkeits-

---

581 Geiser-Persönlichkeitsverletzung S. 11; Riklin S. 200

582 Geiser-Persönlichkeitsverletzung S. 133; Tercier Rn 638

583 Metzger S. 96

584 Bucher Rn 519; Geiser-Persönlichkeitsverletzung S. 123

585 Geiser-Persönlichkeitsverletzung S. 124

586 Geiser-Persönlichkeitsverletzung S. 124 f.; Riemer-Personenrecht S. 134

587 Geiser-Persönlichkeitsverletzung S. 172, 173

rechte überwiegen. Private Interessen im Sinne dieser Vorschrift sind die von Einzelpersonen. Öffentliche Interessen sind solche, die einer Vielzahl von Personen oder der Allgemeinheit dienen[588].

aa) Private Interessen

Berücksichtigungsfähige private Interessen sind die des Verletzers oder die des Opfers[589]. Rechtfertigende Interessen des Opfers bei Persönlichkeitsverletzungen sind ausschließlich im Medizinalbereich zu finden. So wird ein notwendiger medizinischer Eingriff im Fall der Unfähigkeit des Betroffenen zur Erklärung der Einwilligung durch das eigene Interesse des Betroffenen an körperlicher Unversehrtheit gerechtfertigt[590].

Private Interessen des Verletzers sind berücksichtigungsfähig, wenn ihre Verfolgung von der Rechtsordnung anerkannt ist[591]. Beispiel dafür ist das gutgläubige Äußern einer persönlichkeitsverletzenden Behauptung in einem Gerichtsverfahren zum Zweck der Verteidigung eigener schutzwürdiger Belange[592]. Ein besonderes privates Interesse ist zudem die Wahrnehmung des Rechts auf persönliche Entfaltung, etwa durch die Veröffentlichung eines Kunstwerks[593].

Diese anerkannten privaten Interessen müssen im Konfliktfall mit dem Interesse der persönlichen Integrität abgewogen werden. Sie genießen also keinesfalls absoluten Vorrang[594].

bb) Öffentliche Interessen - das Informationsinteresse

Von den öffentlichen Interessen ist hier insbesondere im Zusammenhang mit Medienberichterstattungen das öffentliche Interesse an der Information durch die Medien zu beachten.

---

588 Bucher Rn 535; Geiser-Persönlichkeitsverletzung S. 136

589 Bucher Rn 536; Geiser-Persönlichkeitsverletzung S. 139, 141

590 Bucher Rn 537

591 Bucher Rn 536

592 Bucher Rn 539

593 BGE 117 Ia 472 (478) Urt. v. 14.11.1991 (zur Meinungsfreiheit); BGE 120 II 225 (227) Urt. v. 15.8.1994; Geiser-Persönlichkeitsverletzung S. 144 f.

594 BGE 70 II 127 (134) Urt. v. 20.7.1944; BGE 120 II 225 (227) Urt. v. 15.8.1994; Müller S. 114

(1) Verfassungsrechtlich garantierte Meinungs- und Pressefreiheit

Dieses Interesse wird aus den Art. 55 und 55bis der Bundesverfassung der Schweizerischen Eidgenossenschaft vom 29. Mai 1874 (BV) abgeleitet[595].

Die in Art. 55 BV garantierte Pressefreiheit ist als besondere Ausprägung der Meinungsfreiheit anzusehen[596]. Die Meinungsfreiheit wurde vom Bundesgericht als ungeschriebenes Grundrecht anerkannt[597]. Durch die Pressefreiheit wird die Herstellung und Verbreitung von Druckerzeugnissen gewährleistet[598]. Träger dieses Grundrechts sind natürliche und juristische Personen, die an der Herstellung und an der Verbreitung von Druckerzeugnissen beteiligt sind[599].

Die verfassungsrechtliche Stellung von Radio- und Fernsehfunk ergibt sich heute aus Art. 55bis BV, einer Vorschrift, die im Jahr 1984 aufgrund einer Volksabstimmung in die Bundesverfassung eingefügt wurde. Art. 55bis BV gewährleistet für die Rundfunkveranstalter hinsichtlich der Programmgestaltung die Unabhängigkeit gegenüber dem Staat. Die Programmgestaltung muß aber dem durch Art. 55bis Abs. 2 BV beschriebenen Leistungsauftrag entsprechen. Die Vorschrift des Art. 55bis Abs. 3 BV dient der Verwirklichung der Meinungsfreiheit im Rundfunkwesen[600], stellt aber kein eigenständiges Grundrecht der Rundfunk- und Fernsehfreiheit dar[601]. So ist die Meinungsfreiheit der einzelnen Programmschaffenden auch nur im Rahmen des genannten Leistungsauftrags garantiert[602]. Aus dem Grundsatz der Unabhängigkeit in Art. 55bis Abs. 3 BV ergibt sich aber die Notwendigkeit, dem einzelnen Mitarbeiter eine schöpferische Arbeit zu ermöglichen[603].

(2) Drittwirkung der Grundrechte in der Schweiz

Die Grundrechte der Bundesverfassung schützen den Einzelnen vor staatlichen Eingriffen[604]. Eine direkte Drittwirkung der Grundrechte im Verhältnis zwi-

---

595 Bucher Rn 540; Pedrazzini/Oberholzer S. 148; Schürmann/Nobel S. 243

596 Müller S. 93

597 BGE 91 I 480 (486 f.) Urt. v. 31.3.1965

598 BGE 96 I 586 (588 f.) Urt. v. 24.6.1970

599 Müller S. 128

600 Müller S. 205

601 Vonlanthen S. 525; Schürmann/Nobel S. 90

602 Müller S. 207, Schürmann/Nobel S. 101

603 Müller S. 209 f.

604 Geiser-Persönlichkeitsverletzung S. 10; Hempel S. 154; Metzger S. 8

schen den Bürgern besteht nach schweizerischem Recht nicht[605]. Aus dem Erfordernis einer homogenen Rechtsordnung wird jedoch gefolgert, dass auch privatrechtliche Interessenkonflikte entsprechend der verfassungsrechtlichen Ordnung zu lösen sind[606]. Dementsprechend ist auch in der Schweiz eine mittelbare Drittwirkung der Grundrechte zwischen Privaten anerkannt[607]. Für die Meinungs- und Pressefreiheit gilt daher, dass bei Kollisionen mit dem privatrechtlichen Persönlichkeitsrecht die verfassungskonforme Auslegung entscheiden muß. Die privatrechtlichen Vorschriften zum Persönlichkeitsschutz sind dabei unter Berücksichtigung von Meinungs- und Pressefreiheit sowie unter Berücksichtigung des Medienauftrags, der die Information der Öffentlichkeit zum Gegenstand hat, auszulegen[608].

(3) EMRK als weitere Grundlage der Meinungsfreiheit

Auch die Grundrechte der Europäischen Menschenrechtskonvention (EMRK) haben in der schweizerischen Rechtsordnung Verfassungsrang[609]. Im Verhältnis zu den durch die Bundesverfassung gewährleisteten Grundrechten kommt ihnen jedoch dann keine praktische Bedeutung zu, wenn sie mit diesen deckungsgleich sind oder hinter ihnen zurückbleiben[610].

Die Schweizerische Bundesverfassung enthält auch ungeschriebene Grundrechte, wie das soeben erwähnte Recht auf Meinungsfreiheit[611] und das Recht auf Freiheit der Person[612]. Insbesondere zur Konkretisierung des Inhalts dieser Grundrechte werden die entsprechenden Rechte der EMRK herangezogen[613]. Sofern die Grundrechte der persönlichen Freiheit und der Meinungsfreiheit bei der Beurteilung von Persönlichkeitsverletzungen abgewogen werden müssen, erlangen daher auch die Vorschriften der EMRK zum Schutz der Privatsphäre in Art. 8 Abs. 1 EMRK und zum Schutz der Meinungsäußerungsfreiheit in Art. 10 Abs. 1 EMRK Bedeutung[614].

---

605 Hempel S. 154

606 Geiser-Persönlichkeitsverletzung S. 11; Müller S. 106

607 BGE 107 Ia 277 (280 f.) Urt. v. 27.5.1981; BGE 111 II 209 (213) Urt. v. 2.5.1985; Geiser-Persönlichkeitsverletzung S. 152

608 BGE 107 Ia 277 (280 f.) Urt. v. 27.5.1981; Bucher Rn 540; Müller S. 106 u. 136

609 Vonlanthen S. 202

610 Vonlanthen S. 202

611 Müller S. 89

612 BGE 89 I 92 (97 f.) Urt. v. 20.3.1963; BGE 106 Ia 33 (35) Urt. v. 25.6.1980

613 BGE 106 Ia 33 (35) Urt. v. 25.6.1980; BGE 120 II 76 (82) Urt. v. 25.2.1994

614 vgl. BGE 120 II 76 (82) Urt. v. 25.2.1994

Neben dem Informationsinteresse können die Medien für ihre Veröffentlichungen unter Umständen auch die vom Verfassungsrecht anerkannten Rechte auf Freiheit der Forschung und auf Gewährleistung kulturellen Lebens geltend machen[615].

cc) Allgemeine Interessenabwägung

Wie schon die Formulierung des "überwiegenden Interesses" ausdrückt, wirken die soeben erwähnten Interessen keinesfalls als absolute Rechtfertigung von Persönlichkeitsverletzungen. Entsprechend der angerissenen verfassungsrechtlichen Grundlagen betont das Bundesgericht in seiner Rechtsprechung die Notwendigkeit der Abwägung zwischen dem Informationsinteresse und dem Persönlichkeitsrecht[616].

Die Interessenabwägung zwischen privatem oder öffentlichem Interesse gegenüber dem Persönlichkeitsrecht beginnt mit der Frage, ob mit der persönlichkeitsverletzenden Handlung das verfolgte Interesse überhaupt gefördert werden kann und zu diesem Zweck auch erforderlich ist[617]. Sodann ist in jedem Einzelfall abzuwägen, ob der Vorteil für das verfolgte Interesse höherwertig ist als der Nachteil, den die Persönlichkeitsverletzung für den Betroffenen mit sich bringt[618].

dd) Abwägung mit den Interessen der Medien

Die geschilderten Grundsätze zum Abwägungsvorgang gelten selbstverständlich auch im Bereich der Presse und der sonstigen Medien. Daher läßt sich sagen, dass die Veröffentlichung unzutreffender Tatsachenbehauptungen oder unvertretbarer Werturteile nie gerechtfertigt ist, da dem Informationsauftrag damit nie gedient wird[619].

Etwas modifiziert sind die Maßstäbe allerdings bei der Bewertung von Satire und Karrikatur. Als Grundsatz wird festgestellt, dass Satire und Karrikatur stets

---

615 BGE 109 II 353 (358, 362) Urt. v. 9.6.1983; Bucher Rn 540, 546 f.; Geiser-Persönlichkeitsverletzung S. 142

616 BGE 95 II 481 (492 f.) Urt. v. 21.3.1969; BGE 107 Ia 277 (280) Urt. v. 27.5.1981

617 BGE 120 II 225 (227) Urt. v. 15.8.1994; Geiser-Persönlichkeitsverletzung S. 143; Pedrazzini/Oberholzer S. 145

618 Geiser-Persönlichkeitsverletzung S. 136

619 für unwahre Tatsachenbehauptungen: BGE 111 II 209 (214) Urt. v. 2.5.1985; BGE 119 II 97 (104) Urt. v. 25.3.1993;
für unvertretbare Werturteile: BGE 106 II 92 (98 f.) Urt. v. 8.5.1980; Bucher Rn 542

hinzunehmen sind, auch wenn sie als taktlos und unanständig empfunden werden. Persönlichkeitsverletzend seien die in Satire und Karrikatur enthaltenen Verfremdungen und Übertreibungen erst, wenn die Grenzen des Genre in unerträglichem Maße überschritten werden[620]. Verglichen mit der Praxis des deutschen Bundesverfassungsgerichts wird diese Grenze jedoch schnell überschritten, wie folgendes Beispiel aus der Rechtsprechung des Schweizerischen Bundesgerichts verdeutlichen soll.

So wurde eine Karrikatur als ehrverletzend empfunden, die einen Reiseveranstalter betraf, der Reisen in diktatorisch regierte Länder organisierte[621]. Zwar räumte das Bundesgericht zugunsten des Verletzers ein, dass die aus der Karrikatur erkennbaren Aussagen mit Bezug auf das betroffene Reiseunternehmen wahr gewesen seien[622]. Dennoch sah es eine Ehrverletzung darin, dass sich die Karrikatur nur auf einen von mehreren Reiseveranstaltern bezog, die Reisen in die genannten Länder anboten, die anderen Veranstalter aber unbehelligt ließ[623]. Weiterhin war der aus dem satirischen Begleittext hervorgerufene Eindruck entscheidend für die Bewertung als Ehrverletzung. Das Bundesgericht war der Auffassung, dass der Begleittext den Eindruck vermittelte, das Reiseunternehmen mache sich mit der durch den Verkauf der Reisen verbundenen Beschaffung von Devisen zum aktiven Unterstützer der genannten Diktaturen. Dadurch würde beim Publikum nicht hinnehmbare Geringschätzung und Abscheu gegenüber dem betroffenen Unternehmen erzeugt[624].

III. Rechtsbehelfe bei Persönlichkeitsverletzungen gemäß Art. 28 ZGB

Mit der Neufassung der Art. 28 ff. ZGB im Jahr 1985 wurden in Art. 28a Abs. 1 ZGB die besonderen Rechtsbehelfe gegen Persönlichkeitsverletzungen detailliert geregelt. Vorher ergaben sich diese Rechtsbehelfe lediglich mittelbar aus Art. 28 ZGB a.F.[625]. Neben diesen besonderen Rechtsbehelfen sind in Art. 28a Abs. 3 ZGB die allgemein geregelten Ansprüche auf Schadenersatz, Genugtuung und Herausgabe des Gewinns vorgesehen. Zusätzlich regeln die Art. 28c-28l ZGB vorsorgliche Maßnahmen und das Gegendarstellungsrecht.

---

620 BG Medialex 1995 S. 48 (49) Urt. v. 19.12.1994; Tribunal cantonal du Valais ZWR 1984, 213 (217 ff.) Urt. v. 29.6.1983; Barrelet Rn 1321; Honsell/Vogt/Geiser-ZGB-Meili Art. 28 Rn 51; Schürmann/Nobel S. 244

621 BGE 95 II 481 ff. Urt. v. 21.3.1969

622 BGE 95 II 481 (494) Urt. v. 21.3.1969

623 BGE 95 II 481 (495) Urt. v. 21.3.1969

624 BGE 95 II 481 (495) Urt. v. 21.3.1969

625 genannt bei: Grossen-Recht der Einzelpersonen S. 359-361

1. Ansprüche gemäß Art. 28a Abs. 1 ZGB

In Art. 28a Abs. 1 ZGB werden die negatorischen Ansprüche zusammengefaßt, die unabhängig vom Verschulden bei Persönlichkeitsverletzungen gegeben sind. Sie sind auf die Abwehr der Persönlichkeitsverletzung selbst gerichtet[626].

a) Unterlassungsanspruch

Gegen ernsthaft drohende zukünftige Persönlichkeitsverletzungen kann gemäß Art. 28a Abs. 1 Ziff. 1 ZGB klageweise Unterlassung begehrt werden[627]. Der Antrag muß die zu verbietende Verletzungshandlung genau bezeichnen[628].

b) Beseitigungsanspruch

Mit der Klage auf Beseitigung gemäß Art. 28a Abs. 1 Ziff. 2 ZGB kann die Beseitigung der durch die Persönlichkeitsverletzung bewirkten Störungen verlangt werden.

Einen Schwerpunkt der Beseitigungsklagen bei Persönlichkeitsverletzungen bildet das Begehren auf Richtigstellung unwahrer Behauptungen[629], welches in Art. 28a Abs. 2 ZGB speziell vorgesehen ist. Voraussetzung des Anspruchs ist ein auf einer Persönlichkeitsverletzung beruhender Störungszustand[630], der einer Beseitigung zugänglich ist[631]. Daneben kann zur Störungsbeseitigung verlangt werden, die Verbreitung weiterer im Handel befindlicher Vervielfältigungsstücke zu unterbinden[632] oder Vorlagen und Vervielfältigungsmaterial zu vernichten bzw. unbrauchbar zu machen[633].

c) Feststellungsklage

Die Feststellungklage gemäß Art. 28a Abs. 1 Ziff. 3 ZGB dient der Feststellung, dass eine Verletzung widerrechtlich ist und dass der Beklagte an ihr mitgewirkt hat. Sie ist für solche Fälle vorgesehen, bei denen der störende Zustand

---

626 Bucher Rn 560

627 BGE 97 II 97 (108) Urt. v. 3.6.1971; Bucher Rn 572; Schürmann/Nobel S. 246

628 BGE 97 II 92 (93) Urt. v. 2.3.1971; Honsell/Vogt/Geiser-ZGB-Meili Art. 28a Rn 2

629 BGE 104 II 1 (2 f.) Urt. v. 9.2.1978; BGE 106 II 92 (101 f.) Urt. v. 8.5.1980; Honsell/Vogt/Geiser-ZGB-Meili Art. 28a Rn 13

630 Geiser-Persönlichkeitsverletzung S. 188

631 Honsell/Vogt/Geiser-ZGB-Meili Art. 28a Rn 2

632 Bucher Rn 575

633 Honsell/Vogt/Geiser-ZGB-Meili Art. 28a Rn 5; Riklin S. 215

selbst nicht beseitigt werden kann, etwa weil die persönlichkeitsverletzende Medienveröffentlichung die Adressaten unumkehrbar erreicht hat.

Der Feststellungsanspruch erfordert eine andauernde störende Wirkung einer abgeschlossenen Verletzungshandlung[634]. Eine solche Wirkung liegt etwa darin, dass eine erfolgte Veröffentlichung weiterhin für ein falsches Vorstellungsbild bei den Empfängern sorgt[635]. Es ist in diesem Sinn ein rechtlich erhebliches Feststellungsinteresse erforderlich[636].

d) Publikationsanspruch

Zur Verwirklichung von Beseitigungs- und Feststellungsanspruch kann der Verletzte gemäß Art. 28a Abs. 2 ZGB die Veröffentlichung einer Berichtigung oder des entsprechenden Urteils verlangen[637].

2. Schadenersatz, Genugtuung und Herausgabe des Gewinns

In Art. 28a Abs. 3 ZGB wird klargestellt, dass die speziellen Ansprüche des Art. 28a Abs. 1 ZGB bei Persönlichkeitsverletzungen nicht abschließend sind, sondern auch die Klagen auf Schadenersatz, Genugtuung und Gewinnherausgabe erhoben werden können.

a) Schadenersatz

Schadenersatzansprüche wegen materieller Schäden infolge Persönlichkeitsverletzungen gewährt Art. 28a Abs. 3 ZGB i.V.m. Art. 41 OR. Voraussetzung dieses Schadenersatzanspruchs ist eine rechtswidrige schuldhafte Persönlichkeitsverletzung.

b) Genugtuungsanspruch

Zum Ausgleich immaterieller Schäden infolge Tötung und Körperverletzung dient der auf Geldzahlung gerichtete Genugtuungsanspruch in Art. 47 OR. Bei sonstigen Persönlichkeitsverletzungen kann Genugtuung aufgrund Art. 28a Abs. 3 ZGB i.V.m. Art. 49 OR beansprucht werden.

---

634 BGE 120 II 371 (373) Urt. v. 21.12.1994

635 BGE 122 II 449 (453) Urt. v. 21.11.1996

636 Riklin S. 215

637 Bucher Rn 581

Diese Ansprüche setzen jeweils eine widerrechtliche Persönlichkeitsverletzung voraus, die schwere physische, psychische oder seelische Leiden verursacht hat[638]. Zudem ist Voraussetzung, dass dieses Leiden nicht schon auf andere Art, etwa durch eine Entschuldigung oder Rücknahme einer verletzenden Äußerung wiedergutgemacht wurde[639]. Ob zudem das Verschulden des Verletzers erforderlich ist, wird nicht einheitlich beurteilt. Teile der Rechtsprechung und der Lehre verneinen das Verschuldenserfordernis mit dem Argument, dass es in Art. 49 OR nicht genannt sei[640]. Andere setzen für den Genugtuungsanspruch das Verschulden des Verletzten voraus. Begründet wird dies mit dem für das gesamte Haftungsrecht gültigen Art. 41 OR, der für die Haftung auf Schadenersatz aus unerlaubter Handlung generell Verschulden voraussetzt[641].

c) Herausgabe des Gewinns

Weiterhin gewährt Art. 28a Abs. 3 ZGB dem Opfer einer widerrechtlichen Persönlichkeitsverletzung nach den Vorschriften der Geschäftsführung ohne Auftrag einen Anspruch auf den aus der Verletzung resultierenden Gewinn. Anspruchsgrundlage ist dafür insbesondere die Regelung der Geschäftsanmaßung in Art. 423 OR[642]. Dieser Anspruch soll nach einer im Schrifttum geäußerten Auffassung insbesondere gewährleisten, dass Presseorganen, die mit persönlichkeitsverletzenden Veröffentlichungen auf Auflagensteigerungen abzielen, der finanzielle Anreiz dazu genommen wird[643].

Ungeklärt ist, welche Arten von Persönlichkeitsverletzungen den Gewinnherausgabeanspruch nach sich ziehen können. Einhellig zugestanden wird der Anspruch bei Verletzungen, die eine marktmäßige Verwertung der Persönlichkeit darstellen, die der Verletzte durchaus selbst vorgenommen haben könnte oder in die seine Einwilligung denkbar erscheint. Solche Handlungen können grundsätzlich als fremdes Geschäft i.S.d. Art. 423 OR bewertet werden[644]. Beispiele für solche Handlungen sind die unbefugte Werbung mit Name[645], Bildnis oder Image, sowie die Veröffentlichung von privaten Fakten[646]. Dagegen sollen

---

638 Bucher Rn 603; Geiser-Persönlichkeitsverletzung S. 222

639 Honsell/Vogt/Geiser-ZGB-Meili Art. 28a Rn 17; Riklin S. 217

640 BGE 120 II 97 (99) Urt. v. 12.1.1994; Geiser in SJZ 1996, 73 (78)

641 BG Medialex 1995 S. 49 (50) Urt. v. 19.12.1994; Barrelet Rn 1370; Bucher Rn 604; Pedrazzini/Oberholzer S. 160; Riklin S. 216

642 Bucher Rn 605; Honsell/Vogt/Geiser-ZGB-Meili Art. 28a Rn 18; Riklin S. 218

643 Bucher Rn 134

644 Nietlispach S. 427 f.

645 Lack S. 214

646 Geiser-Persönlichkeitsverletzung S. 252; Nietlispach S. 427 f.

nach Auffassung Geisers und Nietlispachs Verletzungen der Ehre und des Rechts auf Wahrheit sowie die Veröffentlichung voyeristischer Aufnahmen aus dem engsten Privatberereich keine Geschäftsführung i.S.d. Art. 423 OR darstellen. Es sei nämlich absurd, in solchen Fällen von Handlungen zu sprechen, die dem Verletzten selbst vorbehalten seien[647]. Geiser und Nietlispach schließen den Gewinnherausgabeanspruch daher in solchen Fällen aus[648]. Andere hingegen klammern solche Tatbestände für den Gewinnherausgabeanspruch nicht aus[649]. Nach dieser anderen Auffassung soll für den Anspruch nach Art. 28a Abs. 3 ZGB i.V.m. Art. 423 OR allein maßgeblich sein, dass aus der Nutzung der fremden Persönlichkeit ein Gewinn resultiert[650].

Einen weiteren Streitpunkt bildet die Frage, ob der Anspruch das Verschulden oder die Bösgläubigkeit des Verletzers voraussetzt. Obwohl weder Art. 28a Abs. 3 ZGB noch Art. 423 OR das eine oder das andere zur Voraussetzung machen, plädieren Stimmen aus der Lehre dafür, nur den bösgläubigen Geschäftsführer zur Gewinnherausgabe zu verpflichten[651]. Andere fordern diese Voraussetzung im Einklang mit der Rechtsprechung[652] nicht, betrachten den Anspruch vielmehr als verschuldensunabhängig[653].

Das entscheidende Problem bei der praktischen Durchsetzung dieses Anspruchs liegt jedoch in seiner Bezifferung[654]. Der Verletzte hat nachzuweisen, dass der Verletzer aufgrund der Persönlichkeitsverletzung einen Gewinn in bestimmter Höhe erzielt hat[655]. Über diese Schwierigkeit hilft auch der Rechnungslegungsanspruch gemäß Art. 2 Abs. 1 ZGB oder die Möglichkeit der Schadensschätzung nach Art. 42 S. 2 ZGB kaum hinweg. So ist denn auch keine Entscheidung aus der Rechtsprechung dokumentiert, die für den Fall der Persönlichkeitsverletzung einen Gewinnherausgabeanspruch zuerkannt und beziffert hat.

---

647 Nietlispach S. 428; Schaufelberger S. 243

648 Geiser-Persönlichkeitsverletzung S. 252; Nietlispach S. 428

649 Bucher Rn 605; Honsell/Vogt/Geiser-ZGB-Meili Art. 28a Rn 18; Schmid ZBJV Bd. 131, 261 (274 f.)

650 Schmid ZBJV Bd. 131, 261 (274 f.)

651 Nietlispach S. 123; Riklin S. 218; Schmid ZBJV Bd. 131, 261 (274)

652 BGE 97 II 169 (177 f.) Urt. v. 16.3.1971; Handelsgericht Bern SMI 1992 S. 359 (361) Urt. v. 13.2.1991

653 Barrelet Rn 1375; Bucher Rn 605; Pedrazzini/Oberholzer S. 161; Tercier Rn 2135

654 Bucher Rn 605; Riklin S. 218 f.; Schürmann/Nobel S. 251

655 Riklin S. 218; Schürmann/Nobel S. 251

d) Bereicherungsanspruch

Als praktikablerer Weg wird von Teilen des Schrifttums die Geltendmachung eines Anspruchs aus ungerechtfertigter Bereicherung gemäß Art. 62 OR angesehen[656]. Allerdings scheinen die Grundsätze der Rechtsprechung zu Art. 62 OR, insbesondere zum Erfordernis der Vermögensverschiebung, diesem Anspruch entgegenzustehen. Unter den Befürwortern des Anspruchs besteht darüberhinaus keine Einigkeit hinsichtlich der erfaßten Verletzungsformen sowie über die Bemessung der herauszugebenden Bereicherung[657]. Ein Teil des Schrifttums möchte Art. 62 OR auf alle Arten von Persönlichkeitsverletzungen anwenden. Insbesondere sollen alle auf Medienveröffentlichungen beruhenden Verletzungen erfaßt sein[658]. Ein anderer Teil möchte die Anwendung von Art. 62 OR auf die Verletzung kommerzialisierter Persönlichkeitswerte beschränken[659]. Dabei fällt auf, dass die uneingeschränkte Anwendung des Bereicherungsanspruchs gerade von denen für zulässig erachtet wird, die den Anspruch aus Geschäftsführung ohne Auftrag auf die Verletzung kommerzialisierter Persönlichkeitswerte beschränken.

Einen weiteren Streitpunkt bildet die Anspruchsbemessung. So sieht ein Teil des Schrifttums den durch den Eingriff erzielten Nettogewinn als Anspruchsgegenstand[660]. Andere dagegen sehen als Anspruchsgegenstand die fiktive Lizenzgebühr, die der Verletzer bei unterstellter Einwilligung an den Verletzten zu zahlen hätte[661].

3. Anspruchsverpflichtete

Verpflichteter des Gegendarstellungsanspruchs ist das Medienunternehmen, das die betreffenden Tatsachen veröffentlicht hat[662]. Die anderen Ansprüche richten sich grundsätzlich gegen die an der Persönlichkeitsverletzung Beteiligten. Dies sind bei Verletzungen durch die Medien, wo naturgemäß mehrere mitwirken, alle, die an der Veröffentlichung mitwirken. Dazu zählen das Medienunternehmen selbst, die Redakteure, die Journalisten, Moderatoren und

---

656 Geiser-Persönlichkeitsverletzung S. 260, 263; Nietlispach S. 430; Pedrazzini/Oberholzer S. 161; Riklin S. 219; Seemann S. 196

657 Geiser-Persönlichkeitsverletzung S. 260; Nietlispach S. 430

658 Geiser-Persönlichkeitsverletzung S. 260; Nietlispach S. 430

659 Schluep S. 200

660 Nietlispach S. 430 (bei Verletzerverschulden); Pedrazzini/Oberholzer S. 161; Schluep S. 206

661 Riklin S. 219; Schmid ZBJV Bd. 131, 261 (275)

662 Riklin S. 235; Schürmann/Nobel S. 268

sonstige Mitwirkende[663]. Der Anspruch aus Geschäftsführung ohne Auftrag und der Anspruch aus ungerechtfertigter Bereicherung kommt dabei nur gegenüber den unmittelbar vom Gewinn oder der Bereicherung begünstigten Personen in Betracht.

Juristische Personen haften für das Verhalten ihrer Organe über Art. 55 ZGB[664]. Gleiches gilt für Kollektivgesellschaften gemäß Art. 567 Abs. 3 OR, für Kommanditgesellschaften gemäß Art. 603, 563 OR und für die einfache Gesellschaft gemäß Art. 12 ZGB, 563 OR hinsichtlich des Verhaltens der Gesellschafter[665]. Im Bereich des Schadenersatzes und der Genugtuungsansprüche besteht eine Haftung des Geschäftsherrn gemäß Art. 55 OR für Hilfspersonen, sofern der Entlastungsbeweis nach Art. 55 Abs. 1 OR nicht gelingt.

IV. Ergänzung der Art. 28 ff. ZGB durch das Bundesgesetz zum Datenschutz

1. Anwendbarkeit des DSG auf Medienveröffentlichungen

Wie oben unter A. II. 4. erwähnt, ergänzt und konkretisiert das 1992 eingeführte DSG die Regelungen zum Persönlichkeitsschutz in den Art. 28 ff. ZGB. Keinesfalls schließt das DSG die Anwendung der Art. 28 ff. ZGB aus, noch verkürzt es den dort verankerten Persönlichkeitsschutz.

Der Anwendungsbereich des DSG erfaßt gemäß Art. 2 DSG auch die Bearbeitung von Personendaten durch die Medien[666]. Dies meint nach Art. 3 lit. e und lit. f DSG auch die Veröffentlichung von Personendaten. Personendaten i.S.d. DSG sind laut Art. 3 lit. a DSG alle Angaben, die sich auf eine bestimmte oder auf eine bestimmbare Person beziehen. Angaben sind alle Informationen über die Person, egal ob der Informationsträger das Wort, das Bild, der Ton oder eine Kombination aus diesen ist[667]. Unter diese Definition fallen Tatsachenbehauptungen ebenso wie Werturteile[668].

---

663 BGE 103 II 161 (166) Urt. v. 3.6.1977 (bzgl. Herausgeber); BGE 106 II 92 (99) Urt. v. 8.5.1980 (bzgl. Herausgeber und Verfasser); BGE 113 II 213 (216) Urt. v. 18.6.1987; Bucher Rn 567; Pedrazzini/Oberholzer S. 154; Riklin S. 224; Schürmann/Nobel S. 238 f.

664 Riemer-Persönlichkeitsschutz und Presse S. 235; Riklin S. 224

665 Oftiger/Stark 1. Bd. S. 199

666 Glaus S. 37; Maurer/Vogt-DSG-Hünig Art. 13 Rn 22; Maurer/Vogt-DSG-Jungo Art. 10 Rn 4; Pedrazzini in Schweizer S. 25; Schürmann/Nobel S. 62

667 Glaus S. 54; Maurer/Vogt-DSG-Belser Art. 3 Rn 5; Peter S. 72

668 Maurer/Vogt-DSG-Belser Art. 3 Rn 5; Peter S. 84

2. Besonderheiten des Schutzes nach dem DSG

Da die Regelungen des DSG den Persönlichkeitsschutz der Art. 28 ZGB ergänzen sollen, bedient sich das DSG der gleichen Regelungstechnik wie die Art. 28 ff. ZGB[669]. So bestimmt Art. 12 Abs. 1 DSG generalklauselartig das Verbot für widerrechtliche, durch die Bearbeitung von Personendaten erfolgenden, Persönlichkeitsverletzungen. Art. 13 DSG führt die Rechtfertigungsgründe auf. Diese stimmen mit denen des Art. 28 Abs. 2 ZGB überein. Art. 15 Abs. 1 DSG schließlich verweist für die Rechtsfolgen bei Persönlichkeitsverletzungen auf die Art. 28 - 28l ZGB. Darüberhinaus enthält das DSG aber konkretere Regelungen zu Verletzungstatbeständen und zur Rechtfertigung.

a) Konkretisierung des Verletzungstatbestands durch Art. 12 Abs. 2, 3 DSG

Durch Art. 12 Abs. 2 DSG werden bestimmte Tatbestände als Persönlichkeitsverletzungen qualifiziert. So wird durch Art. 12 Abs. 2 lit. a i.V.m. Art. 4 Abs. 1 DSG die Bearbeitung von rechtswidrig beschafften Personendaten verboten. Rechtswidrige Datenbeschaffung meint dabei die Beschaffung entgegen den Normen des Strafrechts oder entgegen anderen persönlichkeitsschützenden Normen[670]. Beispiel dafür ist die Veröffentlichung einer durch Einbrechen in die Privatsphäre erlangten Bild- oder Tonaufnahme.

Art.12 Abs. 2 lit. a i.V.m. Art. 4 Abs. 2 DSG bestimmt jede gegen Treu und Glauben verstoßende und unverhältnismäßige Bearbeitung als Persönlichkeitsverletzung. Gegen Treu und Glauben verstößt etwa das Erschleichen von Personendaten durch Belauschen eines vertraulichen Gesprächs. Als unverhältnismäßig gilt die Bearbeitung, die im Hinblick auf den Bearbeitungszweck in keinem vernünftigen Verhältnis zur Beeinträchtigung der Persönlichkeit steht[671].

Durch Art. 12 Abs. 2 lit. a i.V.m. Art. 4 Abs. 3 DSG wird die Zweckbindung der Bearbeitung von Personendaten gewährleistet. Danach dürfen Personendaten nur zu dem Zweck verwendet werden, der bei der Erlangung der Daten angegeben wurde[672].

Art. 12 Abs. 2 lit. a i.V.m. Art. 5 Abs. 1 DSG stellt im Rahmen der Datenbearbeitung das sogenannte Richtigkeitsgebot auf. Hiernach stellt jede Veröffent-

---

669 Glaus S. 38; Peter S. 71

670 Maurer/Vogt-DSG-Maurer Art. 4 Rn 6

671 Glaus S. 40; Maurer/Vogt-DSG-Maurer Art. 4 Rn 12

672 Glaus S. 40; Maurer/Vogt-DSG-Maurer Art. 4 Rn 15; Steinauer in Schweizer S. 46

lichung unrichtiger Tatsachenbehauptungen über eine Person in den Medien eine Persönlichkeitsverletzung dar[673].

Art. 12 Abs. 2 lit. b DSG untersagt die Bearbeitung von Personendaten gegen den ausdrücklichen Willen des Betroffenen. Damit wurde das informationelle Selbstbestimmungsrecht verankert[674]. Voraussetzung dieses Schutzes ist, dass der Betroffene sein Verbot ausdrücklich ausgesprochen hat und sich dieses Verbot auf eine bestimmte Form der Bearbeitung bezieht[675]. Dieses Verbot kann sich gemäß Art. 12 Abs. 3 DSG auch auf Personendaten beziehen, die der Betroffene vorher allgemein zugänglich gemacht hat[676].

Schließlich verbietet Art. 12 Abs. 2 lit. c DSG die Bekanntgabe und damit auch die Veröffentlichung von besonders schützenswerten Personendaten und Persönlichkeitsprofilen i.S.d. Art. 3 lit. c und lit. d DSG. Zu diesen Daten zählen insbesondere jene aus der Privat- und Geheimsphäre und solche, die geeignet sind, die Ehre zu beeinträchtigen[677].

Anzumerken bleibt, dass die von Art. 12 Abs. 2 DSG nicht erfaßten Persönlichkeitsverletzungen, wie etwa die Verletzung der Pietät, weiterhin Schutz durch Art. 28 ZGB genießen[678]. Medienveröffentlichungen, die Ansehen, Ehre oder das Privatleben Verstorbener betreffen, sind also weiterhin an Art. 28 ff. ZGB zu messen[679].

b) Konkretisierung zu den Rechtfertigungstatbeständen in Art. 13 DSG

Neben der in Art. 13 Abs. 1 DSG enthaltenen allgemeinen Regelung zur Rechtfertigung enthält Art. 13 Abs. 2 DSG Konkretisierungen zu den im Rahmen der Rechtfertigung zu berücksichtigenden Interessen der datenbearbeitenden Person. Für den Medienbereich sind insbesondere die Art. 13 Abs. 2 lit. d und lit. f DSG von Bedeutung.

Gemäß Art. 13 Abs. 2 lit. d DSG ist das Interesse periodisch erscheinender Medien an der Datenbearbeitung im Zusammenhang mit ihren Veröffentli-

---

673 Steinauer in Schweizer S. 46

674 Glaus S. 41

675 Maurer/Vogt-DSG-Hünig Art. 12 Rn 14; Steinauer in Schweizer S. 47

676 Steinauer in Schweizer S. 47

677 Glaus S. 44

678 Glaus S. 44

679 Peter S. 73

chungen im redaktionellen Teil zu beachten. Die Berücksichtigung dieses Interesses beruht auf dem Informationsauftrag der Medien. Damit soll gewährleistet werden, dass Medien die für ihre Arbeit notwendigen Daten beschaffen und für die Veröffentlichung vorbereiten können[680]. Ohne dieses rechtfertigende Interesse würden die Medien mit ihrer redaktionellen Tätigkeit permanent gegen das DSG verstoßen. Denn es läßt sich nicht ausschließen, dass im Rahmen der Recherche aufgrund des der Aktuallität geschuldeten Zeitdrucks auch unwahre und geheimzuhaltende Daten in die Bearbeitung gelangen. Um überhaupt die wahren und die Öffentlichkeit interessierenden Daten herauszufiltern, muß den Medien die Bearbeitung solcher Daten im Vorfeld der Veröffentlichung gestattet sein[681]. Der Rechtfertigungsgrund erstreckt sich allerdings nur auf die Bearbeitung vor der Veröffentlichung, nicht dagegen auf die Veröffentlichung selbst[682]. Somit bleibt es dabei, dass die Medien nicht privilegiert sind, was die Veröffentlichung persönlichkeitsverletzender Daten betrifft.

Art. 13 Abs. 2 lit. f. DSG benennt die Sammlung von Daten aus dem öffentlichen Wirken einer Person des öffentlichen Lebens als rechtfertigungsfähiges Verhalten. Auch dies ist für die Medien im Stadium der Vorbereitung von Veröffentlichungen bedeutsam, erweitert aber nicht das oben beschriebene Spektrum zulässiger personenbezogener Berichterstattung[683].

Auch zu Art. 13 Abs. 2 DSG ist anzumerken, dass diese beispielhafte Aufzählung nicht abschließend ist, sondern Raum für weitere rechtfertigende Interessen läßt[684]. Desweiteren ist Art. 13 Abs. 2 DSG so gefaßt, dass die darin normierten Interessen nicht automatisch zur Rechtfertigung führen. Zur Feststellung der Rechtfertigung bedarf es wie bei Art. 28 Abs. 2 ZGB einer Interessenabwägung durch den Richter. Durch Art. 13 Abs. 2 DSG wird aber klargestellt, welche Interessen auf seiten des Verletzers zu berücksichtigen sind[685].

3. *Ansprüche aus dem DSG*

In Art. 15 DSG sind die aus Persönlichkeitsverletzungen resultierenden Ansprüche geregelt. Dabei verweist Art. 15 Abs. 1 DSG zunächst auf die in den Art. 28 - 281 ZGB genannten Ansprüche.

---

680 Bucher Rn 552

681 Bucher Rn 552; Glaus S. 65

682 Bucher Rn 552; Steinauer in Schweizer S. 51

683 Maurer/Vogt-DSG-Hünig Art. 13 Rn 33

684 Bucher Rn 548; Glaus S. 65; Maurer/Vogt-DSG-Hünig Art. 13 Rn 33

685 Maurer/Vogt-DSG-Hünig Art. 13 Rn 6; Steinauer in Schweizer S. 53

Zusätzlich dazu gewährt Art. 15 Abs. 1 S. 2 DSG ausdrücklich Ansprüche auf Berichtigung, Vernichtung und auf Sperrung der Bekanntgabe von Personendaten an Dritte. Durch Art. 15 Abs. 3 DSG werden Ansprüche auf Mitteilung der vorgenannten Maßnahmen bzw. des darüber ergangenen Urteils gewährt. Damit stellt Art. 15 DSG grundsätzlich keine weitergehenden Ansprüche als die Art. 28 ff. ZGB zur Verfügung. Besonderheiten bilden lediglich der in Art. 15 Abs. 2 DSG geregelte Anspruch auf Anbringung eines Bestreitungsvermerks bei Daten, von denen weder Wahrheit noch Unwahrheit dargetan werden können, sowie die damit einhergehende Mitteilungs- und Veröffentlichungspflicht aus Art. 15 Abs. 3 DSG[686].

4. Relevanz des DSG beim Persönlichkeitsschutz in der Praxis

Obwohl das DSG nunmehr seit 1992 in Kraft ist, gibt es aus dem Bereich der Persönlichkeitsverletzungen kaum Entscheidungen, die sich auf das DSG als Rechtsgrundlage stützen. Das Bewußtsein für den breiten Anwendungsbereich des DSG befindet sich offensichtlich noch in der Entwicklung.

V. Haftung der Medien nach dem UWG bei verletzender Berichterstattung

Sofern die Persönlichkeitsverletzung einen am Wirtschaftsleben Beteiligten betrifft, kommt der Schutz durch das Schweizerische Bundesgesetz gegen den unlauteren Wettbewerb (UWG) vom 19. Dezember 1986 in Betracht. Die Generalklausel des Art. 2 UWG erklärt jedes gegen Treu und Glauben verstoßende Verhalten, das das Verhältnis zwischen Mitbewerbern oder zwischen Anbietern und Abnehmern beeinflußt, als unlauter und widerrechtlich. Das UWG vom 19. Dezember 1986 ist gegenüber dem alten Gesetz bewußt so gestaltet worden, dass der Wettbewerb auch gegen Einflüsse von außerhalb des Wettbewerbs stehenden Dritten geschützt wird[687]. Damit wurde erreicht, dass auch den Wettbewerb beeinflußende Medienveröffentlichungen nach dem UWG zu beurteilen sind[688]. Für die im Rahmen dieser Untersuchung interessierenden Tatbestände persönlichkeitsverletzender Handlungen hält das UWG mit

---

686 Maurer/Vogt-DSG-Hünig Art. 15 Rn 6; Pedrazzini in Schweizer S. 86

687 BGE 120 II 76 (78) Urt. v. 25.2.1994; BGE 121 III 168 (173 f.) Urt. v. 27.4.1995; Hotz SJZ 1990, 26 (27); Nobel SJZ 1992, 245 (247); Schaltegger S. 12; Schweizerisches Immaterialgüter- und Wettbewerbsrecht Bd. 5, Teilbd. 1-Lauterkeitsrecht-Müller S. 10 und 29

688 BGE 117 IV 193 (197) Urt. v. 18.3.1991; BGE 123 III 354 (360) Urt. v. 8.7.1997; Hotz SJZ 1990, 26 (27); Nobel SJZ 1992, 245 (247); Schaltegger S. 12; Schweizerisches Immaterialgüter- und Wettbewerbsrecht Bd. 5, Teilbd. 1-Lauterkeitsrecht-Müller S. 29

Art. 3 lit. a und Art. 6 UWG Vorschriften bereit, die das in Art. 2 UWG enthaltene generalklauselartige Verbot unlauterer Handlungen konkretisieren[689].

1. Verstoß gegen Art. 3 lit. a UWG

a) Verletzungstatbestand des Art. 3 lit. a UWG

Gemäß Art. 3 lit. a UWG ist die Herabsetzung eines am Wettbewerb Beteiligten als unlautere Wettbewerbshandlung zu qualifizieren. Die Herabsetzung muß sich dabei auf den Wettbewerber selbst, seine Waren oder Leistungen oder auf die geschäftlichen Umstände beziehen, mithin für die Stellung des Betroffenen im Wettbewerb relevant sein[690]. Äußerungen im Sinne von Art. 3 lit. a UWG müssen also wettbewerbsbezogen sein [691], d.h. Einfluß auf den Wettbewerb besitzen. Der Verletzer muss dabei nicht mit der Absicht handeln, den Wettbewerb zu beeinflußen. Ausreichend ist die objektive Eignung einer Handlung, den Erfolg von Unternehmen im Wettbewerb um Abnehmer und Geschäfte zu behindern[692].

Im Sinne des UWG ist eine Äußerung herabsetzend, wenn sie geschäftsschädlich ist, d.h. den guten Ruf und die wirtschaftliche Ehre des Wettbewerbers angreift[693]. Entscheidend ist also, ob die Äußerung geeignet ist, bei ihrem Adressaten falsche Vorstellungen über den Wettbwerber hervorzurufen[694]. Dieser Angriff kann gemäß Art. 3 lit. a UWG durch unrichtige, irreführende oder unnötig verletzende Äußerungen erfolgen. Unrichtige Angaben in diesem Sinne sind unwahre Tatsachenbehauptungen. Diesen sind Tatsachenbehauptungen gleichgestellt, deren Wahrhaftigkeit nicht nachweisbar ist. Herabsetzung durch irreführende Angaben ist gegeben, wenn der Adressat aufgrund der Aussage einer Täuschung erliegt[695]. Dies kann auch der Fall sein, wenn wahre Aussagen getätigt werden, die jedoch in keinem sachlichen Zusammenhang zu dem Geschäft des Wettbewerbers stehen[696]. Unnötig verletzend sind Aussagen, die

---

689 Hotz SJZ 1990, 26 (28)

690 BGE 121 III 168 (174) Urt. v. 27.4.1995

691 BGE 120 II 76 (81) Urt. v. 25.2.1994

692 BGE 120 II 76 (78) Urt. v. 25.2.1994; Schaltegger S. 11, 12, 14; a.A. Nobel SJZ 1992, 245 (247, 251)

693 Schaltegger S. 35

694 BGE 123 III 354 (363 f.) Urt. v. 8.7.1997

695 Schweizerisches Immaterialgüter- und Wettbewerbsrecht Bd. 5, Teilbd. 1-Lauterkeitsrecht-Streuli-Youssef S. 124

696 Schweizerisches Immaterialgüter- und Wettbewerbsrecht Bd. 5, Teilbd. 1-Lauterkeitsrecht-Streuli-Youssef S. 122

in ihrer Form über das Angemessene hinausgehen, wie die Äußerung sachfremder oder schlicht unhaltbarer Wertungen[697].

b) Kollission der Meinungs- und Pressefreiheit mit Art. 3 lit. a. UWG

Der so verstandene weite Anwendungsbereich des UWG für Handlungen Dritter, die außerhalb des Wettbewerbs stehen, brachte das UWG in ein erhebliches Spannungsverhältnis zur Meinungs- und Pressefreiheit[698]. Das Bundesgericht bestimmte zum Ausgleich dieser beiden Rechte, dass alle nach dem UWG als unlauter zu bewertenden Handlungen auch nicht von Presse- und Meinungsfreiheit gedeckt seien[699].

aa) "Hempel"-Entscheid des Bundesgerichts

Das auf dieser Grundlage ergangene Urteil des Bundesgerichts wurde allerdings vom Europäischen Gerichtshof für Menschenrechte (EuropGMR) als Verletzung der in Art. 10 EMRK verankerten Meinungsäußerungsfreiheit gewertet[700].

Gegenstand des Verfahrens vor dem Bundesgericht war die Klage gegen einen Wissenschaftler wegen eines von diesem veröffentlichten Forschungsberichts. Dieser Bericht befaßte sich mit den negativen gesundheitlichen Auswirkungen des Verzehrs von in Mikrowellen zubereiteten Speisen. Das Bundesgericht bewertete die Veröffentlichung ebenso wie die Vorinstanzen als unlauter i.S.d. Art. 3 lit. a UWG[701].

Das Bundesgericht bejahte die Anwendbarkeit des UWG mit der Erwägung, dass die Veröffentlichung in der Presse angesichts des damit erreichten Adressatenkreises geeignet sei, Konsumenten vom Erwerb und von der Benutzung von Mikrowellen abzuhalten[702]. Die Unlauterkeit folgerte das Bundesgericht aus der Feststellung, dass die dargestellten Forschungsergebnisse nicht als allgemein anerkannte und gesicherte Erkenntnisse anzusehen seien und ein notwendiger Hinweis auf die bestehende wissenschaftliche Diskussion fehlte[703].

697 Schaltegger S. 35; Schweizerisches Immaterialgüter- und Wettbewerbsrecht Bd. 5, Teilbd. 1-Lauterkeitsrecht-Streuli-Youssef S. 124

698 Nobel SJZ 1992, 245 (252)

699 BGE 120 II 76 (82) Urt. v. 25.2.1994

700 EuropGMR Az.: 59/1997/843/1049 Urt. v. 25.8.1998, Plädoyer 1998 S. 74 ff.

701 BGE 120 II 76 (82) Urt. v. 25.2.1994

702 BGE a.a.O. S. 79

703 BGE a.a.O. S. 81

Das Unterlassen dieses Hinweises sah das Bundesgericht als täuschend und damit als irreführend i.S.d. Art. 3 lit. a UWG an[704].

bb) Verfahren vor dem EuropGMR

Die dagegen gerichtete Klage des Wissenschaftlers vor dem Europäischen Gerichtshof für Menschenrechte hatte Erfolg.

Erster entscheidender Punkt für den Europäischen Gerichtshof für Menschenrechte war, dass das veröffentlichende Presseorgan in seinen Publikationen insbesondere über Umwelt- und Gesundheitsfragen unterrichtete und eine entsprechend interessierte Leserschaft hatte[705]. Ein Einfluß auf den Wettbewerb sei angesichts dieses Adressatenkreises und des mangelnden Nachweises für einen tatsächlichen Absatzrückgang bei Mikrowellen nicht feststellbar[706].

Weiterhin wurde geurteilt, dass die Aussagen des Forschungsberichts qualifizierter Natur gewesen seien. Insbesondere habe sich der Bericht bei den umstrittenen Punkten mit der nötigen Vorsicht ausgedrückt[707]. Die reißerische Aufmachung der Veröffentlichung durch das Presseunternehmen, die durchaus Anlaß zur Kritik geben konnte, wurde dem Wissenschaftler wegen seines mangelnden Einflußes darauf nicht angelastet[708].

Der Wissenschaftler habe sich daher in legitimer Weise an einer öffentlich interessierenden Diskussion beteiligt[709]. Der Europäische Gerichtshof für Menschenrechte wies darauf hin, dass an wissenschaftlicher Diskussion auch die teilnehmen dürfen, die eine wissenschaftlich nicht gesicherte Mindermeinung vertreten[710]. Der Europäische Gerichtshof für Menschenrechte wertete das vom Bundesgericht verhängte Verbot mithin als Verletzung dieses Rechts und damit als Verletzung der durch Art. 10 EMRK geschützten Meinungsfreiheit[711].

---

704 BGE a.a.O. S. 81

705 EuropGMR a.a.O. Anmerkung 49

706 EuropGMR a.a.O. Anmerkung 49

707 EuropGMR a.a.O. Anmerkung 50

708 EuropGMR a.a.O. Anmerkung 50

709 EuropGMR a.a.O. Anmerkung 50

710 EuropGMR a.a.O. Anmerkung 50

711 EuropGMR a.a.O. Anmerkung 51

cc) Folgerungen aus dem Urteil des EuropGMR

Die Reaktionen des schweizerischen Schrifttums auf dieses Urteil waren unterschiedlicher Natur. Einerseits wurde aus diesem Urteil gefolgert, ideelle Äußerungen ohne kommerziellen Hintergrund seien vom Anwendungsbereich des UWG ausgenommen. Ausnahmen sollten nur für solche Äußerungen gelten, denen eine konkrete Eignung zur Wettbewerbsbeeinflußung zukommt[712].

Diese Erfordernis einer konkreten Wettbewerbsbeeinflussung widerspricht jedoch der Konzeption des UWG. Es bezweckt die Vermeidung von wettbewerbsgefährdendem Verhalten. Damit soll jedes abstrakt zur Wettbewerbsbeeinträchtigung geeignete Verhalten verboten sein[713]. Dies ist auch der Aspekt, der von anderer Seite gegen das Urteil des Europäischen Gerichtshofs für Menschenrechte eingewandt wird[714].

Die Auswirkungen des Urteils des Europäischen Gerichtshofs für Menschenrechte für die Anwendung des UWG sind nicht gänzlich absehbar. Es ist zu vermuten, dass es keinen Rückzug der Schweizerischen Rechtsprechung dahin geben wird, das UWG lediglich bei Äußerungen anzuwenden, die in der Absicht der Wettbewerbsbeeinflussung abgegeben werden. Ein entsprechender Vorstoß im Nationalrat, der insbesondere die Medienberichterstattung weitgehend aus dem Anwendungsbereich ausnehmen sollte, scheiterte 1994. Jedoch sollte dieses Urteil zu einer stärkeren Abwägung der Meinungs- und Pressefreiheit gegenüber dem Schutzzweck des UWG führen[715]. Dies insbesondere in Fällen, in denen die beanstandeten Äußerungen von Dritten, also von am Wettbewerb Unbeteiligten, stammen. Dementsprechend hat auch das Bundesgericht in einem später ergangenen strafrechtlichen Urteil dem Recht auf Meinungsfreiheit einen höheren Stellenwert eingeräumt[716].

2. Ansprüche bei Verletzungen des UWG durch die Medien

Die Ansprüche im Falle der Verletzung des UWG ergeben sich aus Art. 9 UWG. Sie stimmen im Wesentlichen mit der Anspruchsordnung bei Persönlichkeitsrechtsverletzungen überein. So enthält Art. 9 Abs. 1 UWG die Ansprüche auf Unterlassung (lit. a) auf Beseitigung (lit. b) und auf Feststellung der Verletzung (lit. c). Art. 9 Abs. 2 UWG enthält die Ansprüche auf Berichti-

---

712 Saxer Plädoyer 1998, 30 (31)

713 BGE 120 II 76 (78) Urt. v. 25.2.1994

714 Streuli-Youssef sic! 1998, 498 (500)

715 Pedrazzini/von Büren/Marbach Rn 957

716 BGE 123 IV 211 (215 f.) Urt. v. 27.11.1997

gung und Urteilsveröffentlichung. Ähnlich wie Art. 28a Abs. 3 ZGB enthält Art. 9 Abs. 3 UWG den deklaratorischen Hinweis auf die Möglichkeit der Geltendmachung von Schadenersatz, Genugtuung nach Maßgabe des Obligationenrechts sowie der Herausgabe des Gewinns nach den Grundsätzen des Rechts der Geschäftsführung ohne Auftrag. Zusätzlich soll nach einer im Schrifttum geäußerten Auffassung auch bei Verletzungen des UWG zusätzlich der Anspruch auf Herausgabe ungerechtfertigter Bereicherung nach Art. 62 OR bestehen[717]. Vorsorgliche Maßnahmen können gemäß Art. 14 UWG nach Maßgabe der Art. 28c-28f ZGB getroffen werden.

Schließlich ist anerkannt, dass bei Verletzungen des UWG auch die Regelungen zum Gegendarstellungsrecht in Art. 28g ff. ZGB anwendbar sind[718]. Der Gegendarstellungsanspruch kann jedoch nur unter den Voraussetzungen der Art. 28g ff. ZGB geltend gemacht werden. So kann man die Gegendarstellung nur gegenüber solchen Medienveröffentlichungen fordern, die die Person des Wettbewerbers herabsetzen[719].

3. *Verhältnis des UWG zum Persönlichkeitsrecht*

Da durchaus Fälle denkbar sind, die als Persönlichkeitsverletzung und zugleich als unlautere Wettbewerbshandlung subsumiert werden können, stellt sich die Frage nach dem Verhältnis zwischen dem allgemeinem Persönlichkeitsschutz nach Art. 28 ff. ZGB und dem Schutz durch das UWG. Die Rechtsprechung hat diese Frage bisher nicht problematisiert. Anders hingegen die Lehre, die verschiedene Ansätze zum Verhältnis zwischen dem Persönlichkeitsschutz nach Art. 28 ff. ZGB und nach dem UWG entwickelt hat.

Gemeinsamer Ausgangspunkt der Diskussion ist die Feststellung, dass das Recht des unlauteren Wettbewerbs mit der Wirtschaftsfreiheit einen speziellen Ausschnitt der Persönlichkeit schützt[720]. Daran anschließend findet sich die Aussage, das UWG sei lex specialis zu Art. 28 ff. ZGB[721]. Dies führt dann einerseits zu der Schlußfolgerung, dass alle Handlungen, die in den Anwen-

---

717 Nietlispach S. 432; Schmid-GoA Rn 1339

718 Hotz SJZ 1990, 27 (31); Schaltegger S. 125 f.

719 Hotz SJZ 1990, 27 (31); Schaltegger S. 126; Schweizerisches Immaterialgüter- und Wettbewerbsrecht Bd. 1, Teilbd. 2-Der Rechtsschutz im Immaterialgüterrecht-David S. 144

720 BGE 121 III 168 (171) Urt. v. 27.4.1995; Bucher Rn 503 f.; David Rn 18; Schaltegger S. 4; Schweizerisches Immaterialgüter- und Wettbewerbsrecht Bd. 5, Teilbd. 1-Lauterkeitsrecht-Müller S. 36

721 David Rn 18; Hotz SJZ 1990, 27 (29); Schaltegger S. 9

dungsbereich des UWG fallen, einer weiteren Beurteilung am Maßstab des Art. 28 ZGB entzogen seien[722].

Weniger weitgehend findet sich die Auffassung, dass eine Beurteilung nach Art. 28 ff. ZGB dann ausscheide, wenn das UWG eine abschließende Regelung für den in Frage stehenden Sachverhalt darstellt[723]. Demnach seien die Art. 28 ff. ZGB dann nicht anwendbar, wenn das UWG eine Handlung ausdrücklich oder stillschweigend für zulässig bewertet[724]. Eine kumulative Anwendbarkeit ist nach dieser Auffassung für Fälle anerkannt, in denen eine Verletzung des UWG vorliegt und gleichzeitig neben der Verletzung wirtschaftlicher Interessen auch die persönliche Integrität angegriffen wird[725]. Als Beispiel dafür steht die Herabsetzung eines Unternehmers, die seine Wettbewerbsstellung und seine persönliche Ehre beeinträchtigt.

Vorzugswürdig scheint die Ansicht, wonach die Anwendbarkeit des UWG die der Art. 28 ff. ZGB nicht ausschließt[726]. Es besteht nämlich kein Bedürfnis dafür, Ehrverletzungen, die zwar wettbewerbsbezogen aber nicht wettbewerbsbeeinträchtigend sind, durch das UWG zu autorisieren. Dies würde für die Persönlichkeit eine Verkürzung des Rechtsschutzes beinhalten. Dies hat der Gesetzgeber mit Einführung des UWG aber sicher nicht beabsichtigt.

Anzuerkennen ist hingegen die Praxis, wettbewerbsbezogene Handlungen, die nicht unmittelbar gegen die Persönlichkeit des Wettbewerbers gerichtet sind, nicht auf dem Umweg der Beeinträchtigung der Wirtschaftsfreiheit zu einer Persönlichkeitsverletzung zu stilisieren[727].

---

722 Hotz SJZ 1990, 27 (29)

723 Schaltegger S. 9

724 David Rn 18; Schaltegger S. 9

725 Schaltegger S. 10

726 wohl in diesem Sinn: Handelsgericht Bern SMI 1991 S. 234 (239) Urt. v. 25.5.1990; Schweizerisches Immaterialgüter- und Wettbewerbsrecht Bd. 5, Teilbd. 1-Lauterkeitsrecht-Müller S. 36 f.

727 Schweizerisches Immaterialgüter- und Wettbewerbsrecht Bd. 5, Teilbd. 1-Lauterkeitsrecht-Müller S. 37

C. Schutz der Persönlichkeit vor kommerzieller Ausbeutung

Behandelte der vorige Abschnitt allgemein den Persönlichkeitsschutz und in diesem Zusammenhang insbesondere Fragen verletzender Medienberichterstattung, so befasst sich dieser Abschnitt konkreter mit dem Persönlichkeitsschutz gegen die kommerzielle Ausnutzung von Persönlichkeitswerten. Hierzu ist einleitend anzumerken, dass die Ausführungen zu Grundlagen, Umfang und Schutzmechanismen im Persönlichkeitsrecht grundsätzlich auch bei der Beurteilung solcher kommerziellen Nutzungen gelten.

Die Formen kommerzieller Nutzungen von Persönlichkeitswerten sind in der heutigen Kommunikations- und Mediengesellschaft vielgestaltig. Die nachfolgende Darstellung ist auf drei beispielhafte, sich teilweise überschneidende Tatbestände des Merchandising an realen Personen konzentriert. Dies sind der Einsatz der Persönlichkeit in der Werbung, die Bezeichnung von Produkten und Leistungen mit fremden Persönlichkeitsmerkmalen und die Vermarktung des Persönlichkeitsmerkmals selbst. Diesen Nutzungen ist gemein, dass sie nicht dem verfassungsrechtlich anerkannten Interesse auf Presse- oder Meinungsfreiheit dienen. Dies ist für die Frage der Rechtfertigung von entscheidender Bedeutung[728].

Anders als das us-amerikanische Recht, aber vergleichbar mit dem deutschen Recht, kennt das schweizerische Recht kein allgemeines "right of publicity", das speziell den Schutz vor kommerzieller Ausnutzung der Person gewährleisten würde[729]. Ein solches verkehrsfähiges Vermögensrecht nach dem Vorbild des aus dem us-amerikanischen Recht bekannten "right of publicity"[730] hat sich auf dem Boden des schweizerischen Persönlichkeitsrechts nicht entwickelt. In der Schweiz ist der Schutz vor kommerzieller Ausbeutung der Persönlichkeit in den oben vorgestellten persönlichkeitsrechtlichen Vorschriften zu suchen. Diese vermitteln dem Persönlichkeitsrecht eher den Charakter eines Abwehrrechts im Gegensatz zu einem "property right"[731]. Im Rahmen der praktischen Begutachtung ist also zunächst zu fragen, ob die kommerzielle Nutzung der Persönlichkeit gegen dieses Abwehrrecht verstößt.

Zusätzlich zu diesem persönlichkeitsrechtlichen Schutz kommt im Bereich kommerzieller Nutzungen der Persönlichkeit unter Umständen der Schutz

728 Seemann S. 202; Ropski/Kurer SMI 1991 S. 279 (289)

729 vgl. zum us-amerikanischen Recht: Götting S. 191 ff.; Magold S. 25 ff.; Seemann S. 90 ff.

730 zur diesbezüglichen Eigenschaft des right of publicity: Götting S. 232; Seemann S. 100

731 Ropski/Kurer SMI 1991, 279 (281)

durch Immaterialgüterrechte oder durch das Recht gegen den unlauteren Wettbewerb in Betracht. Immaterialgüterrechtlicher Schutz setzt voraus, dass das kommerziell genutzte Persönlichkeitsmerkmal als Immaterialgüterrecht geschützt ist. Schutz durch das Recht gegen den unlauteren Wettbewerb besteht dort, wo sich die Verwendung des Persönlichkeitsmerkmals auf die Stellung des Verletzers oder des Verletzten im wirtschaftlichen Wettbewerb auswirkt[732].

I. Kommerzielle Nutzung des Namens

1. Namensanmaßung gemäß Art. 29 Abs. 2 ZGB

Als bedeutsame Schutzposition gegen die kommerzielle Ausbeutung der Person ist zunächst Art. 29 Abs. 2 ZGB zu nennen, der vor Namensanmaßungen schützt. Wie oben festgestellt, ist der Tatbestand der Namensanmaßung erfüllt, wenn der Verletzer als Person unter dem Namen des Verletzten auftritt. Ergänzend dazu ist anerkannt, dass eine Namensanmaßung auch in den Fällen angenommen werden kann, in denen jemand einen fremden Namen zur Bezeichnung seines Unternehmens oder seiner angebotenen Produkte und Leistungen benutzt[733]. Entscheidend ist die Nutzung des fremden Namens als Kennzeichnungsmittel[734]. Entsprechend dieser Auslegung des Tatbestands der Namensanmaßung gibt Art. 29 Abs. 2 ZGB eine weitreichende Handhabe gegen kommerzielle Nutzungen fremder Namen.

a) Bezeichnung fremder Waren

Durch Art. 29 ZGB wird nicht nur der gesetzliche Name der natürlichen Person geschützt, sondern auch der Name der juristischen Person[735] sowie Vornamen, die eine besondere Kennzeichnungswirkung haben[736], Pseudonyme[737], Kurzbezeichnungen[738], Ensignes[739] und Geschäftsbezeichnungen[740].

---

732 Pedrazzini/Büren/Marbach Rn 839

733 BGE 80 II 138 (140) Urt. v. 9.3.1954; BGE 102 II 305 (307) Urt. v. 23.9.1976; BGE 112 II 369 (371) Urt. v. 13.11.1986; BGE 116 II 463 (469) Urt. v. 5.7.1990

734 BGE 108 II 241 (243) Urt. v. 1.12.1982; BGE 112 II 369 (371) Urt. v. 13.11.1986

735 BGE 80 II 138 (140) Urt. v. 9.3.1954; BGE 116 II 463 (469) Urt. v. 5.7.1990; Honsell/Vogt/Geiser-ZGB-Bühler Art. 29 Rn 7

736 Honsell/Vogt/Geiser-ZGB-Bühler Art. 28 Rn 8; Lack S. 53

737 BGE 92 II 305 (310 f.) Urt. v. 1.11.1966; BGE 112 II 59 (63) Urt. v. 28.1.1986

738 BGE 80 II 281 (285) Urt. v. 4.11.1954; BGE 87 II 40 (47) Urt. v. 11.1.1961

739 BGE 91 II 17 (20) Urt. v. 20.2.1965

740 BGE 102 II 305 (307 f.) Urt. v. 23.9.1976

Die Rechtsprechung weißt allerdings darauf hin, dass die bloße Verwendung des fremden Namens das Abwehrrecht aus Art. 29 Abs. 2 ZGB nicht begründet. Über die bloße Verwendung hinaus, sei entsprechend dem Wortlaut des Art. 29 Abs. 2 ZGB eine Beeinträchtigung ideeller oder vermögensrechtlicher Interessen erforderlich[741]. Eine Beeinträchtigung solcher Interessen wird angenommen, wenn die Namensverwendung zu einer Verwechslungsgefahr führt[742]. Gegenstand der Verwechlungsgefahr kann dabei die Identität des Namensträgers sein. Sie kann aber auch darin bestehen, dass die Namensverwendung beim Publikum zu Gedankenverbindungen führt, die den berechtigten Namensträger in nicht vorhandene Beziehungen stellt, die er ablehnt oder ablehnen darf[743]. Beispiel dafür ist die Benennung von Unternehmen oder Produkten und Dienstleistungen mit Namen fremder Personen[744]. Entscheidend ist in solchen Fällen, dass die Namensverwendung dem Publikum suggeriert, der berechtigte Namensträger habe etwas mit dem bezeichneten Unternehmen oder mit dem Produkt zu tun. Das heißt, es wird der Eindruck einer engen persönlichen, ideellen, geistigen oder geschäftlichen Verbindung erweckt, die tatsächlich nicht besteht[745]. Festzuhalten bleibt, dass die Verwendung fremder Namen zur Bezeichnung von Unternehmen und Produkten mit Berufung auf Art. 29 Abs. 2 ZGB abgewehrt werden kann[746].

b) Vermarktung des Namens als Ware

Der soeben geschilderte Schutz des Namens durch Art. 29 Abs. 2 ZGB gilt auch für die Fälle, in denen der Name selbst als Ware, etwa als Ausstattung von T-Shirts, Feuerzeugen und ähnlichen Produkten genutzt wird[747]. Als Beleg aus der bundesgerichtlichen Rechtsprechung ist hierzu der Fall zu nennen, in dem über die unberechtigte Verwendung des Logos von Coca-Cola als Aufdruck auf Bettwäsche zu befinden war[748]. Auch in diesen Fällen greift die genannte Er-

741 BGE 80 II 138 (145) Urt. v. 9.3.1954; BGE 102 II 305 (308) Urt. v. 23.9.1976; BGE 112 II 369 (371) Urt. v. 13.11.1986

742 BGE 80 II 138 (145) Urt. v. 9.3.1954; BGE 102 II 305 (308) Urt. v. 23.9.1976; BGE 112 II 369 (371) Urt. v. 13.11.1986

743 BGE 80 II 138 (147) Urt. v. 9.3.1954; BGE 102 II 305 (308) Urt. v. 23.9.1976; BGE 112 II 369 (371) Urt. v. 13.11.1986; BGE 116 II 463 (469) Urt. v. 5.7.1990

744 Obergericht Zürich ZR 23 (1924) Nr. 21 S. 33 (34) Urt. v. 12.1.1923; BGE 80 II 138 (140) Urt. v. 9.3.1954; BGE 102 II 305 (307) Urt. v. 23.9.1976; BGE 112 II 369 (371) Urt. v. 13.11.1986; BGE 116 II 463 (469) Urt. v. 5.7.1990

745 BGE 112 II 369 (371) Urt. v. 13.11.1986

746 mit diesem Fazit auch: Ropski/Kurer SMI 1991, 279 (283); Seemann S. 182 f.

747 Seemann S. 183

748 BGE 116 II 463 ff. Urt. v. 5.7.1990

wägung, dass der Namensträger in falsche Beziehungen gesetzt wird, die er ablehnt und ablehnen darf[749].

2. Schutz vor Namensverwendung in der Werbung gemäß Art. 28 ZGB

Wird der fremde Name allerdings nicht zur Kennzeichnung oder als Ausstattung genutzt, sondern von der Ware getrennt als Werbemittel für ein Unternehmen oder ein Produkt, dann greift der Namensschutz des Art. 29 Abs. 2 ZGB nicht. Es fehlt hier an der notwendigen Kennzeichnungsfunktion des Namens[750].

Gleichwohl ist auch die Werbung mit fremden Namen unzulässig. Handhabe dagegen bietet hier die Generalklausel des Art. 28 ZGB. Den Ausführungen des Bundesgerichts läßt sich entnehmen, dass der Schutz durch Art. 28 ff. ZGB dem durch Art. 29 Abs. 2 ZGB nicht nachstehen soll. So bemerkte das Bundesgericht, dass auch im Rahmen des Art. 28 ZGB für eine Verletzung des Persönlichkeitsrechts durch kommerzielle Nutzungen entscheidend sei, ob die betroffene Person in nicht bestehende Beziehungen gestellt wird[751].

Dieser ergänzende Schutz durch Art. 28 ZGB wurde auch in der Entscheidung des Kassationsgerichtes Zürich im Fall "Rothschild" herangezogen. In dieser Entscheidung war über die Verwendung des berühmten Namens "Rothschild" für die Benennung von Waren zu befinden. Der Verwender des Namens trug diesen Namen selbst, gehörte allerdings nicht zu der berühmten Familie Rothschild. Eine Verletzung von Art. 29 Abs. 2 ZGB konnte nicht festgestellt werden, weil der Unternehmer den fraglichen Namen selbst zu Recht trug. Eine Namensanmassung lag also nicht vor. Jedoch wurde die Verwendung des berühmten Namens "Rothschild" zur Bezeichnung der Waren als Verletzung des Art. 28 ZGB gewertet. Entscheidend für die Annahme der Verletzung war, dass die Verwendung des Namens "Rothschild" den falschen Eindruck erweckte, die berühmte Familie Rothschild stehe hinter dieser Bezeichnung. Der Unternehmer hätte diesen Eindruck zur Vermeidung der Verletzung durch Zusätze zu seinem Namen "Rothschild" verhindern müssen[752].

---

749 BGE 116 II 463 (469) Urt. v. 5.7.1990

750 BGE 108 II 241 (243) Urt. v. 1.12.1982, BGE 112 II 369 (371) Urt. v. 13.11.1986; Lack S. 196; Seemann S. 182 Fn 56

751 BGE 108 II 241 (243, 246) Urt. v. 1.12.1982

752 Kassationsgericht Zürich ZR 85 (1986) Nr. 54 S. 135 (136) Urt. v. 7.2.1986; ähnlich das Bundesgericht in: BGE 77 I 77 (80 ff.) Urt. v. 30.5.1951

Somit ist festzuhalten, dass grundsätzlich auch die Werbung mit fremden Namen abwehrfähig ist, wenn der Genannte durch die Werbung beim Publikum in tatsächlich nicht bestehende Beziehungen persönlicher oder geschäftlicher Natur gestellt wird[753].

Ob davon bei jeder werblichen Namensnennung ausgegangen werden kann, läßt sich aus der genannten Rechtsprechung nicht zweifelsfrei schließen. Bei Seemann und Streuli-Youssef findet sich aber die Auffassung, dass die Verursachung irreführender Gedankenverbingungen bei jeder Namensnennung gegeben sei. Dies umfaßt auch Gestaltungen, bei denen die fremde Person nicht direkt mit dem Werbegegenstand in Verbindung gebracht wird. Allein die Namensnennung in der Werbung suggeriere, dass sich der Genannte gegen Entgelt zur Werbung bereitgefunden habe. Wenn der Genannte jedoch der werbemäßigen Verwendung tatsächlich nicht zugestimmt habe, werde der falsche Eindruck bestehender geschäftlicher Beziehungen geweckt. Dies wiederum begründe die Persönlichkeitsverletzung[754]. Nach dieser Ansicht ist folglich jede unautorisierte Namensnennung in der Werbung durch Art. 28 ZGB untersagt[755].

Schließlich ist anzufügen, dass die kommerzielle Verwendung des Namens, die der Ehre abträglich ist oder einen Eingriff in die Privatspäre darstellt, ohnehin nach Art. 28 ZGB untersagt ist[756]. Auch parodierende und satirische Verwendungen fremder Namen zu kommerziellen Zwecken sind nach Auffassung des Schrifttums untersagt, da eine Rechtfertigung des Eingriffs in Persönlichkeitsrechte durch wirtschaftliche Interessen ausgeschlossen sei[757].

3. Namensschutz durch das UWG

Die kommerzielle Nutzung von Namen berühmter Persönlichkeiten, so wird vertreten, unterfalle auch dem lauterkeitsrechtlichen Verbot der Rufausbeutung des Art. 2 UWG, dem Verbot der Irreführung des Art. 3 lit. b UWG sowie dem Verbot der Verursachung von Verwechslungsgefahr i.S.d Art. 3 lit. d UWG[758].

---

753 Streuli-Youssef Persönlichkeitsschutz S. 16 f.

754 Seemann S. 183 Fn 62; Streuli-Youssef Persönlichkeitsschutz S. 17

755 in diesem Sinne auch: David Rn 218; Schweizerisches Immaterialgüter- und Wettbewerbsrecht Bd. 3, Kennzeichenrecht-Hilti S. 493

756 Seemann S. 190

757 Handelsgericht Bern SMI 1991 S. 234 (239) Urt. v. 25.5.1990; Geiser S. 138; Ropski/Kurer SMI 1991, S. 279 (289); Seemann S. 202

758 Ropski/Kurer SMI 1991, 279 (283); Schweizerisches Immaterialgüter- und Wettbewerbsrecht Bd. 3, Kennzeichenrecht-Hilti S. 494, 497

Das Bundesgericht hat das UWG angewandt, wenn die Namen von im Wettbewerb etablierten Unternehmen verwendet worden waren[759]. Ropski/Kurer wollen diesen wettbewerbsrechtlichen Schutz aber auch Berühmtheiten zubilligen, die sich selbst kommerziell vermarkten[760]. Einschlägige Rechtsprechung zu solchen Fallgestaltungen gibt es, soweit ersichtlich, nicht.

4. *Markenrechtlicher Namensschutz*

Zur Vervollständigung sei noch auf einen möglichen markenrechtlichen Schutz hingewiesen. Gemäß Art. 13 des Bundesgesetzes über den Schutz von Marken und Herkunftsangaben vom 28. August 1992 (MSchG) ist der markenrechtlich geschützte Name vor unberechtigter kennzeichnungsmäßiger Verwendung geschützt. Dieser markenrechtliche Schutz setzt gemäß Art. 5 MSchG grundsätzlich die Eintragung des betroffenen Namens im Markenregister voraus[761].

II. *Schutz des Bildes*

1. *Persönlichkeitsrechtlicher Schutz des Bildes*

a) *Verbot kommerzieller Nutzungen von Bildnissen nach Art. 28 ff. ZGB*

Der persönlichkeitsrechtliche Schutz des Abbildes einer Person vor kommerzieller Nutzung ist im Grundsatz gleich dem Schutz vor Namensanmaßung und Namensgebrauch. Rechtsgrundlage dieses Schutzes ist Art. 28 ff. ZGB. Entsprechend der oben gegebenen Erläuterung zum Recht am eigenen Bild stellt grundsätzlich jede ohne Einwilligung erfolgende Bildnisveröffentlichung eine Verletzung der Persönlichkeit dar[762]. Demnach sind auch die Verwendung des Bildnisses in der Werbung[763], die Vermarktung als Ware oder Ausstattung und die Nutzung als Bezeichnung von Unternehmen und Waren[764] als Persönlichkeitsverletzungen i.S.d. Art. 28 ZGB zu werten[765].

---

759 BGE 116 II 469 (470) Urt. v. 5.7.1990

760 Ropski/Kurer SMI 1991, 279 (283)

761 Pedrazzini/Büren/Marbach Rn 539

762 Riemer-Personenrecht S. 131; Seemann S. 194

763 Geiser S. 252; Seemann S. 194; Streuli-Youssef Persönlichkeitsschutz S. 19, 20; Preiss S. 198; Schweizerisches Immaterialgüter- und Wettbewerbsrecht Bd. 3, Kennzeichenrecht-Hilti S. 494

764 Geiser S. 42; Obergericht Zürich ZR 23 (1924) Nr. 21 S. 33 (34) Urt. v. 12.1.1923; Obergericht Aargau in SJZ 1912/1913 Nr. 209 S. 241 Urt. v. 27.9.1912; Schweizerisches Immaterialgüter- und Wettbewerbsrecht Bd. 3, Kennzeichenrecht-Hilti S. 493

765 allgemein zu kommerzieller Nutzung: Preiss S. 198

Aufgrund der tatsächlichen wirtschaftlichen Bedeutung von Bildnissen für kommerzielle Nutzungen plädiert Dessemontet für einen immaterialgüterrechtlichen Schutz des Bildnisses ähnlich dem us-amerikanischen "right of publicity." Dabei soll ein einheitliches Bildnisrecht ähnlich wie im Urheberrecht aus einer vermögensrechtlichen und aus einer persönlichkeitsrechtlichen Komponente geschaffen werden. Der vermögensrechtliche Teil ist dabei als verkehrsfähiges Recht gedacht[766].

Die Verwirklichung dieser Forderung könnte die bisher bestehenden Lücken beim Schutz Verstorbener beheben helfen. Ähnlich wie beim Namensschutz ist auch der Bildnisschutz Verstorbener gegenüber kommerziellen Nutzungen nicht umfassend[767]. Dies gilt insbesondere für solche Tatbestände, bei denen keine Verletzung des Andenkens an den Verstorbenen vorliegt und damit auch keine Verletzung des Rechts auf Pietät.

b) Geschütztes Bildnis

Das Recht am eigenen Bild erfaßt nach schweizerischem Recht alle Darstellungen einer Person, die das Erscheinungsbild der Person identifizierbar wiedergeben[768]. Umstritten ist aber, ob auch die Verwendung eines Doubles, mit dem das Erscheinungsbild eines anderen nachgeahmt wird, eine Verletzung des Rechts am eigenen Bild darstellt.

Seemann und Streuli-Youssef sind dafür, zumindest im Rahmen der kommerziellen Nutzung auch den Einsatz von Doubles als Verletzung des Rechts am eigenen Bild zu werten[769]. Zu erwähnen ist in diesem Zusammenhang, dass die nicht rechtsverbindlichen Grundsätze der Schweizerischen Kommission für die Lauterkeit in der Werbung die Verwendung von Doubles als unlauter bestimmen[770]. Dagegen differenzieren Ropski/Kurer danach, ob die Nachahmung für das Publikum erkennbar ist oder nicht. Im Fall der erkennbaren Nachahmung

---

766 Dessemontet-Le Droit á sa propre image S. 47 (50)

767 Pedrazzini/Oberholzer S. 178; Ropski/Kurer SMI 1991, 279 (287); Seemann S. 206

768 Seemann S. 194; Streuli-Youssef Persönlichkeitsschutz S. 19

769 Seemann S. 194; Streuli-Youssef Persönlichkeitsschutz S. 19; in diese Richtung wohl auch: Geiser-Persönlichkeitsverletzung S. 42 (mit den Ausführungen zur Fotomontage)

770 Schweizerische Kommission für die Lauterkeit in der Werbung, Zürich 1989, 5/90, Grundsatz 3.2.:"Es ist unlauter, in der Werbung ohne ausdrückliche Zustimmung Name, Abbild oder Stimme einer identifizierbaren Person zu verwenden. Als Abbildung gilt jede Darstellung (auch durch Zeichnung, Karrikatur, Gemälde oder Double). Auf die Rechte der Angehörigen eines Verstorbenen ist angemessen Rücksicht zu nehmen."

sei die Verletzung der Persönlichkeit ausgeschlossen, sofern keine Ansehensminderung vorliegt[771].

Auch zu diesem Streit fehlt bisher eine verbindliche Stellungnahme der Rechtsprechung. Legt man allerdings den Leitsatz des Bundesgerichts zugrunde, wonach für eine Verletzung erforderlich sei, dass der Betroffene in den Augen des Publikums in tatsächlich nicht bestehende persönliche oder geschäftliche Beziehungen gestellt wird, ist zu schlußfolgern, dass bei erkennbarer Nachahmung, wenn für das Publikum klar ist, dass der Betroffene hier nicht mitgewirkt hat, eine Persönlichkeitsverletzung ausscheidet. Ein monopolisierter Schutz der Berühmtheit ähnlich dem us-amerikanischen "right of publicity" existiert im schweizerischen Recht eben nicht[772].

In diesem Zusammenhang sind Entscheidungen des Bundesgerichts beachtenswert, die betont haben, dass ein Schutz durch das Persönlichkeitsrecht nicht allein bei Gefährdung wirtschaftlicher Interessen besteht. Der Persönlichkeitsschutz soll von der Betroffenheit der Persönlichkeit an sich abhängen[773]. Entscheidend wird also sein, ob die Rechtsprechung in Zukunft die kommerzielle Nutzbarkeit von Persönlichkeitsmerkmalen an sich als Persönlichkeitswert einstufen wird, wie dies für das Ansehen, die Privatsphäre, den Namen und das Abbild von Personen geschehen ist.

2. *Bildnisschutz durch das UWG*

Was den Schutz durch das UWG betrifft, kann auf die Ausführungen zur Namensverwendung verwiesen werden. Zusätzlich dazu ist lediglich die Auffassung von Ropski/Kurer zu erwähnen, nach der unter dem UWG die unerlaubte Verwendung von Doubles in der Werbung wegen der damit geschaffenen Verwässerungsgefahr für die Werbekraft Prominenter wettbewerbswidrig sei[774].

---

771 Ropski/Kurer SMI 1991, 279 (286)

772 Ropski/Kurer SMI 1991, 279 (291); Seemann S. 196

773 BGE 110 411 (418) Urt. v. 2.10.1984; BGE 113 II 306 (311) Urt. v. 17.6.1987; BGE 114 II 91 (105) Urt. v. 24.3.1988

774 Ropski/Kurer SMI 1991, 279 (286)

III. Schutz der Stimme

1. Persönlichkeitsrechtlicher Schutz

Das soeben zum Bildnisschutz Ausgeführte gilt auch für die kommerzielle Verwendung der Stimme. Mangels beispielhafter Rechtsprechung zu diesem Komplex gründet sich diese Schlußfolgerung allerdings vornehmlich auf Äußerungen der schweizerischen Rechtslehre. Diese erkennt an, dass auch die Verwendung der fremden Stimme zu kommerziellen Zwecken eine Persönlichkeitsverletzung darstellt[775]. Bezüglich der Stimmimitation stellen sich die gleichen Probleme, die eben beim Bildnisschutz erwähnt wurden[776].

Grund für den Schutz der Stimme vor kommerzieller Nutzung ist wiederum die Erwägung, dass es keiner hinnehmen muß, durch die kommerzielle Verwertung in unzutreffende Zusammenhänge gestellt zu werden[777].

2. Schutz der Stimme durch das URG

Hinzuweisen bleibt noch auf den Schutz der Stimme durch das Bundesgesetz über das Urheberrecht und verwandte Schutzrechte (Urheberrechtsgesetz, URG) vom 9. Oktober 1992. Durch Art. 33 ff. URG werden die Rechte ausübender Künstler gechützt. Ist Gegenstand der Stimmwiedergabe eine Werkbearbeitung im Sinne von Art. 33 URG, so verstößt die ohne Einwilligung des Künstlers vorgenommene Wiedergabe gegen Art. 33 Abs. 2 URG.

IV. Schutz Verstorbener vor kommerzieller Nutzung der Persönlichkeit

Weniger effektiv ist der Schutz Verstorbener vor kommerzieller Nutzung ihrer Persönlichkeitsmerkmale. Das gemäß Art. 31 Abs. 1 ZGB mit dem Tod verbundene Ende der Persönlichkeit führt zwangsläufig zum Erlöschen der Persönlichkeitsrechte. Die Hinterbliebenen haben daher lediglich über das ihnen zustehende Recht auf Pietät die Möglichkeit, das Andenken des Toten zu wahren. Dieses Recht ist betroffen, wenn das Andenken des Toten durch ehrverletzende oder die Privatsphäre verletzende Äußerungen beeinträchtigt wird[778].

---

775 Geiser S. 46; Schürmann/Nobel S. 234 (allgemein, ohne speziellen Bezug zur kommerziellen Nutzung); Seemann S. 195; Streuli-Youssef Persönlichkeitsschutz S. 21

776 Ropski/Kurer SMI 1991, 279 (286) (kein Persönlichkeitsschutz bei erkennbarer Nachahmung); für Einbezug der Stimmimitation: Geiser-Persönlichkeitsverletzung S. 46

777 Geiser-Persönlichkeitsverletzung S. 46; Streuli-Youssef Persönlichkeitsschutz S. 21

778 BGE 109 II 353 (359 f.) Urt. v. 9.6.1983; BGE 70 II 127 (132 f.) Urt. v. 20.7.1944

Die bezüglich Ehre und Privatsphäre neutrale kommerzielle Nutzung Verstorbener läßt hingegen das sittliche Andenken an eine Person unberührt. Versteht man also den Schutz Verstorbener lediglich als Andenkensschutz, so stellt man den Verstorbenen bzw. dessen überlebende Angehörige im Rahmen kommerzieller Nutzungen weitestgehend schutzlos. Durch die Rechtsprechung ist diese Frage noch nicht behandelt worden. In der Literatur wird gefordert, auch die kommerzielle Verwertung der Persönlichkeitsmerkmale Verstorbener innerhalb einer dem Urheberrecht angelehnten Schutzdauer zu verbieten[779]. Dies ließe sich durch einen weitreichenderen Andenkensschutz erreichen, dem man auch die kommerziellen Beziehungen Verstorbener unterstellt. In diesem Zusammenhang ist auf das oben angesprochene Modell von Dessemontet zu verweisen, mit dem dieser für ein "right of publicity" plädiert. Mit diesem "right of publicity" ließe sich ein Schutz bei Verstorbenen ohne Weiteres realisieren.

V. Zusammenfassung zum Tatbestand kommerzieller Nutzungen

Zusammenfassend läßt sich sagen, dass der Schutz der Persönlichkeit vor kommerzieller Ausnutzung des Namens, des Bildes und der Stimme durch die schweizerische Rechtsprechung und Lehre weitgehend gewährt wird. Auch andere Persönlichkeitsmerkmale sollten, gemessen an den Kriterien von Rechtsprechung und Lehre, wonach die Verursachung falscher Vorstellungen über persönliche und geschäftliche Verbindungen entscheidend ist, persönlichkeitsrechtlich geschützt sein.

Die genannte Begründung, die weder von der Rechtsprechung noch von der Lehre auf bestimmte Persönlichkeitsmerkmale beschränkt wird, läßt sich auf alle identifizierenden Persönlichkeitsmerkmale anwenden. So wird auch geschlußfolgert, dass sich der Schutz vor kommerzieller Auswertung auf alle Merkmale der Persönlichkeit erstreckt, deren kommerzielle Verwendung geeignet ist, die betroffene Person in unzutreffende ideelle oder geschäftliche Beziehungen zu stellen[780]. Auf eine Beeinträchtigung der klassischen Persönlichkeitswerte wie Ruf und Ehre kommt es dagegen nicht an.

Ein solches Verständnis von Persönlichkeitsschutz vermittelt jeder Person ein exklusives Recht auf die vermögenswerte Nutzung seiner Persönlichkeitsmerkmale. Insoweit könnte das vom Bundesgericht aufgestellte Kriterium auch als Ausgangspunkt für die Anerkennung vermögenswerter Persönlichkeitsrechte gesehen werden.

---

779 Schweizerisches Immaterialgüter- und Wettbewerbsrecht Bd. 3, Kennzeichenrecht-Hilti S. 496; Pedrazzini/Oberholzer S. 135 u. 178

780 Seemann S. 199 f.

Unklarheiten bestehen mangels eindeutiger Rechtsprechung hinsichtlich der kommerziellen Nutzung von Doubles und Immitationen sowie beim Schutz Verstorbener. Mit der Anerkennung des im Persönlichkeitsmerkmal liegenden Vermögenswertes sollte sich jedoch die Frage nach dem Schutz Verstorbener lösen lassen. Als Weg hierfür bietet sich angesichts der Regelung in Art. 31 Abs. 1 ZGB allerdings nur der mittelbare Schutz über die Angehörigen an. Diese würden damit zum Sachwalter und Nutznießer der vermögenswerten Persönlichkeit der Verstorbenen.

Nicht eindeutig beantworten läßt sich die Frage des Schutzes vor nachahmender Darstellung der Persönlichkeit zu kommerziellen Zwecken. Insbesondere die Zulässigkeit erkennbarer Nachahmungen, die die nachgeahmte Person in Ehre und Ansehen nicht verletzen, lassen sich mit dem vom Bundesgericht aufgestellten Kriterium nicht abschließend beurteilen. Wie schon oben beim Schutz des Bildnisses festgestellt, hängt der Schutz davon ab, ob man den Publizitätswert der Person an sich schützen will. In diesem Fall wäre eine Annäherung an das aus dem us-amerikanischen Recht bekannte "right of publicity" vollzogen. Aber diese rechtspolitische Entscheidung für ein vermögenswertes, übertragbares und vererbliches Persönlichkeitsrecht scheint im Moment nicht anzustehen.

VI. Ansprüche bei kommerzieller Nutzung der Persönlichkeit

Den soeben gemachten Feststellungen zum Schutz der Persönlichkeit gegenüber kommerziellen Nutzungen ist hinzuzufügen, dass auch dieser Schutz über die oben beschriebenen Ansprüche gemäß Art. 28a ZGB gewährleistet wird. Insbesondere ist für den Fall der Namensanmaßung nach Art. 29 Abs. 2 ZGB anerkannt, dass nicht nur die in dieser Vorschrift genannten Ansprüche geltend gemacht werden können, sondern alle in Art. 28a ZGB erwähnten Ansprüche möglich sind[781].

781 Bucher Rn 844; Honsell/Vogt/Geiser-ZGB-Bühler Art. 29 Rn 35-37; Lack S. 204

D. Ansprüche auf finanziellen Ausgleich

Die soeben angesprochenen finanziellen Ausgleichsansprüche werden im folgenden näher beleuchtet. Im einzelnen geht es um Schadenersatzansprüche, Ansprüche aus dem Recht der Geschäftsführung ohne Auftrag sowie aus dem Recht der ungerechtfertigten Bereicherung.

I. Schadenersatzanspruch

Gemäß Art. 28a Abs. 3 ZGB i.V.m. Art. 41 ff. OR kann infolge der Verletzung der Persönlichkeit Schadenersatz beansprucht werden. Die Art des Schadenersatzes wird vom Gesetz nicht vorgegeben. Der Richter wird durch Art. 43 OR zur Bestimmung des Schadenersatzes ermächtigt. Die hauptsächlichste Entschädigungsart in der Praxis ist die Geldzahlung[782]. Einen Vorrang der Naturalrestitution kennt das Schweizerische Schadenersatzrecht nicht.

1. Verschuldensabhängige Haftung

Die Haftung auf Schadenersatz erfordert gemäß Art. 41 OR grundsätzlich Verschulden. Geht es um die Haftung des Geschäftsherrn nach Art. 55 OR, ist es ausreichend, dass eine Hilfsperson den Schaden verursacht hat. Der Geschäftsherr kann seiner Haftung entgehen, wenn er nachweist, dass er alle Sorgfalt zur Schadensverhütung aufgewandt hat oder dass der Schaden ohnehin eingetreten wäre.

Ist der Geschäftsherr eine juristische Person, so haftet diese gemäß Art. 55 Abs. 2 ZGB für die unerlaubten Handlungen ihrer Organe. Diese Haftung setzt auf seiten des Organs eine schuldhaft begangene Persönlichkeitsverletzung voraus. In gleicher Weise haften gemäß Art. 567 Abs. 3 OR die Kollektivgesellschaft, gemäß Art. 603, 563, 567 Abs. 3 OR die Kommanditgesellschaft und gemäß Art. 12 ZGB, Art. 563, 567 Abs. 3 OR die einfache Gesellschaft für das Handeln ihrer Gesellschafter[783].

2. Ersatz des adäquat kausalen Schadens

Ersatzfähig ist der Schaden, der adäquat kausale Folge der Verletzung ist. Schaden i.S.d. Art. 41 OR ist jede unfreiwillige Vermögenseinbuße, die in einer Verringerung der Aktiven, einer Vermehrung der Passiven oder in entgange-

---

782 Honsell/Vogt/Wiegand-OR-Schnyder Art. 43 Rn 1 f.

783 Schweizerisches Immaterialgüter- und Wettbewerbsrecht Bd. 5, Teilbd. 1, Lauterkeitsrecht-Rauber S. 275

nem Gewinn bestehen kann. Die ersatzfähige Vermögenseinbuße ergibt sich aus der Differenz zwischen dem gegenwärtigen Stand des Vermögens und dem Stand, den das Vermögen ohne das schädigende Ereignis hätte[784]. Dieser Schaden ist zu ersetzen, soweit er auf der widerrechtlichen Persönlichkeitsverletzung beruht, d.h. wenn zwischen Persönlichkeitsverletzung und Schaden adäquate Kausalität besteht[785]. Diese wird angenommen, wenn das haftungsbegründende Verhalten nach allgemeiner Lebenserfahrung unter den Einzelfallumständen geeignet erscheint, den Schaden herbeizuführen[786].

Nach Art. 42 Abs. 1 OR hat der Geschädigte den Schaden zu beweisen. Art. 42 Abs. 2 OR gewährt jedoch für die Fälle, in denen der Schaden schwer zu beziffern ist, eine Darlegungs- und Beweiserleichterung. Dies ist gerade bei Persönlichkeitsverletzungen von Bedeutung[787]. Art. 42 Abs. 2 OR hilft dem Geschädigten sowohl bei der Darlegung zur Höhe des Schadens als auch bei der Darlegung, dass überhaupt ein Schaden entstanden ist[788]. Voraussetzung der Anwendung des Art. 42 Abs. 2 OR ist eine Situation, in der es für den Verletzten eine Unzumutbarkeit darstellen würde, von ihm den Nachweis des Schadens anhand bestimmter Schadenspositionen zu verlangen[789]. Es obliegt dem Verletzten allerdings, alle greifbaren Tatsachen darzulegen und gegebenenfalls zu beweisen, die für die Entstehung und die Höhe des Schadens ausschlaggebend sind[790]. Entscheidend ist, dass aufgrund der dargelegten Umstände mit gewisser Sicherheit vom Eintritt eines Schadens ausgegangen werden kann[791]. In diesem Fall wird der Schaden durch das Gericht anhand der dargelegten Umstände und gemessen am gewöhnlichen Lauf der Dinge möglichst praxisnah geschätzt.

3. *Schäden bei Persönlichkeitsverletzungen*

Als Schaden gilt nach dem oben Gesagten lediglich die materielle Einbuße. Somit ist klar, dass allein der als immateriell zu wertende Verlust von Ehre

---

784 BGE 115 II 474 (481) Urt. v. 24.10.1989; BGE 104 II 198 (199) Urt. v. 26.6.1978; Berner Kommentar-Brehm Art. 41 Rn 69

785 BGE 102 II 232 (237) Urt. v. 6.7.1976; Berner Kommentar-Brehm Art. 41 Rn 121

786 Obergericht Zürich SMI 1983 Heft 1 S. 87 (92) Urt. v. 6.11.1981; Geiser-Persönlichkeitsverletzung S. 212

787 BGE 95 II 481 (501) Urt. v. 31.3.1967; Geiser-Persönlichkeitsverletzung S. 212; Riklin S. 216; Schürmann/Nobel S. 250

788 BGE 122 III 219 (221) Urt. v. 4.6.1996; BGE 95 II 481 (501) Urt. v. 21.3.1969

789 BGE 105 II 87 (89) Urt. v. 22.2.1979

790 BGE 122 III 219 (222) Urt. v. 4.6.1996; BGE 98 II 34 (37) Urt. v. 15.2.1972

791 BGE 98 II 34 (37) Urt. v. 15.2.1972; BGE 95 II 481 (501) Urt. v. 21.3.1969

oder Ansehen keinen Schaden i.S.d. Art. 41 OR darstellt[792]. Andererseits können durch Verletzungen von Ehre und Ansehen Ereignisse hervorgerufen werden, die eine Vermögenseinbuße mit sich bringen. Solche Ereignisse, wie der Verlust des Arbeitsplatzes, die Beendigung einer Geschäftsbeziehung, das Ausbleiben von Geschäftsabschlüssen[793] und in extremen Fällen die Verursachung körperlicher Leiden, können zu ersatzfähigen Vermögenseinbußen führen[794]. Den in diesen Fällen problematischen Nachweis adäquater Kausalität zwischen der Persönlichkeitsverletzung und diesen Vermögenseinbußen hat der Verletzte nach den soeben dargestellten Grundsätzen zu erbringen[795].

Erfolgt die Persönlichkeitsverletzung durch die kommerzielle Nutzung der Persönlichkeit, so kann als weiterer Aspekt hinzukommen, dass diese Kommerzialisierung und die Früchte daraus an sich der verletzten Persönlichkeit vorbehalten sind. Zu fragen ist also, unter welchen Umständen die widerrechtliche Verletzung dieses Ausschließlichkeitsrechts einen Schadenersatzanspruch rechtfertigt. Hierbei ist anzumerken, dass diese Fragestellung nicht auf die oben angesprochenen kommerziellen Nutzungen beschränkt werden kann. Auch Medienveröffentlichungen sind dahingehend zu würdigen. Dies folgt der Feststellung, dass jede Person grundsätzlich berechtigt ist, mit dem Mittel der Einwilligung über den Umfang der Berichterstattung über sich zu bestimmen.

a) Parallele zu den Immaterialgüterrechten

Da auch nach schweizerischem Recht jede Person über die kommerzielle Nutzung der eigenen Persönlichkeit bestimmen kann, drängt sich auch hier die Parallele zu den Immaterialgüterrechten auf. Ebenso wie die Persönlichkeitsrechte sind auch die Immaterialgüterrechte durch die monopolisierte Nutzungsbefugnis gekennzeichnet. Damit stellt sich die Frage, ob man die Persönlichkeitsrechte schadenersatzrechtlich ebenso wie Immaterialgüterrechte behandeln kann.

Seemann, Nietlispach und Schluep sehen in der Zubilligung des Anspruchs auf Herausgabe des Gewinns in Art. 28a Abs. 3 ZGB den Willen des Gesetzgebers, die Persönlichkeitsrechte, ähnlich den Immaterialgüterrechten, als Vermögensrechte anzuerkennen[796].

792 BGE 115 II 474 (481) Urt. v. 24.10.1989

793 BGE 95 II 481 (501 f.) Urt. v. 21.3.1969

794 Obergericht Zürich ZR 70 (1971) Nr. 46 S. 110 (122) Urt. v. 6.3.1970; Geiser Medialex 1996, 203 (211)

795 vgl. hierzu Obergericht Zürich SMI 1983 I S. 87 (92) Urt. v. 6.11.1981

796 Nietlispach S. 426; Schluep S. 200; Seemann S. 198

Das Bundesgericht hat dazu in seiner Rechtsprechung noch nicht ausdrücklich Stellung genommen. Allerdings läßt sich aus der Rechtsprechung des Bundesgerichts folgern, dass zumindest beim Schadenersatz der vermögensrechtliche Gehalt der Persönlichkeitsrechte Anerkennung gefunden hat. So hat das Bundesgericht bei der Beurteilung von Persönlichkeitsverletzungen mehrfach darauf hingewiesen, dass die Widerrechtlichkeit der Verletzung insbesondere bei der Beeinträchtigung vermögenswerter Interessen gegeben sei[797].

Mit dieser Anerkennung vermögenswerter Interessen sollte man davon ausgehen können, dass Persönlichkeitsrechte zumindest partiell als absolute Vermögensrechte anzusehen sind. Schäden, die aus der Verletzung dieser Ausschließlichkeitsrechte entstehen, dürfen dann im Wege der Schadenersatzklage geltend gemacht werden[798]. Die Parallele zu den als vermögenswerten Ausschließlichkeitsrechten anerkannten Immaterialgüterrechten sollte also möglich sein.

b) Bemessung des Schadenersatzes

Befürwortet man diese Parallele zum Immaterialgüterrecht, besteht aber wie bei diesen das Problem der Schadensbemessung.

aa) Dreifache Schadensberechnung im Immaterialgüterrecht

Die in Deutschland bei Immaterialgüterrechtsverletzungen weithin gebrauchte dreifache Schadensberechnung wird in der schweizerischen Praxis nicht praktiziert. Insbesondere die im Schrifttum vertretene Ansicht, nach der der Schadenersatz im Immaterialgüterrecht und auch im Persönlichkeitsrecht nach den Grundsätzen der Lizenzanalogie bestimmt werden können soll[799] hat sich in der Praxis nicht durchsetzen können. Stattdessen werden fiktive Lizenzgebühren und der vom Verletzer erzielte Gewinn von der Rechtsprechung lediglich als Indiz für den nach Art. 42 Abs. 2 OR zu schätzenden entgangenen Gewinn herangezogen[800]. Die dreifache Schadensberechnung wird im schweizerischen Immaterialgüterrecht also nicht in ihrer Reinform angewandt.

---

797 BGE 116 II 463 (469) Urt. v. 5.7.1990 (Namensverletzung); BGE 112 II 369 (371) Urt. v. 13.11.1986; BGE 102 II 304 (308) Urt. v. 23.9.1976

798 Seemann S. 208

799 Minelli ZUM 1996, 73 (76)

800 für Heranziehung fiktiver Lizenzgebühr: BG sic! 1997 S. 148 (151) Urt. v. 10.10.1996; BG SMI 1991 S. 124 (132) Urt. v. 7.4.1989; BGE 97 II 169 (176) Urt. v. 16.3.1971; BGE 38 II 289 (304) Urt. v. 15.2.1912; BGE 36 II 610 (615) Urt. v. 4.11.1910; Zivilgericht Basel Stadt SMI 1996 S. 67 (72) Urt. v. 24.1.1995; Minelli ZUM 1996, 73 (76); Nietlispach S. 76; Troller S. 988; Widmer S. 119

Wird also maßgeblich auf den entgangenen Gewinn abgehoben, so hat der Verletzte zu beweisen, dass die widerrechtliche Verletzung des Immaterialgutes bei ihm einen Vermögenszuwachs verhindert hat. Dementsprechend erfolgte die Heranziehung der fiktiven Lizenzgebühr durch die Rechtsprechung gerade in Fällen, in denen die Lizenzerteilung durch den Verletzten nahe gelegen hatte. Dies wurde angenommen, wenn frühere Nutzungen aufgrund einer Lizenzvereinbarung[801] erfolgten, wenn zwischen den Parteien konkrete Verhandlungen über eine Lizenzerteilung stattgefunden hatten[802] oder wenn wie im Urheberrecht regelmäßig von einer Lizenzerteilung ausgegangen werden konnte[803].

Das Bundesgericht hat in diesem Zusammenhang die Gewährung von Verletzerzuschlägen auf die fiktive vertragliche Lizenz abgelehnt[804], weil die Bemessung nach der fiktiven Lizenzgebühr nicht pönalen Zwecken, sondern dem Ausgleich von Vermögenseinbußen dienen soll.

Die Bestimmung des entgangenen Gewinns anhand des Verletzergewinns wird dort praktiziert, wo der Verletzte darlegen kann, dass er anstelle des Verletzers den gleichen oder einen ähnlichen Gewinn erzielt hätte, wäre es nicht zu der Verletzung gekommen[805]. Dies ist insbesondere der Fall, wenn dem Verletzten Geschäfte und damit Umsatz und Gewinn entgangen sind, die der Verletzer an seiner Stelle realisiert hat[806]. Hinsichtlich Darlegungs- und Beweislast des Verletzten gelten auch hier die Erleichterungen des Art. 42 Abs. 2 OR.

---

für Heranziehung des Verletzergewinns: BG SMI 1991 S. 124 (132) Urt. v. 7.4.1989; BGE 98 II 325 (333 f.) Urt. v. 27.6.1972; BGE 97 II 169 (178) Urt. v. 16.3.1971; Handelsgericht Bern SMI 1991 S. 234 (240) Urt. v. 25.5.1990; Obergericht Zürich SMI 1988 S. 117 (1269) Urt. v. 7.12.1987

zusammenfassend: Schweizerisches Immaterialgüter- und Wettbewerbsrecht Bd. 1, Teibd. 2, Der Rechtsschutz im Immaterialgüterrecht-David S. 115

801 BG SMI 1991 S.124 (133) Urt. v. 7.4.1989; BGE 36 II 610 (615) Urt. v. 4.11.1910

802 BGE 38 II 289 (304) Urt. v. 15.2.1912

803 BG sic! 1997 S. 148 (151) Urt. v. 10.11.1996; Zivilgericht Basel Stadt SMI 1996 S. 67 (72 f.) Urt. v. 24.1.1995

804 BG sic! 1997 S. 148 (151 f.) Urt. v. 10.10.1996; BG SMI 1987 S. 78 (84) Urt. v. 26.1.1987

805 Schweizerisches Immaterialgüter- und Wettbewerbsrecht Bd. 1, Teilbd. 2, Der Rechtsschutz im Immaterialgüterrecht-David S. 116

806 BG SMI 1991 S. 124 (132 f.) Urt. v. 7.4.1989; BGE 97 II 169 (178) Urt. v. 16.3.1971

bb) Dreifache Schadensberechnung im Persönlichkeitsrecht

Angewandt auf die widerrechtliche Verletzung von Persönlichkeitsrechten läßt sich festhalten, dass eine fiktive Lizenzgebühr als Anhalt für entgangenen Gewinn in den Fällen beansprucht werden kann, in denen die Erteilung einer Lizenz möglich und naheliegend war. Auszuschließen ist dies bei Nutzungen, die Ansehen, Ehre und absolut geschützte Intimsphäre verletzen.

Ähnlich verhält es sich mit der Beanspruchung des Verletzergewinns als entgangenem Gewinn im Rahmen des Schadenersatzes. Nur wenn der Verletzte darlegen kann, dass ihm eigene ähnliche Verwertungsmöglichkeiten entgangen sind, kommt ein am Gewinn des Verletzers orientierter Schadenersatz in Betracht. Auch hier scheiden solche Verletzungen aus, die für den Verletzten durch eine ungewollte Beeinträchtigung von Ansehen, Ehre und Intimsphäre gekennzeichnet sind.

4. Bemessung des Schadenersatzes nach Art. 43 OR

Schließlich ist zu bemerken, dass im schweizerischen Schadenersatzrecht nicht das "Alles oder Nichts-Prinzip" gilt. Gemäß Art. 43 OR ist nach Feststellung des Schadens die Höhe der Ersatzleistung gesondert festzustellen. Abgesehen vom nach Art. 44 Abs. 1 OR zu berücksichtigenden Mitverschulden des Verletzten können weitere Faktoren zu einem Abzug führen. Wenn auch im Grundsatz der volle Ersatz zu leisten ist[807], können geringes Verschulden[808], die Mitwirkung zufälliger Faktoren[809], ein entfernter Kausalzusammenhang[810] oder die Tatsache, dass die Schädigung im Rahmen einer Gefälligkeitsleistung erfolgte, zu einer Kürzung führen.

5. Verschuldenserfordernis / Anspruchsverpflichtete

a) Anspruch gegen die Verursacher gemäß Art. 41 Abs. 1 OR

Der Schadenersatzanspruch richtet sich gemäß Art. 41 Abs. 1 OR gegen alle, die den Schaden vorsätzlich oder fahrlässig verursacht haben[811]. Vorsätzlich

---

807 Berner Kommentar-Brehm Art. 43 Rn 47

808 Berner Kommentar-Brehm Art. 43 Rn 76; Oftiger/Stark S. 383

809 Berner Kommentar-Brehm Art. 43 Rn 52

810 BGE 61 II 85 (90) Urt. v. 19.3.1935; Berner Kommentar-Brehm Art. 43 Rn 53

811 Berner Kommentar-Brehm Art. 41 Rn 191; Keller S. 100 f.

handelt, wer den Schaden zumindest in Kauf nimmt. Fahrlässig handelt, wer die nach den objektiven Umständen gebotene Sorgfalt nicht beachtet[812].

aa) Verschulden bei der Berichterstattung durch die Medien

Erfolgt die Verletzung durch die Offenbarung von Fakten aus der Privat- oder Geheimsphäre ist generell Verschulden gegeben, da die Medien zur Unterlassung solcher Veröffentlichungen verpflichtet sind. Die fehlerhafte Beurteilung, ob ein persönlicher Umstand der Privatsphäre zuzuordnen ist oder nicht, stellt einen Rechtsirrtum dar, der für die Beurteilung des Verschuldens unerheblich ist[813]. Demgemäß unbeachtlich ist auch der Irrtum über die Eignung eines Werturteils zur Persönlichkeitsverletzung. Ausreichend ist, dass der beleidigende Charakter der Äußerung objektiv erkennbar ist[814].

Erfolgte die Persönlichkeitsverletzung hingegen durch die Verbreitung unwahrer Tatsachen, so ist zu fragen, ob die Beteiligten bei der Recherche genügend Sorgfalt aufgewandt hatten und die Tatsachen daher für wahr halten durften[815]. Tun sich beispielsweise aufgrund der Art der Informationsquelle oder aufgrund der Ungewöhnlichkeit der Meldung Zweifel an der Wahrheit auf, so ist eine Nachprüfung erforderlich[816]. Eine Nachprüfung kann lediglich dann unterbleiben, wenn die veröffentlichte Meldung von einer angesehenen Nachrichtenagentur übernommen wird[817]. Fehlt es an der erforderlichen Sorgfalt bei der Recherche, liegt Verschulden in Form von Fahrlässigkeit vor. Wird in Kenntnis der Unwahrheit berichtet, liegt Verschulden in Form von Vorsatz vor[818].

bb) Verschulden bei kommerzieller Nutzung der Persönlichkeit

Das Verschulden bei widerrechtlicher kommerzieller Verwertung von Persönlichkeitsmerkmalen, läßt sich in Anlehnung an die Praxis bei Verletzungen von Immaterialgüterrechten bestimmen. Die Verletzung von Immaterialgüterrech-

---

812 Brehm Art. 41 Rn 197; Keller S. 101

813 BGE 91 II 25 (42 f.) Urt. v. 16.3.1965; Berner Kommentar-Brehm Art. 41 Rn 185

814 BGE 106 II 92 (100) Urt. v. 8.5.1980

815 BGE 91 II 401 (406) Urt. v. 14.12.1965; Bezirksgericht Zürich ZR 94 (1995) Nr. 23 S. 74 (79) Urt. v. 9.10.1992; Obergericht Zürich SJZ 85 (1989) Nr. 59 S. 359 (362) Urt. v. 12.5.1989 (hier wurde dieser Gesichtspunkt fälschlicherweise im Rahmen der Widerrechtlichkeit erörtert); Riemer-Personenrecht S. 141 f.; Schaltegger S. 59

816 BG ZR 52 (1953) Nr. 195 S. 321 (328) Urt. v. 16.9.1953

817 Obergericht Zürich SJZ 85 (1989) Nr. 59 S. 359 (362) Urt. v. 12.5.1989; Ludwig S. 201; Riklin S. 216; Schaltegger S. 61

818 Beispiel dafür: Obergericht Zürich ZR 95 (1996) Nr. 28 S. 88 (91 f.) Urt. v. 14.7.1994

ten erfolgt vorsätzlich, wenn dem Täter die Verletzung bewußt ist oder wenn er die Verletzung billigend in Kauf nimmt. Fahrlässig und damit ebenfalls schuldhaft im Sinne von Art. 41 OR handelt, wer aufgrund der bekannten Umstände wissen muss oder zumindest vernünftige Gründe zu der Annahme hat, durch sein Handeln fremde Rechte zu verletzen[819].

Angewandt auf Persönlichkeitsverletzungen sollte die Annahme von Verschulden anhand dieser Grundsätze weniger Schwierigkeiten als bei Immaterialgüterrechten bieten. Gegenüber diesen besteht bei Persönlichkeitsrechten für den Rechtsverkehr weitgehend Klarheit darüber, dass Schutz besteht und wer Rechtsinhaber ist.

b) Haftung juristischer Personen gemäß Art. 55 ZGB

Erfolgt die Verletzung durch das Handeln einer juristischen Person, so haftet diese nach Maßgabe des Art. 55 Abs. 2 ZGB für das Verhalten ihrer Organe auf Schadenersatz. Voraussetzung für diese Haftung ist, dass ein Organ i.S.d. Art. 41 OR schuldhaft gehandelt hat[820]. Als Organe juristischer Personen gelten die, die die Geschäftsführung besorgen oder in leitender Stellung tätig sind[821]. Im Bereich von Presse- und sonstigen Medienunternehmen kommt Herausgebern und leitenden Redakteuren eine solche leitende Stellung zu[822].

c) Haftung für Hilfspersonen gemäß Art. 55 OR

Das Unternehmen oder der Unternehmer haftet gemäß Art. 55 Abs. 1 OR als Geschäftsherr auch für Schäden, die Hilfspersonen im Rahmen ihrer Tätigkeit durch eine widerrechtliche Persönlichkeitsverletzung verursachen. Vorteil für den Verletzten ist dabei, dass kein Verschulden auf seiten der Hilfsperson vorliegen muß. Nachteilig ist dagegen, dass dem Geschäftsherrn der Entlastungsbeweis nach Art. 55 Abs. 1 OR offensteht. Danach ist der Geschäfts-

---

819 Schweizerisches Immaterialgüter- und Wettbewerbsrecht Bd. 1, Teilbd. 2, Der Rechtsschutz im Immaterialgüterrecht-David S. 109; Troller S. 979 f.

820 Berner Kommentar-Brehm Art. 41 Rn 13; Oftinger/Stark S. 273; Riemer-Persönlichkeitsschutz und Presse S. 244 Fn 94

821 BGE 107 II 489 (496) Urt. v. 26.11.1981, BGE 121 III 176 (179) Urt. v. 21.3.1995; BGE 122 III 225 (227) Urt. v. 3.4.1996; Berner Kommentar-Brehm Art. 41 Rn 11

822 BGE 72 II 65 (66) Urt. v. 13.2.1946 [unter Aufgabe der gegenteiligen Auffassung bezüglich Redakteuren in BGE 48 II 53 (56) Urt. v. 18.1.1922]; BGE 95 II 481 (486) Urt. v. 21.3.1969; Obergericht Zürich ZR 94 (1995) Nr. 23 S. 74 (79) Urt. v. 19.11.1993; Nobel-Leitfaden zum Presserecht S. 127; Riemer-Persönlichkeitsschutz und Presse S. 235; Schaltegger S. 63; a.A. Obergericht Zürich ZR 70 (1971) Nr. 46 S. 110 (113) Urt. v. 6.3.1970; Berner Kommentar-Brehm Art. 55 Rn 14

herr von der Haftung befreit, wenn er entweder nachweist, dass er alle Sorgfalt zur Verhinderung des Schadens aufgewandt hat oder dass der Schaden auch bei ausreichender Sorgfalt aufgetreten wäre.

Als Hilfspersonen gelten im Gegensatz zu den Organen solche Personen, die zum Geschäftsherrn in einem Unterordnungsverhältnis stehen[823]. Sie werden für den Geschäftsherrn unselbständig tätig[824]. Dies wird deutlich durch die Formulierung im Gesetzestext "Arbeitnehmer oder andere Hilfspersonen." Die Verwendung des Begriffs "Arbeitnehmer" stellt klar, dass ein Subordinationsverhältnis erforderlich ist[825]. Angestellte eines Unternehmens sind also als deren Hilfspersonen anzusehen[826]. Selbständig arbeitende freie Journalisten sind dagegen keine Hilfspersonen i.S.d. Art. 55 OR. Unter Umständen läßt sich die Haftung des Medienunternehmens bei Berichten freier Journalisten jedoch über ein Überwachungsverschulden des zuständigen Redakteurs begründen.

Die Geschäftsherrenhaftung läßt sich, wie erwähnt, durch den Entlastungsbeweis gemäß Art. 55 Abs. 1 OR umgehen. Das Gelingen des Entlastungsbeweises erfordert vom Unternehmen den Nachweis, dass alle erdenkliche Sorgfalt zur Vermeidung der Schädigung aufgewandt wurde oder dass der Schaden auch bei Anwendung dieser Sorgfalt entstanden wäre[827]. Die zu beachtende Sorgfalt erstreckt sich auf Auswahl, Unterweisung und Überwachung der Hilfspersonen sowie auf die Organisation des Betriebs[828].

In der Rechtsprechung des Bundesgerichts findet sich eine ältere Entscheidung, die diese Sorgfaltspflicht bei einem persönlichkeitsverletzenden Zeitungsartikel als erfüllt ansah. Für das Gericht war in diesem Fall entscheidungserheblich, dass die Auswahl des verantwortlichen Redakteurs nicht zu beanstanden und auch eine weitere Überwachung des Redakteurs nicht geboten war[829]. Eine ähnliche Entscheidung im Bereich der Medienhaftung ist seit dieser Zeit nicht mehr dokumentiert[830].

---

823 Berner Kommentar-Brehm Art. 55 OR Rn 7

824 Keller S. 154

825 Berner Kommentar-Brehm Art. 55 OR Rn 12

826 Riklin S. 224; Schaltegger S. 62

827 Obergericht Zürich ZR 70 (1971) Nr. 46 S. 110 (112 f.) Urt. v. 6.3.1970; Geiser Medialex 1996, 203 (211)

828 Berner Kommentar-Brehm Art. 55 OR Rn 47; Keller S. 155 f.

829 BGE 48 II 53 (56-58) Urt. v. 18.1.1922

830 statt dessen die gegenteilige Entscheidung: Obergericht Zürich ZR 70 (1971) Nr. 46 S. 110 (112 f.) Urt. v. 6.3.1970; Entlastungsbeweis gar nicht angetreten in: Obergericht Zürich ZR 95 (1996) Nr. 28 S. 88 (89, 92) Urt. v. 14.7.1994

Dies führte zu der Feststellung, dass die Entlastung für Persönlichkeitsverletzungen im redaktionellen Medienteil nahezu unmöglich sei[831]. Dies wird maßgeblich auf die gesteigerten Überwachungspflichten zurückgeführt, die in der heutigen Zeit angesichts der gesteigerten Wirkung von Medienveröffentlichungen gelten[832]. Es entspricht auch der allgemein feststellbaren Tendenz, die Anforderungen an den Entlastungsbeweis des Art. 55 Abs. 1 OR sehr hoch anzusetzen[833]. So wird gänzlich davon gesprochen, dass der Entlastungsbeweis mit den durch die Rechtsprechung aufgestellten Kriterien praktisch abgeschafft worden sei[834].

Angesichts dieser Entwicklung erscheint die geäußerte Sorge, ein Schadenersatzanspruch sei wegen der schwierigen Nachweisbarkeit eines Verschuldens schwer durchsetzbar[835], unverständlich. Auch die aus dieser Sorge heraus geforderte Kausalhaftung der Medien[836] ist bei derart weitreichender Interpretation der Sorgfaltspflichten von Medienunternehmen nicht notwendig. Sie wäre auch nicht sachgerecht. Dies wird deutlich in dem Beispiel, in dem die Verletzung durch eine Veröffentlichung erfolgt, die auf einer Meldung aus einer für vollkommen zuverlässig angesehenen Quelle basiert. Die Haftung in solchen Fällen sollte nicht dem sorgfältig handelnden Medienunternehmen sondern der Quelle als dem eigentlichen Verursacher obliegen[837].

II. Anspruch aus dem Recht der Geschäftsanmaßung

Als weiterer finanzieller Ausgleichanspruch kommt der Anspruch auf Herausgabe des Gewinns nach den Regeln der Geschäftsführung ohne Auftrag in Betracht. Auf diesen Anspruch verweisen die Vorschriften in Art. 28a Abs. 3 ZGB und in Art. 9 Abs. 3 UWG sowie die Vorschriften zum Schutz der Immaterialgüterrechte in Art. 62 Abs. 2 URG, Art. 55 Abs. 3 MSchG und in Art. 73 PatG. Der Verweis richtet sich jeweils auf Art. 423 OR, der die unechte Geschäftsführung ohne Auftrag, d.h. die Geschäftsanmaßung, regelt[838]. Beim Vergleich mit dem deutschen Recht zur GoA ist zu beachten, dass Art. 423 OR anders als § 687 BGB auch die unbewußte Geschäftsanmaßung erfaßt.

---

831 Geiser Medialex 1996, 203 (211)

832 Berner Kommentar-Brehm Art. 55 OR Rn 73

833 Keller S. 150, 156

834 Keller S. 150, 156 f.

835 Bucher Rn 601; Frick S. 240; Riklin S. 216

836 Bucher Rn 601

837 Obergericht Zürich SJZ 85 (1989) S. 359 (360) Urt. v. 12.5.1989

838 Honsell/Vogt/Wiegand-OR-Weber Art. 423 Rn 1; Nertz S. 123; Schmid ZBJV Bd. 131, 261 (265)

Nach dem Wortlaut des Art. 28a Abs. 3 ZGB und dem der anderen genannten Verweisungsnormen ist der Verweis als Rechtsgrundverweis zu verstehen[839]. Demnach hängt der Gewinnherausgabeanspruch davon ab, ob die Verletzungshandlung als Geschäftsanmaßung im Sinne des Art. 423 OR einzuordnen ist und ob zudem die weiteren Voraussetzungen dieser Norm erfüllt sind.

1. Begriff der Geschäftsanmaßung

Kennzeichnend für eine Geschäftsanmaßung ist, dass der Geschäftsführer im eigenen Interesse oder im Interesse eines Dritten ohne entsprechende Verpflichtung egoistisch tätig wird[840]. Unter diese Definition fällt insbesondere die unerlaubte Nutzung von immaterialgüterrechtlich geschützten Positionen[841].

Mit den Verweisen auf den Herausgabeanspruch in Art. 28a Abs. 3 ZGB und in Art. 9 Abs. 3 UWG ist auch bezüglich persönlichkeitsrechtlicher Ausschließlichkeitsrechte und wirtschaftlich relevanter Nutzungspositionen nach dem UWG[842] eine Geschäftsanmaßung i.S.d. Art. 423 OR möglich. Ansonsten, so wird zu Recht argumentiert, hätten diese Verweise keinen Sinn[843].

a) Beschränkung durch die Zuweisungstheorie auf "property-rights"

Nach einer im Schrifttum geäußerten Auffassung soll der Begriff der Geschäftsanmaßung im Persönlichkeitsrecht und im Recht des unlauteren Wettbewerbs allerdings nur solche Rechtsverletzungen erfassen, die durch die Anmaßung fremder monopolisierter Nutzungsbefugnisse gekennzeichnet sind. Diese Ansicht beruht auf der sogenannten Lehre vom Zuweisungsgehalt.

Nach dieser Theorie kann nur dann von der Führung eines fremden Geschäfts gesprochen werden, wenn das vom Verletzer ausgebeutete Rechtsgut durch die Rechtsordnung lediglich dem Rechtsinhaber zur positiven Nutzung zugewiesen

---

839 Nertz S. 124; Nietlispach S. 133

840 Honsell/Vogt/Wiegand-OR-Weber Art. 423 Rn 1

841 BGE 97 II 169 (177) Urt. v. 16.3.1971 (bzgl. Patentverletzung); Cour de justice de Geneve SMI 1994 S. 183 (190) Urt. v. 19.11.1993; Handelsgericht Bern SMI 1991 S. 234 (239 f.) Urt. v. 25.5.1990 (UWG-Verletzung); Zivilgericht Basel Stadt SMI 1991 S. 225 (232 f.) Urt. v. 3.12.1990 (UWG-Verletzung); Obergericht Zürich SMI 1988 S. 117 (124) Urt. v. 7.12.1987 (Urheberrechtsverletzung); Nertz S. 125; Nietlispach; Schmid ZBJV Bd. 131, 261 (268); Troller S. 996

842 Honsell/Vogt/Wiegand-OR-Weber Art. 423 Rn 3; Nertz S. 125; Nielispach S. 137

843 Geiser-Persönlichkeitsverletzung S. 252; Nietlispach S. 426, 431

ist[844]. Die Verletzung eines reinen Abwehrrechts stellt danach keine Geschäftsanmaßung dar[845]. Dies bedeutet, dass eine Rechtsverletzung, die ein Handeln zum Gegenstand hat, das auch für den Rechtsinhaber selbst nicht als Nutzungsrecht geschützt ist, keine Geschäftsanmaßung darstellt[846].

Diese Einschränkung erfaßt Verletzungen wie die Veröffentlichung ehrenrühriger Tatsachen und Werturteile sowie die Veröffentlichung von Details aus dem Intimbereich, die gemeinhin nicht Gegenstand freiwilliger Veröffentlichung sind[847]. Als Geschäftsanmaßung gelten nach dieser Auffassung hingegen die gewinnbringende Ausnutzung bzw. Verwendung des Namens oder des Bildnisses einer bekannten Person zu Werbezwecken sowie die unerlaubte Veröffentlichung von Fakten aus der Privatsphäre, die der Verletzte im Rahmen von Interviews oder sogenannten Homestorys und dergleichen selbst gegen Entgelt offenbart haben könnte.

Entscheidend ist nach dieser Ansicht, ob sich für das betreffende Persönlichkeitsmerkmal in seiner konkreten Nutzungsform ein Markt zwischen Inhabern und Verwertern von Persönlichkeitsmerkmalen entwickelt hat[848]. Der Gewinnherausgabeanspruch setzt mit anderen Worten voraus, dass der Verletzte den Gewinn selbst hätte erzielen können[849].

Auch Verletzungen des UWG gelten nach der Zuweisungstheorie nur dann als Geschäftsanmaßung, wenn sie durch die rechtswidrige Verwertung fremder Nutzungspositionen erfolgen[850]. Beispiel dafür bietet der vom Handelsgericht Bern entschiedene Fall, in dem die satirisch abgewandelte Form eines berühmten Firmenlogos für einen Scherzartikel verwendet wurde[851].

b) Herausgabeanspruch nach der sog. Eingriffstheorie

Die sogenannte Eingriffstheorie versteht den Tatbestand der Geschäftsanmaßung ohne eine derartige Beschränkung auf ausschließliche Nutzungsrechte. Nach dieser Theorie ist allein entscheidend, dass eine Rechtsverletzung stattge-

---

844 Hofstetter in ZBJV Bd. 100, 221 (239); Lischer S. 28 f. ; Nietlispach S. 428; Widmer S. 83

845 Hofstetter ZBJV Bd. 100, 221 (240); Lischer S. 29

846 Nietlispach S. 428

847 Nietlispach S. 428

848 Nietlispach S. 427

849 Geiser-Persönlichkeitsverletzung S. 252

850 Nietlispach S. 431

851 Handelsgericht Bern SMI 1991 S. 234 (239 f.) Urt. v. 25.5.1990

funden hat und diese zu einem Gewinn beim Verletzten führte[852]. Dementsprechend sollen nach dieser Theorie bei allen Persönlichkeitsverletzungen, die zu einem Gewinn beim Verletzer geführt haben, Herausgabeansprüche nach Art. 28a Abs. 3 ZGB i.V.m. Art. 423 OR bestehen[853]. Dabei soll es unbeachtlich sein, ob auch der Verletzte den beanspruchten Gewinn hätte erzielen können[854]. Nach dieser Ansicht können Gewinnherausgabeansprüche also auch in Fällen gewinnbringender Berichterstattungen, die unter Verletzung von Ruf, Ansehen oder Intimsphäre erfolgten, geltend gemacht werden[855].

Im Rahmen des UWG unterfallen nach der Eingriffstheorie auch alle Wettbewerbsverletzungen den Regeln des Art. 423 OR, soweit sie sich auf die Wettbewerbsstellung eines bestimmten Marktteilnehmers beziehen[856]. Dazu zählen unter anderem die Verwertung fremder Leistungen, die Verletzung von Fabrikations- und Geschäftsgeheimnissen, unlautere Werbe- und Verkaufsmethoden sowie die unnötig herabsetzende und auch die anlehnende Werbung[857].

c) Rechtsprechung zu den beiden Theorien

Die Rechtsprechung hat zu den beiden Theorien bisher noch nicht endgültig Stellung bezogen. Es läßt sich jedoch feststellen, dass Entscheidungen, mit denen ein Gewinnherausgabeanspruch im Bereich des gewerblichen Rechtsschutzes zugesprochen wurde, regelmäßig die Verletzung fremder ausschließlicher Nutzungsrechte zum Gegenstand hatten[858]. Wenn die Gerichte in diesen Fällen auf die Voraussetzungen des Art. 423 OR eingingen, stellten sie bei der Feststellung der Geschäftsanmaßung darauf ab, dass der Verletzer ein Recht ausgeübt habe, das dem Rechtsinhaber zur ausschließlichen Nutzung zugewiesen war[859]. Diese Begründung läßt ahnen, dass die Rechtsprechung entsprechend der Zuweisungstheorie lediglich dort einen Gewinnherausgabeanspruch

---

852 Schmid-GoA Rn 755

853 Schmid-GoA Rn 755, 926; Tercier Rn 2125

854 Schmid ZBJV Bd. 131, 261 (274)

855 Schmid-GoA Rn 926

856 Schmid-GoA Rn 758

857 Schmid-GoA Rn 1087

858 BGE 97 II 169 (197) Urt. v. 16.3.1971; Cour de justice de Geneve SMI 1994 S. 183 (190) Urt. v. 19.11.1993; Handelsgericht Bern SMI 1991 S. 234 (239 f.) Urt. v. 25.5.1990; Zivilgericht Basel Stadt SMI 1991 S. 225 (232 f.) Urt. v. 3.12.1990; Obergericht Zürich SMI 1988 S. 117 (125) Urt. v. 7.12.1987

859 BGE 97 II 169 (177) Urt. v. 16.3.1971; Obergericht Zürich SMI 1988 S. 177 (125) Urt. v. 7.12.1987; Zivilgericht Basel Stadt SMI 1991 S. 225 (232 f.) Urt. v. 3.12.1990

nach Art. 423 OR gewährt, wo sich die Verletzung als unbefugte Ausbeutung fremder Nutzungspositionen darstellt.

Ganz in diesem Sinne argumentiert auch Geiser. Er weist darauf hin, dass der Gesetzgeber nach eingängiger Beratung auf einen generellen Gewinnherausgabeanspruch im Persönlichkeitsrecht verzichtet habe und sich stattdessen für den Verweis auf Art. 423 OR entschied. Diese Vorschrift erfasse aber nur solche Handlungen, die auch Gegenstand eines Auftrags sein könnten[860].

2. *Diskussion zur Erforderlichkeit von Verschulden bzw. Bösgläubigkeit*

Eine weitere umstrittene Frage im Zusammenhang mit dem Anspruch aus Art. 423 OR ist, ob neben der objektiven Voraussetzung der Geschäftsanmaßung das Verschulden oder die Bösgläubigkeit des Geschäftsführers hinsichtlich seiner Nichtberechtigung erforderlich ist.

a) Erforderlichkeit von Verschulden bzw. Bösgläubigkeit

Ein weiter Teil der Lehre fordert für den Anspruch aus Art. 423 OR, dass der Geschäftsführer bösgläubig gehandelt hat[861]. Bösgläubigkeit soll gemäß Art. 3 Abs. 2 ZGB dann vorliegen, wenn der Geschäftsführer um die Fremdheit der Angelegenheit wußte oder bei Anwendung gehöriger Sorgfalt davon wissen konnte[862].

Zur Begründung dieses Standpunkts wird darauf verwiesen, dass der Gewinnherausgabeanspruch unter Umständen finanziell belastender als der verschuldensabhängige Schadenersatzanspruch sein kann. Daher wird die Haftung des Gutgläubigen als systemwidrig abgelehnt[863]. Auch wegen des Präventions- und Sanktionsgedankens sei allein die Haftung des Bösgläubigen gerechtfertigt[864]. Schließlich wird argumentiert, dass nach Art. 423 OR ein Handeln gegen das Interesse des Geschäftsherrn erforderlich sei, was die Kenntnis von dem Interesse des Geschäftsherrn und somit die Kenntnis von der Fremdheit des Geschäfts erfordere[865].

---

860 Geiser-Persönlichkeitsverletzung S. 251

861 Graffenried-Urheberrechtsverletzungen S. 197; Hofstetter ZBJV Bd. 100, 221 (239); Nietlispach S. 123

862 Lischer S. 50 f.; Nietlispach S. 120; Schmid ZBJV Bd. 131, 261 (271 f.)

863 Nietlispach S. 122; Schmid ZBJV Bd. 131, 261 (271); Schmid-GoA Rn 789

864 Graffenried-Urheberrechtsverletzungen S. 195 f.; Nietlispach S. 122

865 Lischer S. 47

b) Keine Erforderlichkeit von Verschulden bzw. Bösgläubigkeit

Gegen diese Ansicht führen Vertreter einer anderen Auffassung ins Feld, dass Art. 423 OR ausdrücklich keine subjektive Voraussetzung wie etwa Verschulden oder Bösgläubigkeit enthalte[866]. Zudem sei der gutgläubig Handelnde durch die analoge Anwendung des Art. 64 OR geschützt. Diese Vorschrift schließe auch im Geschäftsführungsrecht die Herausgabe des Gewinns durch den Gutgläubigen aus, wenn er den Gewinn nicht mehr in seinem Vermögen hat[867].

c) Rechtsprechung zum Verschuldenserfordernis bei der Geschäftsanmaßung

Die Rechtsprechung hat sich anlässlich der Beurteilung einer Patentverletzung[868] und einer Verletzung des Urheberrechts[869] gegen das Erfordernis des Verschuldens ausgesprochen. Schmid meint allerdings, die Hinwendung der Rechtsprechung zum Verschuldenserfordernis ausmachen zu können[870]. Er beruft sich dabei auf eine Entscheidung des Bundesgerichts aus dem Jahr 1993[871].

Hierzu ist aber darauf hinzuweisen, dass das Bundesgericht in dieser Entscheidung im Zusammenhang mit Art. 423 OR keineswegs eine klare Aussage zum Verschuldenserfordernis abgab. Auch Schmid erkennt dies an, wenn er zugesteht, dass die Äußerungen zur GoA in diesem Entscheid nicht zu den ratio decidendi gehören und keinen Hinweis auf die anderslautende frühere Rechtsprechung enthalten[872]. Angesichts dieser Situation erscheint es nicht gerechtfertigt, sich für das Erfordernis der Bösgläubigkeit auf das Bundesgericht zu berufen.

Allerdings sollte dieses Problem im Rahmen der hier interessierenden Tatbestände der Persönlichkeitsverletzungen kaum Bedeutung haben. Angesichts der klaren Zuordnung der Persönlichkeitsrechte, dürfte kaum jemand schuldlos über die Berechtigung zur Nutzung fremder Persönlichkeitswerte irren.

---

866 Geiser-Persönlichkeitsverletzung S. 257; Tercier Rn 2135; Widmer S. 91

867 Widmer S. 91, 120

868 BGE 97 II 169 (178) Urt. v. 16.3.1971

869 Obergericht Zürich SMI 1988 S. 117 (125) Urt. v. 7.12.1987

870 Schmid ZBJV Bd. 131, 261 (272)

871 BGE 119 II 40 (43) Urt. v. 3.2.1993

872 Schmid ZBJV Bd. 131, 261 (272 Fn 36)

3. Bemessung des Anspruchs

Zum Anspruchsumfang wird einhellig festgestellt, dass die Herausgabe des kausal auf dem Eingriff beruhenden Gewinns geschuldet sei[873]. Dies meint den Bruttogewinn abzüglich der Auslagen und Aufwendungen, die beim Geschäftsführer im Rahmen der Nutzung des fremden Rechtsguts anfallen[874]. Zu Lasten des Geschäftsführers sind auch die durch die Geschäftsführung vermiedenen Verluste als Eingriffsgewinn zu berücksichtigen[875].

Der Geschäftsherr hat als Kläger grundsätzlich die Höhe dieses Gewinns darzulegen und zu beweisen[876]. Zur Ermittlung dieses Gewinns stehen ihm Ansprüche auf Auskunft und Rechnungslegung aus Art. 400 Abs. 1 OR[877] und nach anderer Ansicht aus Art. 2 Abs. 1 ZGB[878] zu. Der Geschäftsführer kann diese Ansprüche im Wege der Stufenklage geltend machen[879]. Läßt sich auch mit Hilfe dieser Auskünfte keine Bezifferung vornehmen, bleibt die Möglichkeit der Schätzung des Gewinns analog Art. 42 Abs. 2 OR[880]. Eine solche Schätzung kann nach Auffassung von Lehre und Rechtsprechung an Hand der fiktiven Lizenzgebühr vorgenommen werden, da diese beim Geschäftsführer in jedem Fall als gewinnsteigernde Ersparnis zu Buche schlage[881].

4. Keine Kumulation von Schadenersatz- und GoA-Ansprüchen

Das Bundesgericht hat im bereits erwähnten Urteil BGE 97 II 169 darauf hingewiesen, dass Schadenersatz und GoA-Ansprüche eigenen Vorausssetzungen unterliegen und getrennt zu beurteilen sind. Trotzdem wird ein Nebeneinander beider Ansprüche abgelehnt. Der Verletzte könne entweder Schadenersatz oder Gewinnherausgabe fordern, nicht aber beides zusammen[882].

---

873 Obergericht Zürich SMI 1988 S. 117 (125) Urt. v. 7.12.1987; Geiser-Persönlichkeitsverletzung S. 255; Nietlispach S. 124; Weber ZSR NF Bd. 111, 1. Hlbbd., 333 (346); Widmer S. 91

874 Geiser-Persönlichkeitsverletzung S. 255

875 Nietlispach S. 124; Weber ZSR NF Bd. 111, 1. Hlbbd., 333 (346); Widmer S. 91

876 Widmer S. 95

877 Vogel SMI 1993, 27 (31); Widmer S. 93

878 Schmid ZBJV Bd. 131, 261 (269)

879 Vogel SMI 1993, 27 (31)

880 Zivilgericht Basel Stadt SMI 1991 S. 225 (233) Urt. v. 3.12.1990; Schmid-GoA Rn 857; Vogel S. 32; Weber ZSR NF 111, 333 (346)

881 Obergericht Zürich SMI 1988 S. 117 (125) Urt. v. 7.12.1987

882 BGE 97 II 169 (178) Urt. v. 16.3.1987; Cour de justice de Geneve SMI 1994 S. 183 (190) Urt. v. 19.11.1993

Diese Regel wird von der Literatur in dieser Absolutheit nicht einhellig akzeptiert. Abweichende Stimmen in der Literatur gehen nur dort von der Alternativität beider Ansprüche aus, wo der Schadenersatz dem gleichen Interesse wie der Gewinnherausgabeanspruch dient. Dies sei der Fall, wenn der Schadenersatzanspruch dazu dienen soll, den entgangenen Gewinn, das sog. lucrum cessans, zu ersetzen[883]. Dient der Schadenersatzanspruch dagegen zur Wiedergutmachung von Einbußen am vorhandenen Vermögen, am sog. damnum ermergens, so bestehe keine Alternativität. In diesem Fall könnten beide Ansprüche kumuliert werden[884].

Ebenso soll eine Kumulation möglich sein, wenn der Schaden darin besteht, dass Gewinne vereitelt wurden, die auch der Geschäftsführer nicht gezogen hat[885]. Im Bereich von Persönlichkeitsverletzungen ist als Beispiel dafür an die kommerziell gewinnträchtige Nutzung eines Persönlichkeitsmerkmals zu denken, die eine Ruf- oder Ansehensminderung mit sich bringt und dadurch Geschäfte und Gewinne des Verletzten vereitelt[886].

Es ist nicht ganz klar, ob die erwähnte Ablehnung der Kumulation durch die Rechtsprechung in ihrer Absolutheit auch für diese differenzierten Konstellationen gelten soll. Die Entscheidung des Bundesgerichts in BGE 97 II 169 bezog sich jedenfalls auf die Situation, in der sich die mit Schadenersatzanspruch und Gewinnherausgabeanspruch verfolgten Interessen deckten. Ebenso verhielt es sich in einem Fall, in dem der Cour de justice de Geneve in seinem Urteil aus dem Jahr 1993 ebenfalls vom Verbot der Kumulation beider Ansprüche ausging[887].

III. Anspruch auf Herausgabe der ungerechtfertigten Bereicherung

Zum Anspruch aus dem Recht der ungerechtfertigten Bereicherung ist zunächst festzustellen, dass weder Art. 28 Abs. 3 ZGB noch § 9 Abs. 3 UWG einen solchen Anspruch als Rechtsfolge vorsehen. Trotzdem wird im Schrifttum auch bei Verletzungen der Persönlichkeitsrechte und des Wettbewerbsrechts auf einen solchen Anspruch aus Art. 62 OR verwiesen[888].

---

883 Schmid-GoA Rn 1278 f.; Widmer S. 102

884 Schmid-GoA Rn 1280; Widmer S. 102

885 Dessemontet GRUR Int. 1980, 272 (275)

886 Schmid-GoA Rn 1280; Widmer S. 102

887 Cour de justice de Geneve in SMI 1994 S. 183 (190) Urt. v. 19.11.1993

888 Geiser-Persönlichkeitsverletzung S. 257; Honsell/Vogt/Wiegand-OR-Schulin Art. 62 Rn 48; Nietlispach S. 430, 432; Pedrazzini/Oberholzer S. 161; Riklin S. 219; Schluep S. 201 f.; Schmid-GoA Rn 1341

Dies ist jedoch keinesfalls als gesicherte Erkenntnis anzusehen. In der jüngeren Rechtsprechung findet sich keine Entscheidung, in der ein finanzieller Ausgleich im Falle einer Persönlichkeitsrechtsverletzung, einer Wettbewerbsverletzung oder einer Immaterialgüterrechtsverletzung über den Anspruch auf Herausgabe ungerechtfertigter Bereicherung nach Art. 62 OR gewährt wurde[889]. Dies wird im Schrifttum darauf zurückgeführt, dass die Rechtsprechung beim Bereicherungsanspruch zu Unrecht an dem Erfordernis der Entreicherung festhalte[890].

1. Voraussetzungen des Art. 62 OR

Voraussetzung des Anspruchs nach Art. 62 OR ist nach herkömmlicher Auffassung die Bereicherung beim Anspruchsgegner, die zu Lasten des Anspruchstellers geht und ohne Rechtsgrund erfolgt[891]. Der gutgläubig Handelnde wird im schweizerischen Bereicherungsrecht durch Art. 64 OR geschützt. Danach hat der Bereicherungsschuldner nur die Bereicherung herauszugeben, die bei ihm im Zeitpunkt der Rückforderung noch vorhanden ist.

Der Bereicherungsvorgang kann durch Leistung des Entreicherten, durch den Eingriff des Bereicherten, durch das Verhalten Dritter sowie durch Zufall erfolgen[892]. Bei der Verletzung von Persönlichkeitsrechten soll die Eingriffskondiktion einschlägig sein[893]. Diese setzt nach der Rechtsprechung des Bundesgerichts eine Entreicherung beim Eingriffsopfer voraus[894]. Die Bereicherung muß also nach dieser Rechtsprechung auf einer Verminderung des Vermögens beim Anspruchsteller beruhen[895]. Der Anspruch aus Art. 62 OR erfordert also in jedem Fall eine Vermögensverschiebung[896]. Bei der Verletzung von Immaterialgüterrechten wie auch bei Persönlichkeitsverletzungen resultieren Vermögenszuwächse allerdings nicht aus Vermögensverschiebungen zwischen Eingriffsopfer und Eingreifendem. Der Vermögenszuwachs bei dem einen ist nicht notwendig der Verlust des anderen. Aufgrund der von der Rechtsprechung geforderten Vermögensverschiebung hat das Bereicherungsrecht in den hier interessierenden Bereichen konsequenterweise keine praktische Bedeutung erlangt.

889 so das Ergebnis bei: Nertz S. 97

890 Schluep S. 193 f.; Schmid ZBJV Bd. 131, 261 (273); Widmer S. 105 f.

891 Honsell/Vogt/Wiegand-OR-Schulin Art. 62 Rn 7-20

892 Honsell/Vogt/Wiegand-OR-Schulin Art. 62 Rn 21 ff., 42 ff., 57 ff., 59 f.

893 Nietlispach S. 430; Schluep S. 193 f.; Schmid ZBJV Bd. 131, 261 (275)

894 vgl. BGE 106 II 29 (31) Urt. v. 10.4.1980; BGE 99 II 131 (146) Urt. v. 21.6.1973

895 BGE 99 II 131 (146) Urt. v. 21.6.1973

896 BGE 117 II 404 (410) Urt. v. 22.10.1991

2. Abweichende Konzepte zur Bereicherungshaftung

Gegen diese Rechtsprechung wurden in der Lehre verschiedene Konzepte zum Recht der ungerechtfertigten Bereicherung entwickelt, von denen einige auch in den Bereichen des Immaterialgüterrechts und des Persönlichkeitsrechts Ansprüche ermöglichen sollen.

a) Zuweisungstheorie

Nach der von Holenstein begründeten Zuweisungstheorie ist anstelle der Entreicherung entscheidend, ob jemand etwas erlangt hat, das nach der Rechtsordnung einem anderen zugewiesen ist[897]. Der Zuweisungsgehalt eines Rechts ist das dem Rechtsinhaber zum Haben und Nutzen Zugewiesene. Der genaue Inhalt dessen soll sich aus der jeweils einschlägigen gesetzlichen Regelung ergeben[898].

Nach Holenstein vermitteln jedoch weder das Persönlichkeitsrecht, noch die Rechtspositionen des Wettbewerbsrechts seinem Inhaber derartigen Zuweisungsgehalt[899]. Dies beruht vornehmlich auf dem alten Verständnis des Persönlichkeitsrechts, wonach dieses vom Gesetzgeber ausschließlich als Abwehrrecht gestaltet worden sei. Nach der Ansicht Holensteins lassen sich also bei Persönlichkeitsverletzungen Bereicherungsansprüche auch nicht mit der Zuweisungstheorie begründen.

Eine andere auf dem Boden der Zuweisungstheorie stehende Auffassung weist hingegen allen subjektiven Rechten, die marktfähiger Verwertung zugänglich sind, einen entsprechenden Zuweisungsgehalt zu. Danach besitzen auch Persönlichkeitsrechte und wettbewerbsrechtlich geschützte Nutzungspositionen Zuweisungsgehalt[900]. Ausgenommen sind nach diesem Verständnis der Zuweisungstheorie lediglich solche Rechtspositionen, die ausschließlich Abwehrrechte begründen.

Entscheidender Unterschied zu den Grundsätzen der Rechtsprechung ist nach beiden Verständnissen der Zuweisungstheorie, dass für den Anspruch nach Art. 62 OR keine eigentliche Vermögensverschiebung erforderlich ist[901].

---

897 Holenstein S. 76

898 Holenstein S. 86

899 Holenstein S. 95

900 Schluep S. 199 f.

901 Schluep S. 209

Der Umfang des Herausgabeanspruchs ist laut Schlueps Auffassung anhand ökonomischer Gesichtspunkte zu bemessen. Gegenstand der Herausgabe bei Eingriffen in Immaterialgüterrechte, in Persönlichkeitsrechte und in Wettbewerbspositionen mit Zuweisungsgehalt ist danach der Wert der Nutzung[902]. Dabei wird der Wert angenommen, den der Verletzer für die Nutzung an sich hätte aufwenden müssen. Gibt es für die in Frage stehende Nutzung einen Marktpreis - sprich: eine übliche Lizenzgebühr - so wird diese als Nutzungswert zugrundegelegt[903]. Läßt sich dem Markt keine solche Lizenzgebühr entnehmen, so ist diese zu ermitteln. Laut Schlueps Auffassung ergibt sie sich aus dem Vergleich zwischen den beiden Nutzungsmöglichkeiten, die das Gut einerseits für den Verletzten und andererseits für den Verletzer bietet. Ist der Wert der Nutzungsmöglichkeit für den Verletzer höher als der Wert der Nutzung, den das Gut für den Verletzten hat, so ergibt sich eine Nutzungsentschädigung, die zwischen diesen beiden Werten liegt. Damit soll beim Rechtsschutz für den Verletzten die Berücksichtigung der Marktgegebenheiten gewährleistet werden[904].

Im Fall des bösgläubigen Verletzers plädiert Schluep hingegen wie bei Anwendung des Geschäftsführungsrechts für die Abschöpfung des gesamten Nettogewinns[905]. Er meint zur Begründung, dies sei zur Wahrung eines rechtmäßigen, funktionierenden Marktes erforderlich. Dem Verletzer müsse mit der Gewinnabschöpfung jeder Anreiz zum Rechtsbruch genommen werden. Versäumt es der bösgläubige Verletzer, einen entsprechenden Gewinn zu erzielen, so soll er stattdessen verpflichtet sein, neben dem tatsächlich erlangten Nutzungswert auch den versäumten Gewinn herauszugeben[906].

Eine andere Konsequenz zieht Schluep für den Fall, dass der Nutzen für den gutgläubigen Verletzer geringer als für den Verletzten ist. Hier soll sich der Verletzer gefallen lassen, dass seine Herausgabepflicht anhand seiner hypothetischen Ersparnis gegenüber der rechtmäßigen Nutzung ermittelt wird. Hierfür soll der Vergleich mit dem Entgelt, für das der Verletzte die Nutzung Dritten gestattet hätte, maßgeblich sein[907].

---

902 Schluep S. 203

903 Schluep S. 203

904 Schluep S. 203 f.

905 Schluep S. 204

906 Schluep S. 205

907 Schluep S. 205

b) Beeinträchtigungstheorie

Schaufelberger vertritt zum Bereicherungsrecht einen anderen Ansatz. Er definiert die Voraussetzung "aus dem Vermögen eines anderen" als Beeinträchtigung fremder Rechtssphäre[908]. Laut Schaufelberger ist "eine Bereicherung dann auf Kosten eines anderen erlangt, wenn sie durch Beeinträchtigungen der Rechtssphäre dieses anderen, d.h. durch Störung von dessen rechtlich anerkannten Vermögens- oder Personengütern erzielt wurde"[909]. Es soll dabei nicht auf eine Vermögenseinbuße beim Verletzten ankommen[910]. Nach dieser Auffassung ist jede Beeinträchtigung von Persönlichkeitsrechten bereicherungsrechtlich relevant, egal ob eine marktmäßige Verwendung für den betroffenen Persönlichkeitswert bestand oder nicht[911]. Herauszugeben hat der Verletzer daher bei Persönlichkeitsverletzungen, wie auch bei Verletzungen des Wettbewerbsrechts, jeden aus der Verletzung erzielten Gewinn[912].

c) Generalklauseltheorie

Schließlich ist noch die Generalklauseltheorie vorzustellen. Nach dieser Theorie hängt ein bereicherungsrechtlicher Ausgleich davon ab, ob der als Folge des bereichernden Ereignisses eingetretene Zustand ungerechtfertigt ist[913]. Ungerechtfertigt ist jede rechtsgrundlose Bereicherung[914]. Auch nach der Generalklauseltheorie begründet jeder widerrechtliche Eingriff in Persönlichkeitswerte, sofern er sich beim Eingreifenden vermögensmehrend auswirkt, einen Bereicherungsanspruch. Auf eine Vermögenseinbuße beim Verletzten kommt es auch nach dieser Theorie nicht an[915].

Gegenstand des Herausgabeanspruchs ist nach der Generalklauseltheorie grundsätzlich die angemessene Lizenzgebühr. Für diese Lizenzgebühr soll der erzielte Gewinn einen Anhaltspunkt bieten. Hat der Eingreifer schuldhaft gehandelt, soll er zum Zweck der wirksamen Prävention zur Herausgabe des aus dem Eingriff resultierenden Nettogewinns verpflichtet sein[916].

---

908 Schaufelberger S. 122 f.

909 Schaufelberger S. 137

910 Schaufelberger S. 139

911 Schaufelberger S. 137; im Sinne der Beeinträchtigungstheorie: Geiser-Persönlichkeitsverletzung S. 260

912 Geiser-Persönlichkeitsverletzung S. 261; Schaufelberger S. 238, 244

913 Kaufmann-Bütschli S. 235

914 Kaufmann-Bütschli S. 235

915 Nietlispach S. 335

916 Nietlispach S. 367

d) Ablehnung der Eingriffskondiktion bei Eingiffen in immaterielle Rechte

Nertz wendet sich gegen die genannten Ansätze zum Bereicherungsanspruch. Er lehnt die Eingriffskondiktion bei Verletzungen von Immaterialgüterrechten und Persönlichkeitsrechten ab. Für Nertz scheitert der Bereicherungsanspruch am Fehlen eines erlangten Bereicherungsgegenstands im Sinne von Art. 62 Abs. 1 OR. Er stellt fest, dass der Eingreifer bei der Verletzung immaterieller Rechte lediglich faktische Nutzungsmöglichkeiten wahrnehme[917]. Diese besitze aber jeder, der den Inhalt des geschützten Rechtes kenne, und nicht nur der, der das Recht tatsächlich unerlaubt nutzt[918]. Nertz meint daher, dass diese faktische Nutzungsmöglichkeit kein durch den Eingriff erlangtes Etwas darstellen könne[919]. Außerdem meint Nertz, dass die durch den Eingriff erlangten Vorteile des Verletzers nicht aus der Sphäre des Verletzten stammen. Demzufolge fehle bei der Verletzung von Immaterialgüter- und Persönlichkeitsrechten ein kondizierbarer Bereicherungsgegenstand[920].

e) Standpunkt der Rechtsprechung zu den Theorien im Bereicherungsrecht

Die Rechtsprechung hat sich insbesondere im Rahmen der Beurteilung von Ansprüchen aus Immaterialgüter- oder Persönlichkeitsrechtsverletzungen zu keiner der vorgestellten Theorien geäußert. Sie hat stattdessen stets auf die Notwendigkeit einer Vermögensverschiebung hingewiesen.

Der Hinweis von Schmid[921], dass das Bundesgericht mit seiner Entscheidung in BGE 119 II 40 vom Erfordernis der Vermögensverschiebung abgerückt sei, scheint nicht gerechtfertigt. Diese Entscheidung, die schon oben im Rahmen der Ansprüche aus dem Recht der Geschäftsführung ohne Auftrag erwähnt wurde, stützt sich nicht auf das Bereicherungsrecht. Das Bundesgericht erklärte daher in dieser Entscheidung auch nicht, zukünftig beim Bereicherungsanspruch auf das Erfordernis der Vermögensverschiebung zu verzichten.

So lange dies nicht geschehen ist, kann man, was die Rechtsprechung betrifft, weiterhin vom Erfordernis der Vermögensverschiebung ausgehen. Damit ist derzeit bei Persönlichkeitsverletzungen die Durchsetzung bereicherungsrechtlicher Ansprüche unwahrscheinlich.

---

917 Nertz S. 122

918 Nertz S. 121

919 Nertz S. 122

920 Nertz S. 122

921 Schmid ZBJV Bd. 131, 261 (273 Fn 37)

IV. Anspruch auf Genugtuung

Gesetzlich anerkannt ist dagegen der Anspruch auf Genugtuung. Er ist in Art. 28a Abs. 3 ZGB als Rechtsfolge bei Persönlichkeitsverletzungen vorgesehen. Außerdem enthalten viele der schon angesprochenen Spezialnormen Regelungen zum Genugtuungsanspruch. So verweist Art. 15 Abs. 1 S. 1 DSG auf Art. 28a ZGB. Auch die Art. 29 Abs. 2 ZGB, 9 Abs. 3 UWG, 62 Abs. 2 URG und 52 Abs. 2 MSchG führen zum Genugtuungsanspruch. Alle diese Vorschriften, mit Ausnahme von Art. 29 Abs. 2 ZGB, verweisen nämlich auf das Obligationenrecht und damit auf Art. 49 OR. Dennoch ist auch bei Art. 29 ZGB davon auszugehen, dass die Genugtuung nach Maßgabe des Art. 49 OR zu leisten ist[922]. Der Genugtuungsanspruch nach Art. 49 OR ist die allgemeine Regelung zur Genugtuung bei Verletzungen der Persönlichkeit. Eine besondere Regelung des Genugtuungsanspruchs im Falle von Tötungen oder Körperverletzungen ist demgegenüber in Art. 47 OR enthalten.

Art. 49 OR in der jetzt geltenden Fassung wurde im Zuge der Reform des Persönlichkeitsrechts im Jahr 1983 neu gefaßt und trat im Jahr 1985 in Kraft. Der neue Wortlaut beschränkt sich auf die Regelung des Genugtuungsanspruchs wegen Persönlichkeitsverletzungen, während die alte Vorschrift auch den Anspruch auf Schadenersatz umfaßte. Der Schadenersatzanspruch ergibt sich heute allein aus Art. 28a Abs. 3 ZGB i.V.m. Art. 41 OR.

Die Regelung des Art. 49 OR ist nicht als selbständige Haftungsnorm, sondern als Bemessungsregel für die aus anderen Rechtsnormen abgeleitete Haftpflicht zu verstehen[923]. Dies meint, dass die oben genannten Vorschriften in Art. 28a Abs. 3 ZGB, Art. 29 Abs. 2 ZGB, Art. 9 Abs. 2 UWG, Art. 62 Abs. 2 URG und in Art. 52 Abs. 2 MSchG festlegen, welche Rechtsverletzungen einen Genugtuungsanspruch nach sich ziehen können. Art. 49 OR hingegen enthält die besonderen Voraussetzungen und Bemessungsgrundlagen für den Genugtuungsanspruch. Desweiteren ist zu beachten, dass durch den Verweis auf die Regeln des Obligationenrechts auch die allgemeinen Haftpflichtbestimmungen der Art. 41 ff. OR gelten[924].

---

922 Honsell/Vogt/Geiser-ZGB-Bühler Art. 29 ZGB Rn 36; Lack S. 213

923 BGE 123 III 204 (209 f.) Urt. v. 9.6.1997; Berner Kommentar-Brehm Art. 49 Rn 14

924 Berner Kommentar-Brehm Art. 49 Rn 90; Bucher Rn 604; Pedrazzini/Oberholzer S. 160

1. Zweck des Genugtuungsanspruchs

Für das Verständnis des Genugtuungsanspruchs ist dessen Funktion von Bedeutung. Nachdem Art. 49 OR seit der Gesetzesänderung im Jahr 1985 das schwere Verschulden nicht mehr als Voraussetzung enthält, ist es einhellige Ansicht, dass der Genugtuungsanspruch nicht der Bestrafung des Verletzers dienen soll[925], wie dies noch unter Geltung der alten Fassung vertreten wurde[926]. Zweck der Genugtuung ist der Ausgleich immaterieller Unbill, also der Ausgleich für erlittene seelische Schmerzen[927]. Brehm beschrieb als Ziel des Art. 49 OR "die Schaffung von Wohlbefinden als Ausgleich für die erlittene Unbill."[928] Das Bundesgericht hat diese Formulierung übernommen[929].

Larese hat einen zusätzlichen Vorstoß zugunsten einer präventiven Funktion des Genugtuungsanspruchs unternommen und sich dabei an der deutschen Rechtsprechung zur Geldentschädigung bei Persönlichkeitsverletzungen orientiert. Larese fordert, den Genugtuungsanspruch gerade bei Ruf- und Ehrbeeinträchtigungen präventiv zu nutzen[930]. Dies verlange jedoch, den Genugtuungsanspruch auf alle widerrechtlichen Persönlichkeitsverletzungen anzuwenden. Eine Beschränkung auf besonders schwere Verletzungen sei deshalb nicht vorzunehmen[931]. Einer stärkeren Betonung der Präventionsfunktion reden auch die Autoren das Wort, die die derzeit zugesprochenen Genugtuungssummen bei Ruf- und Ehrbeeinträchtigungen als zu niedrig bewerten und eine spürbare Anhebung der Genugtuungssummen fordern[932].

Die Rechtsprechung hat auf diese Forderungen bisher nicht reagiert. Vielmehr hat sie stets den Ausnahmecharakter des Genugtuungsanspruchs und seine Funktion zum Ausgleich der erlittenen seelischen Schmerzen bekräftigt[933].

---

925 Berner Kommentar-Brehm Art. 49 Rn 18; Geiser-Persönlichkeitsverletzung S. 219; Hütte SJZ 1988, 169 (170)

926 Grossen ZSR NF Bd. 79, 2. Halbbd., 1a (37a); Jäggi ZSR NF Bd. 79, 2. Halbbd., 133a (189a)

927 Geiser-Persönlichkeitsverletzung S. 218; Keller S. 120; Pedrazzini/Oberholzer S. 159

928 Berner Kommentar-Brehm Art. 49 Rn 18

929 BGE 123 III 10 (15) Urt. v. 10.1.1997; BGE 118 II 404 (408) Urt. v. 27.10.1992

930 Larese Medialex 1997, 139 (141)

931 Larese Medialex 1997, 139 (144)

932 Schweizerisches Immaterialgüter- und Wettbewerbsrecht Bd. 1, Teilbd. 2, Der Rechtsschutz im Immaterialgüterrecht-David S. 119; Geiser SJZ 1996, 73 (78); Riklin S. 218

933 BGE 120 II 97 (98) Urt. v. 12.1.1994; BGE 118 II 410 (413 f.) Urt. v. 27.10.1992; Obergericht Zürich ZR 94 (1995) Nr. 23 S. 74 (82, 87) Urt. v. 19.11.1993; Obergericht Zürich ZR 95 (1996) Nr. 28 S. 88 (93) Urt. v. 14.7.1994

2. *Voraussetzungen des Genugtuungsanspruchs*

a) *Widerrechtliche Persönlichkeitsverletzung*

Voraussetzung für den Genugtuungsanspruch gemäß Art. 49 OR ist eine widerrechtliche Persönlichkeitsverletzung. Sofern der Anspruch auf Art. 28 ZGB gestützt wird, erlangt diese Voraussetzung keine besondere Bedeutung, da sie mit Vorliegen des Tatbestands des Art. 28 ZGB ohnehin erfüllt ist.

Anders verhält es sich aber bei Genugtuungsansprüchen aufgrund der oben genannten wettbewerbsrechtlichen oder immaterialgüterrechtlichen Vorschriften. So kann eine Wettbewerbsverletzung nur dann Genugtuungsansprüche gemäß Art. 9 Abs. 3 UWG i.V.m. Art. 49 OR auslösen, wenn die Verletzung auch eine Beeinträchtigung in den persönlichen Verhältnissen des Betroffenen mit sich bringt[934]. Die zur Ermittlung einer solchen Verletzung anzulegenden Maßstäbe sind grundsätzlich die oben zu Art. 28 ZGB genannten[935].

b) *Schwere der Verletzung*

Weitere Voraussetzung ist, dass es sich um eine schwerwiegende Persönlichkeitsverletzung handelt. Dies stellt verglichen mit dem alten vor dem Jahr 1985 geltenden Gesetzeswortlaut eine Erleichterung dar. Die alte Vorschrift hatte eine besonders schwere Persönlichkeitsverletzung verlangt. Diese Änderung wird entsprechend dem grundsätzlichen Anliegen der Gesetzesreform dahin verstanden, dass ein größerer Bereich von Persönlichkeitsverletzungen erfaßt werden soll[936]. Einige Autoren verstehen diese Änderung jedoch lediglich als solche redaktioneller Art[937]. Unbestritten ist, dass die Genugtuung ihren Ausnahmecharakter behalten sollte[938].

Wann die erforderliche Schwere der Verletzung gegeben ist, läßt sich selbstverständlich nicht anhand einer allgemeingültigen Definition beurteilen. Als Richtschnur wird im Schrifttum die Formel gebraucht, dass die Verletzung eine außerordentliche Kränkung darstellen muß, die in ihrem Ausmaß über die gewöhnliche Aufregung und Sorge im gesellschaftlichen Miteinander hinaus-

934 David Rn 655; Schaltegger S. 122

935 vgl. Obergericht Zürich ZR 94 (1995) Nr. 23 S. 74 (77-79) Urt. v. 19.11.1993; Handelsgericht Bern SMI 1991 S. 234 (239) Urt. v. 25.5.1990

936 Riklin S. 217; Sutter BJM 1991, 1 (5)

937 Berner Kommentar-Brehm Art. 49 Rn 12; Pedrazzini/Oberholzer S. 160

938 Obergericht Zürich ZR 94 (1995) Nr. 23 S. 74 (81) Urt. v. 19.11.1993; Keller S. 160; Riklin S. 217

geht[939]. Im Rahmen dieser Beurteilung sind das betroffene Persönlichkeitsgut sowie Ausmaß, Intensität und Auswirkung der Verletzung zu berücksichtigen[940]. Geiser benennt als Indiz für eine schwere Verletzung die Dauerhaftigkeit der durch die Verletzung für die Lebensumstände des Verletzten hervorgerufenen Beeinträchtigungen[941]. Demnach wiegt die Ehrverletzung gegenüber einem unbescholtenen Bürger schwerer als die gegenüber jemandem mit zweifelhaftem Ruf[942]. Eine Verletzung von Ruf und Ehre durch die Medien ist wegen der größeren Wirkung bedeutsamer als die Ehrverletzung, die durch Äußerungen gegenüber Einzelpersonen erfolgt[943].

Beispielhaft sei darauf verwiesen, dass die Beeinträchtigung des beruflichen, wirtschaftlichen oder gesellschaftlichen Ansehens durch die unwahre Berichterstattung über eine strafrechtliche Verurteilung[944], die unzutreffende Darstellung als Waffenhändler[945] oder die falsche Berichterstattung über die angeblich hohe Verschuldung eines Bankiers[946] in den Medien als schwere Verletzungen gewertet wurden. Dagegen wurde das Vorliegen einer schweren Verletzung in dem Fall, in dem ein Reiseunternehmen in satirischer Weise als Propagandistin für Diktaturen dargestellt wurde, wegen des erkennbaren Witzcharakters der Publikation verneint[947].

c) Immaterielle Unbill

Weitere Voraussetzung des Genugtuungsanspruchs ist die Verursachung schweren seelischen Schmerzes bzw. die Verursachung immaterieller Unbill durch die Verletzung[948]. Die subjektiv empfundene immaterielle Unbill muß

---

939 Berner Kommentar-Brehm Art. 49 Rn 20; Bucher Rn 603; Schweizerisches Immaterialgüter- und Wettbewerbsrecht Bd. 1, Teilbd. 2, Der Rechtsschutz im Immaterialgüterrecht-David S. 118; Jäggi ZSR NF Bd. 79, 2. Halbbd., 133a (188a)

940 Obergericht Zürich ZR 94 (1995) Nr. 23 S. 74 (82) Urt. v. 19.11.1993; Riklin S. 217

941 Geiser-Persönlichkeitsverletzung S. 224

942 Obergericht Zürich ZR 95 (1996) Nr. 28 S. 88 (92 f.) Urt. v. 14.7.1994; Berner Kommentar-Brehm Art. 49 Rn 57

943 Berner Kommentar-Brehm Art. 49 Rn 86

944 Obergericht Zürich ZR 95 (1996) Nr. 28 S. 88 (92) Urt. v. 14.7.1994

945 BGE 120 II 97 (98) Urt. v. 12.1.1994

946 Obergericht Zürich ZR 94 (1995) Nr. 23 S. 74 (86 f.) Urt. v. 19.11.1993

947 BGE 95 II 481 (502) Urt. v. 21.3.1969

948 BGE 120 II 97 (98) Urt. v. 12.1.1994; Obergericht Zürich ZR 94 (1995) Nr. 23 S. 74 (87) Urt. v. 19.11.1993; Obergericht Zürich ZR 95 (1996) Nr. 28 S. 88 (93) Urt. v. 14.7.1994; Barrelet Rn 1370; Born Medialex 1997, 236; Bucher Rn 603;

also stets zu der objektiv schweren Verletzung der Persönlichkeit hinzukommen und aus ihr resultieren. Der Ausgleich dieser immmateriellen Unbill ist Zweck des Genugtuungsanspruchs. Sie entspricht damit der Voraussetzung des Vermögensschadens beim Schadenersatzanspruch[949].

Die Schwere der Verletzung bildet grundsätzlich ein beachtliches Indiz für das Vorhandensein schweren seelischen Schmerzes[950]. Es obliegt dem Verletzten aber dennoch, die subjektiv empfundene Schwere der Verletzung darzulegen und gegebenenfalls zu beweisen[951]. Der Nachweis ist lediglich in solchen Fällen entbehrlich, in denen der Richter unter Anwendung des Art. 42 Abs. 2 OR aufgrund allgemeiner Erfahrungssätze aus der Schwere der Verletzung auf eine schwere subjektive Beeinträchtigung schließen kann[952].

d) Verschulden als Haftungsgrund

Eine bedeutsame Neuerung in Art. 49 OR n.F. ist gegenüber Art. 49 OR a.F. der Wegfall der Voraussetzung des schweren Verschuldens. Nunmehr ist für den Anspruch auf Genugtuung grundsätzlich kein Verschulden des Verletzers erforderlich[953]. Erforderlich ist hingegen wie bei der Haftung auf Schadenersatz ein Haftungsgrund[954]. Die wichtigsten Haftungsgründe sind in Art. 41 OR und in Art. 55 OR enthalten. Art. 41 OR begründet die Schadenersatzpflicht bei Verschulden und Art. 55 OR begründet die Kausalhaftung des Geschäftsherrn[955]. Wann diese Haftungsgründe vorliegen, wurde oben in den Ausführungen zum Schadenersatz erläutert.

e) Subsidiarität des Genugtuungsanspruchs

Ist die Schwere der seelischen Beeinträchtigung festgestellt, steht der Genugtuungsanspruch gemäß Art. 49 Abs. 1 OR unter der weiteren Voraussetzung,

---

Geiser S. 220; Hütte/Duksch S. I/121; Jäggi ZSR NF Bd. 79, 2. Halbbd., 133a (186a); Riklin S. 217; a.A. Larese Medialex 1997, 139 (144)

949 Honsell/Vogt/Geiser-ZGB-Meili Art. 28a Rn 17

950 Obergericht Zürich in ZR 94 (1995) Nr. 23 S. 74 (87) Urt. v. 19.11.1993

951 BGE 120 97 (99) Urt. v. 12.1.1994

952 BGE 120 97 (99) Urt. v. 12.1.1994; Obergericht Zürich ZR 94 (1995) Nr. 23 S. 74 (87) Urt. v. 19.11.1993

953 BGE 120 II 97 (99) Urt. v. 12.1.1994

954 Geiser-Persönlichkeitsverletzung S. 226; Keller S. 129

955 Obergericht Zürich ZR 95 (1996) Nr. 28 S. 88 (89) Urt. v. 14.7.1994; Berner Kommentar-Brehm Art. 49 Rn 6; Bucher Rn 604; Geiser-Persönlichkeitsverletzung S. 226; Honsell/Vogt/Geiser-ZGB-Meili Art. 28a ZGB Rn 55

dass dieser seelische Schmerz nicht schon auf andere Art wiedergutgemacht worden ist. Diese seit der Neufassung im Jahr 1985 geltende Subsidiaritätsklausel schließt den Genugtuungsanspruch insbesondere dann aus, wenn der Verletzer die immaterielle Unbill durch die Veröffentlichung einer Entschuldigung oder durch die Rücknahme bzw. Richtigstellung einer verletzenden Äußerung ausgeglichen hat[956].

3. *Bestimmung des Anspruchsinhalts*

a) *Genugtuung in Geld*

Gemäß Art. 49 Abs. 1 OR ist die Genugtuung grundsätzlich durch eine Geldzahlung zu bewirken. Entscheidend für die Höhe dieser Zahlung ist der oben festgestellte Zweck der Genugtuung, wonach die Zusprechung von Geld dem Verletzten als Ausgleich für den empfundenen Schmerz ein gewisses Wohlbefinden schaffen soll[957]. Der Inhalt der Genugtuung richtet sich dementsprechend nach der Schwere der erlittenen Unbill[958]. Führt die Verletzung zu einer dauerhaften Beeinträchtigung, wirkt dies anspruchserhöhend[959]. Auch das schwere Verschulden des Verletzers wirkt anspruchserhöhend, weil es die Schwere einer Verletzung mitbestimmt[960].

Die von den Gerichten ausgeurteilten Genugtuungssummen betragen bei Beeinträchtigungen von Ruf und Ehre regelmäßig weniger als 10.000 Franken. Diese Summen erscheinen angesichts der Zwecksetzung des Genugtuungsanspruchs zwangsläufig, da sie durchaus geeignet sind, dem Verletzten neben dem Ausgleich der materiellen Schäden eine gewisse Art von Wohlbefinden zu vermitteln.

Kritisch wird zu solchen Summen bemerkt, dass sie keine ausreichende Prävention vor Persönlichkeitsverletzungen bewirken würden. Dies würde besonders augenfällig, wenn man berücksichtigt, dass Ansprüche auf Schadenersatz, auf Herausgabe des Gewinns oder auf Herausgabe ungerechtfertigter Bereiche-

---

956 Obergericht Zürich in ZR 94 (1995) Nr. 23 S. 74 (88-90) Urt. v. 19.11.1993 (hier war bereits eine Richtigstellung veröffentlicht); Berner Kommentar-Brehm Art. 49 Rn 8; Geiser-Persönlichkeitsverletzung S. 225; Honsell/Vogt/Wiegand-OR-Schnyder Art. 49 OR Rn 2; Pedrazzini/Oberholzer S. 160

957 BGE 123 III 10 (15) Urt. v. 10.1.1997; BGE 115 II 156 (158) Urt. v. 12.5.1989; Berner Kommentar-Brehm Art. 49 Rn 18; Hütte/Ducksch S. I/4

958 Geiser-Persönlichkeitsverletzung S. 229

959 Geiser-Persönlichkeitsverletzung S. 224; Keller S. 132; Schaltegger S. 123

960 Geiser-Persönlichkeitsverletzung S. 229

rung in Fällen mit Beeinträchtigungen des Rufes oder der Privatsphäre wegen der erheblichen Beweisprobleme für den Verletzten schwer durchsetzbar sind[961]. Deshalb wird für solche Verletzungen eine Erhöhung der Genugtuungssummen gefordert[962]. Von anderer Seite werden die bisher zugesprochenen Summen gerade im Vergleich mit den Genugtuungsleistungen in Fällen mit Körperverletzungen, die grundsätzlich schwerer wiegen sollen, als ausreichend bewertet[963]. Erinnert man sich aber nochmals an den Zweck, dem die Genugtuung dienen soll, so bieten die zugesprochenen Summen keinen Anlaß zur Kritik. Kann sich der Verletzte z.B. für 5.000 Franken etwas leisten, so kann das seinen Ärger über eine Beleidigung durchaus vermindern. Dies insbesondere dann, wenn die anderen Ansprüche aus Art. 28a Abs. 3 ZGB gewährleisten, dass die Einbußen am Vermögen auch ausgeglichen werden.

b) Andere Formen der Genugtuung

Schließlich ist noch auf Art. 49 Abs. 2 OR hinzuweisen, der dem Richter erlaubt, statt einer Geldzahlung auf eine andere Art der Genugtuung zu erkennen. Als solche werden die Urteilspublikation[964], die gerichtliche Mißbilligung[965], die Zahlung an Dritte[966], die Erbringung von Sachleistungen[967] und die Richtigstellung in der Presse[968] genannt. Die Rechtsprechung hat solche Formen der Genugtuung bisher kaum aufgegriffen[969]. Lediglich im Rahmen der nach Art. 49 Abs. 1 OR vorzunehmenden Beurteilung, ob die Wiedergutmachung schon erfolgte, erkannte die Rechtsprechung die Genugtuung durch eine bereits veröffentlichte Richtigstellung als erfolgt an[970].

---

961 Geiser Medialex 1996, 203 (211); Riklin S. 218; Schürmann/Nobel S. 251 (zu den Beweisproblemen)

962 Schweizerisches Immaterialgüter- und Wettbewerbsrecht Bd. 1, Teilbd. 2, Der Rechtsschutz im Immaterialgüterrecht-David S. 119; Larese Medialex 1997, 139 (144); Riklin S. 217 f.

963 Schürmann/Nobel S. 251

964 Berner Kommentar-Brehm Art. 49 Rn 102 ff.; Geiser-Persönlichkeitsverletzung S. 228

965 Berner Kommentar-Brehm Art. 49 Rn 105 ff.

966 Berner Kommentar-Brehm Art. 49 Rn 110; Geiser-Persönlichkeitsverletzung S. 228

967 Berner Kommentar-Brehm Art. 49 Rn 112; Geiser-Persönlichkeitsverletzung S. 228

968 Berner Kommentar-Brehm Art. 49 Rn 114b

969 BGE 95 II 481 (499) Urt. v. 21.3.1969 (Ablehnung der Urteilspublikation als ausreichende Genugtuung)

970 Obergericht Zürich in ZR 94 (1995) Nr. 23 S. 74 (88-90) Urt. v. 19.11.1993

4. Verhältnis zum Schadenersatzanspruch

Für das Konkurrenzverhältnis des Genugtuungsanspruchs zum Anspruch auf Schadenersatz ist wiederum die Funktion des Genugtuungsanspruchs maßgeblich. Da der Genugtuungsanspruch lediglich die Aufgabe hat, den erlittenen seelischen Schmerz auszugleichen, besteht er unabhängig vom Schadenersatzanspruch[971], der lediglich Vermögenseinbußen ausgleichen soll. Nach schweizerischem Recht können Schadenersatz und Genugtuung also grundsätzlich nebeneinander beansprucht werden[972].

---

971 Berner Kommentar-Brehm Art. 49 Rn 36; Hütte/Duksch S. I/10 (Abgrenzung zum Schadenersatz); Keller S. 122

972 Seemann S. 208

3. Kapitel: Zusammenfassung und Schlußbetrachtung

Als Ausgangspunkt einer vergleichenden Schlußbetrachtung läßt sich festhalten, dass die in Deutschland und in der Schweiz durch das Zivilrecht geschützten Persönlichkeitswerte im Wesentlichen die gleichen sind. Es werden jeweils ideelle Werte und Vermögensinteressen geschützt.

Unterschiede finden sich selbstverständlich in den Details. So gewinnt man gerade beim Vergleich des Ehrenschutzes den Eindruck, dass die Schwelle der Verletzung nach schweizerischem Recht schneller überschritten wird als nach deutschem Recht. Diese Rechtslage in beiden Ländern führt dazu, dass in der Schweiz eine Überbetonung des Ehrenschutzes kritisiert wird[973], währenddessen man sich in Deutschland über die Vernachlässigung der Persönlichkeitsrechte beklagt[974]. Jedoch werden die Regelungen zum Persönlichkeitsschutz und ihre Behandlung durch die Rechtsprechung in beiden Ländern von anderen Stimmen auch als ausgewogene Lösung zwischen Persönlichkeitsinteressen und Medienfreiheit verstanden[975].

Insgesamt kann einerseits von einer stärkeren Betonung der Medienfreiheit in Deutschland und andererseits von einem intensiveren Persönlichkeitsschutz in der Schweiz ausgegangen werden[976]. Die Unterschiede in der Bedeutung der Medienfreiheit wirken sich vornehmlich bei der in Art. 28 Abs. 2 ZGB und in § 823 Abs. 1 BGB angelegten Interessenabwägung aus.

Die stärkere Betonung des Persönlichkeitsschutzes im schweizerischen Recht mag daran liegen, dass es seit Bestehen des Schweizerischen Zivilgesetzbuches mit Art. 28 ZGB eine das Persönlichkeitsrecht umfassende Vorschrift gab. Im deutschen Recht hingegen wurden die Grenzen des Allgemeinen Persönlichkeitsrechts seit seiner Anerkennung stets mit besonderer Beachtung der Wertentscheidungen des Grundgesetzes vorgenommen. Dabei fiel für die Interessen der Medien die Anerkennung der Meinungsfreiheit sowie der Presse- und Rundfunkfreiheit als Grundrechte des Art. 5 Abs. 1 GG stark ins Gewicht. Die verfassungsrechtlichen Grundentscheidungen sind mithin prägend für den einfachgesetzlichen Persönlichkeitsschutz, insbesondere gegenüber Medien.

---

973 Hempel S. 438

974 Kriele NJW 1994, 1987 (1900); Kiesel NVwZ 1992, 1129 (1137); Sendler NJW 1993, 2157 (2158)

975 für die Schweiz: Geiser SJZ 1996, 73 (83, 84)
für Deutschland: Gounalakis NJW 1995, 809 (816); Grimm NJW 1995, 1697 (1704); Soehring NJW 1994, 2926 (2929)

976 vgl. Hempel S. 245

Für diesen Schutz stehen in beiden Rechtsordnungen nahezu die gleichen Rechtsbehelfe zur Verfügung. Auch die hier interessierenden finanziellen Ausgleichsansprüche folgen ähnlichen Mustern. Die bestehenden Unterschiede bei der Ausgestaltung dieser Ansprüche beruhen zum einen auf den unterschiedlichen gesetzlichen Vorgaben, zum anderen aber auch auf der unterschiedlichen Bedeutung, die den Ansprüchen in der Rechtspraxis zukommen. Allein die Häufigkeit deutscher Gerichtsentscheidungen zum finanziellen Ausgleich von Persönlichkeitsverletzungen läßt erkennen, dass das Problem in der deutschen Rechtspraxis wohl eine größere Bedeutung besitzt als in der Schweiz. Dies trifft gleichermaßen auf Ansprüche wegen Beeinträchtigung vermögenswerter und ideeller Interessen zu. Für die höchstrichterliche Rechtsprechung in der Schweiz bestand offenbar weniger Gelegenheit und Notwendigkeit, das Anspruchssystem zu entwickeln.

Gleichwohl ist das Anspruchsgefüge in der Schweiz ähnlich ausdifferenziert wie in Deutschland. Dies deshalb, weil der schweizerische Gesetzgeber die Persönlichkeitsrechte schon mit Schaffung des ZGB im Privatrecht verankert hatte. Dabei wurden im ZGB auch die aus den Verletzungen resultierenden Ansprüche normiert. Der Schweizerische Gesetzgeber hat die Entwicklung der Persönlichkeitsrechte damit im Wesentlichen mitbestimmt. Lediglich bei dem Persönlichkeitsschutz Verstorbener hat der Gesetzgeber in der Schweiz die gebotene Anpassung an die tatsächlichen Verhältnisse nicht vorgenommen. Wenn auch ideelle Interessen Verstorbener über das Persönlichkeitsrecht der Hinterbliebenen umfassend geschützt werden, so erscheint dagegen der Schutz vermögensrechtlicher Belange nicht ausreichend gewährleistet[977].

In Deutschland erfolgte die Anpassung des Persönlichkeitsrechts an die gesellschaftliche Entwicklung vornehmlich durch die Rechtsprechung. Letzte bedeutsame Schritte dieser Entwicklung waren die Anerkennung vermögenswerter Interessen beim Persönlichkeitsrecht Verstorbener durch die Marlene-Entscheidungen sowie die Betonung der Präventionsfunktion bei der Geldentschädigung für immaterielle Beeinträchtigungen durch die Caroline-Rechtsprechung.

---

977 vgl. Seemann S. 205 ff.

A. Schadenersatzanspruch

Zum Schadenersatzanspruch läßt sich zwischen beiden Rechtsordnungen eine weitgehende Übereinstimmung bei den Voraussetzungen des Anspruchs feststellen. Dagegen bestehen bei den Rechtsfolgen Unterschiede. Die deutsche Rechtsprechung praktiziert die sogenannte dreifache Schadensberechnung. Die schweizerische Rechtsprechung tut dies nicht. Sie benutzt die fiktive Lizenzgebühr bzw. den Verletzergewinn stattdessen lediglich als Anhaltspunkte zur Bestimmung des beim Verletzten eingetretenen Verlustes.

Ein solches Vorgehen wäre auch für das deutsche Recht geboten. Mit der Anerkennung der dreifachen Schadensberechnung werden die Grundsätze des deutschen Schadenersatzrechts ohne Not verlassen. Die befürchteten Rechtsschutzlücken lassen sich weitgehend mit Ansprüchen aus dem Recht der ungerechtfertigten Bereicherung und aus dem Recht der Geschäftsanmaßung schließen.

B. Gewinnherausgabe nach dem Recht der Geschäftsanmaßung

Das schweizerische Persönlichkeitsrecht sieht in Art. 28 a Abs. 3 ZGB ausdrücklich den Anspruch auf Gewinnherausgabe vor. Über diese Vorschrift kommt man wie im deutschen Recht zum Recht der Geschäftsanmaßung. Vorteil des schweizerischen Rechts ist die Erfassung auch fahrlässiger Verletzungen als Geschäftsanmaßung. Ansonsten folgt der Gewinnherausgabeanspruch in beiden Rechtsordnungen dem gleichen Muster, insbesondere was die Art der erfaßten Verletzungen betrifft. Erfaßt sind jeweils Persönlichkeitsverletzungen, die sich als Ausübung fremder Nutzungsrechte darstellen.

Die Probleme bei der Bestimmung des herauszugebenden Gewinns sind in beiden Rechtsordnungen nicht abschließend gelöst. Zur pragmatischen Lösung dieses Problems hat die schweizerische Rechtsprechung den Gewinnherausgabeanspruch zumindest in Höhe der angemessenen Lizenzgebühr anerkannt[978].

Die Schwierigkeiten bei der Bestimmung des Verletzergewinns führen letztlich in beiden Rechtsordnungen dazu, dass der Gewinnherausgabeanspruch im Persönlichkeitsrecht nur geringe praktische Bedeutung besitzt. Dem kann nur durch die Anwendung standardisierter Berechnungsmethoden abgeholfen werden. Hierfür hat das deutsche Schrifttum gerade für den Bereich von Medienveröffentlichungen brauchbare Vorschläge entwickelt[979].

---

978 Obergericht Zürich SMI 1988 S. 117 (125) Urt. v. 7.12.1987

979 vgl. Beuthien/Schmölz S. 53 ff.

C. Anspruch auf Herausgabe der fiktiven Lizenzgebühr

Der Anspruch auf Zahlung der fiktiven Lizenzgebühr wird nach schweizerischem Recht nur über das Recht der Geschäftsanmaßung gewährt. Nach den Grundsätzen der schweizerischen Rechtsprechung zur Eingriffskondiktion läßt sich dieser Anspruch dagegen nicht aus dem Recht der ungerechtfertigten Bereicherung ableiten. Der Anspruch setzt damit in jedem Fall das Verschulden des Verletzers voraus.

Nach deutschem Recht besteht diese Voraussetzung des Verschuldens nicht, da sich der Anspruch auf die fiktive Lizenzgebühr hier aus dem Recht der ungerechtfertigten Bereicherung ergeben kann. Für diesen Anspruch ist aber wiederum vorausgesetzt, dass die Persönlichkeitsverletzung eine unbefugte Nutzung fremder Rechte darstellt. In der Rechtspraxis hat sich dieser Anspruch zu einem bedeutenden Rechtsbehelf bei unerlaubten kommerziellen Nutzungen von Persönlichkeitsmerkmalen herausgebildet.

Problematisch bleibt der Anwendungsbereich dieses Anspruchs. Nach der hier vertretenen Auffassung ist entscheidend, ob die Verletzung die Nutzung einer fremden Befugnis enthält. Die Verletzung bloßer Abwehrrechte vermittelt danach keinen Anspruch nach den Regeln der Eingriffskondiktion.

D. Geldentschädigung zum Ausgleich immaterieller Beeinträchtigungen

Die Geldentschädigung für immaterielle Beeinträchtigungen sehen beide Rechtsordnungen vor. Während der Genugtuungsanspruch im schweizerischen Recht frühzeitig gesetzlich normiert wurde, ist der Geldentschädigungsanspruch für immaterielle Beeinträchtigungen in Deutschland allein das Produkt der Rechtsprechung. Diese hat den ihr zukommenden Entwicklungsspielraum weitgehend genutzt. Die schweizerische Rechtsprechung ist hier in den Grenzen der bestehenden gesetzlichen Regelungen wesentlich zurückhaltender.

Im Ergebnis sind in Deutschland bei Geldentschädigungen wesentlich höhere Beträge möglich. Dies beruht vornehmlich auf der diesem Anspruch von der Rechtsprechung zugewiesenen Präventionsfunktion. Ohne diese meinte man die Medien nicht mehr in die Schranken weisen zu können. In der Schweiz scheint dieses Problem so nicht zu bestehen. Zwar gibt es auch dort Stimmen, die die Prävention durch höhere Genugtuungssummen erreichen wollen. Dies würde dem Anliegen des Genugtuungsanspruchs aber ebenso widersprechen, wie man im deutschen Recht mit der Präventionsfunktion die Grenzen des Notwendigen überschritten hat.

E. Zukunftsperspektiven

Das Persönlichkeitsrecht hat in den vergangenen Jahrzehnten erheblich an Bedeutung gewonnen. Dies gilt gleichermaßen für die deutsche und die schweizerische Rechtsordnung. Verantwortlich dafür ist im Wesentlichen die Entwicklung der Mediengesellschaft, die die Persönlichkeit in das Zentrum der öffentliche Wahrnehmung gerückt hat. Heutzutage ist es insbesondere die Zunahme der wirtschaftlichen Bedeutung von Persönlichkeitswerten, die rechtspolitische Entscheidungen von Gesetzgebung und Rechtsprechung herausfordern. Mit diesen Entscheidungen sind die Weichen zu stellen, wie weit man die Kommerzialisierung der Persönlichkeit zulassen und andererseits den Schutz der Persönlichkeit vor der Öffentlichkeit gewährleisten möchte. Die Entwicklung finanzieller Ansprüche wird sich nach diesen rechtspolitischen Weichenstellungen richten.

Bei den hier dargestellten Anspruchsordnungen läßt sich feststellen, dass sich die Problemkreise im deutschen und im schweizerischen Recht im Wesentlichen decken. Der Stand der Entwicklung scheint weitgehend übereinzustimmen, wenn sich auch nicht alle Lösungen bis in das letzte Detail entsprechen.

Die Entwicklung zur kommerzialisierten Persönlichkeit ist in beiden Rechtsordnungen sicher noch nicht abgeschlossen. Es bleibt abzuwarten, ob sich auch im deutschen und im schweizerischen Persönlichkeitsrecht eine Entwicklung nach us-amerikanischem Muster mit einer Anerkennung eines "right of privacy" und eines "right of publicity" vollziehen wird. Der mit den Marlene-Entscheidungen des BGH faktisch anerkannte Übergang vermögenswerter Persönlichkeitsrechte Verstorbener auf deren Angehörige weist in diese Richtung.

Im schweizerischen Recht werden sich über kurz oder lang die gleichen Probleme wie im deutschen Persönlichkeitsrecht stellen. So wird man sich hier wie dort zu entscheiden haben, ob man die Prävention vor Persönlichkeitsverletzungen durch die Androhung von Geldentschädigungen erreichen möchte. Mit den Marlene-Entscheidungen ist insbesondere für das deutsche Recht eine Antwort zur Schutzdauer des postmortalen Persönlichkeitsrechts herausgefordert. Im schweizerischen Recht wird man zunächst eine grundsätzliche Lösung für das postmortale vermögenswerte Persönlichkeitsrecht finden müssen. Schließlich ist in beiden Rechtsordnungen zu entscheiden, wo die Trennlinie zwischen ideellen und vermögensrechtlichen Beeinträchtigungen des Persönlichkeitsrechts zu ziehen ist. Insbesondere im Bereich der Medien wird es notwendig sein, die Grenzen des vermögenswerten Persönlichkeitsrechts weiter abzustecken.

Literaturverzeichnis

Barrelet, Denis, Droit de la communication, Bern 1998
(zit.: Barrelet)

Baumbach, Adolf (Begr.)/Lauterbach, Wolfgang u.a., Zivilprozeßordnung, 59. Auflage, München 2001
(zit.: Baumbach/Lauterbach-Bearbeiter)

Baumbach, Adolf (Begr.)/ Hefermehl, Wolfgang, Wettbewerbsrecht, 20. Auflage, München 1998
(zit.: Baumbach/Hefermehl)

Becker, Walter G., Der Umfang des Rechts öffentlicher Krankenanstalten zur Obduktion von Leichen, in: JR 1951 S. 328-333
(zit.: Becker JR 1951, 328)

Beuthien, Volker/ Schmölz, Anton S., Persönlichkeitsschutz und Persönlichkeitsgüterrechte, München 1999
(zit.: Beuthien/Schmölz)

Beuthien, Volker/ Wasmann, Dirk, Zur Herausgabe des Verletzergewinns bei Verstößen gegen das Markengesetz, in: GRUR 1997 S. 255-261
(zit.: Beuthien/Wasmann GRUR 1997, 255)

Bötticher, Eduard, Zur Ausrichtung der Sanktion nach dem Schutzzweck der verletzten Privatrechtsnorm, in: AcP Bd. 158 S. 385-409
(zit.: Bötticher AcP Bd. 158, 385)

Born, Christoph, Persönlichkeitsschutz, Kausalhaftung der Medien durch die Hintertür?, in: Medialex 1997 S. 236
(zit.: Born Medialex 1997, 236)

Bucher, Andreas, Natürliche Personen und Persönlichkeitsschutz, 2. Auflage, Basel/ Frankfurt a. M. 1995
(zit.: Bucher)

von Büren, Roland/ David, Lucas (Hrsg.), Schweizerisches Immaterialgüter- und Wettbewerbsrecht, Band 1, Einleitung, Teilband 2, Der Rechtschutz im Immaterialgüterrecht, 2. Auflage, Basel/ Frankfurt a. M. 1998

-, Band 2, Urheberrecht, Teilband 1, Urheberrecht und verwandte Schutzrechte, Basel/ Frankfurt a. M. 1995

-, Band 3, Kennzeichenrecht, Basel/ Frankfurt a. M. 1996

-, Band 5, Wettbewerbsrecht, Teilband 1, Lauterkeitsrecht, 2. Auflage, Basel/ Frankfurt a. M. 1998

(zit.: Schweizerisches Immaterialgüter- und Wettbewerbsrecht-Band-Bearbeiter)

Buschmann, Arno, Zur Fortwirkung des Persönlichkeitsrechts nach dem Tode, in: NJW 1970 S. 2081-2088
(zit.: Buschmann NJW 1970, 2081)

Canaris, Claus-Wilhelm, Gewinnabschöpfung bei Verletzung des allgemeinen Persönlichkeitsrechts, in: Festschrift für Erwin Deutsch, Zum 70. Geburtstag, Köln 1999, S. 85-109
(zit.: Canaris-Gewinnabschöpfung)

-, Der Vorrang außerbereicherungsrechtlicher, insbesondere dinglicher Wertungen gegenüber der Saldotheorie und dem Subsidiaritätsgedanken, in: JZ 1992 S. 1114-1119
(zit.: Canaris JZ 1992, 1114)

Damm, Renate/ Kuner, Wolfdieter, Widerruf, Unterlassung und Schadenersatz, in Presse und Rundfunk, München 1991
(zit.: Damm/Kuner)

David, Lucas, Schweizerisches Wettbewerbsrecht, 3. Auflage, Bern 1997
(zit.: David)

Deschenaux, Henri/ Steinauer, Paul-Henri, Personnes physiques et tutelle, 3. Auflage, Bern 1995
(zit.: Deschenaux/Steinauer)

Dessemontet, Francois, Le Droit à sa propre image, Droit de la personnalité ou droit à la publicité', in: Melanges en l'honneur de Jacques Michel Grossen publ. par la Faculté'de Droit e des Sciences Economiques de l'Université de Neuchâtel, Basel 1992
(zit.: Dessemontet-Le Droit à sa propre image)

-, Schadensersatz für Verletzung geistigen Eigentums nach schweizerischem und französischem Recht, in: GRUR Int. 1980 S. 272-282
(zit.: Dessemontet GRUR Int. 1980, 272)

Deutsch, Erwin, Haftungsrecht, Erster Band: Allgemeine Lehren, Köln 1976
(zit.: Deutsch-Haftungsrecht)

-, Unerlaubte Handlungen, Schadensersatz und Schmerzensgeld, 3. Auflage, Köln 1995
(zit.: Deutsch-Unerlaubte Handlungen)

Druey, Jean Nicolas, Privat-/Geheimsphäre-Was liegt drin?, in: Festschrift für Frank Vischer zum 60. Geburtstag, Hrsg. Peter Böckli u.a., Zürich 1983, S. 3-15
(zit.: Druey)

Egger, August, Kommentar zum Schweizerischen Zivilgesetzbuch, Bd. I, Einleitung und Persönlichkeitsrecht, 2. Auflage, Zürich 1930
(zit.: Egger)

Ehmann, Horst, Zur Struktur des Allgemeinen Persönlichkeitsrechts, in: JuS 1997 S. 194-203
(zit.: Ehmann JuS 1997, 194)

Enzinger, Michael, Die Eingriffskondiktion als Rechtsbehelf im gewerblichen Rechtsschutz, in: GRUR Int. 1997 S. 96-101
(zit.: Enzinger GRUR Int. 1997, 96)

Erman, Walter (Begr.), Bürgerliches Gesetzbuch: Handkommentar, Band 1, §§ 1-853, 10. Auflage, Münster u. Köln 2000

-, Band 2, §§ 854-2385, 10. Auflage, Münster u. Köln 2000

(zit.: Erman-Bearbeiter)

Eschenlohr, Harald, Anmerkung zu BGH NJW 1976, 1198 = BGHZ 66, 189, in: NJW 1976 S. 1202
(zit.: Eschenlohr NJW 1976, 1202)

Esser, Josef/Weyers, Hans-Leo, Schuldrecht, Band II, Besonderer Teil II, Teilband 2, Gesetzliche Schuldverhältnisse, 8. Auflage, Heidelberg 2000
(zit.: Esser/Weyers)

Fest, Nicolaus, Bereicherungs- und Schadensausgleich bei der Verletzung von Immaterialgüterrechten, Diss. jur. Berlin, Darmstadt 1996
(zit.: Fest)

Forkel, Hans, Ehrenschutz gegen Presseangriffe, in: SJZ 1996 S. 97-104
(zit.: Forkel SJZ 1996, 97)

Freitag, Andreas, Die Kommerzialisierung von Darbietung und Persönlichkeit des ausübenden Künstlers, Diss. jur. Bielefeld, 1. Auflage, Baden-Baden 1993
(zit.: Freitag)

Frick, Marie-Theres, Persönlichkeitsrechte-Rechtsvergleichende Studie über den Stand des Persönlichkeitsschutzes in Österreich, Deutschland, Schweiz und Liechtenstein, Wien 1991
(zit.: Frick)

Geiser, Thomas, Die Persönlichkeitsverletzung, insbesondere durch Kunstwerke, Basel/ Frankfurt a. M. 1990
(zit.: Geiser-Persönlichkeitsverletzung)

-, Zivilrechtliche Fragen des Kommunikationsrechts, in: Medialex 1996 S. 203-216
(zit.: Geiser Medialex 1996, 203)

-, Persönlichkeitsschutz, Pressezensur oder Schutz vor Medienmacht?, in: SJZ 1996 S. 73-84
(zit.: Geiser SJZ 1996, 73)

Geyer-Schäfer, Klaus, Schutz vor Indiskretionen, Diss. jur. Pfaffenweiler 1988
(zit.: Geyer-Schäfer)

von Gierke, Otto, Deutsches Privatrecht, 1. Band, Leipzig 1895
(zit.: v. Gierke)

Glaus, Bruno, Das Recht am eigenen Wort, Diss. jur. Zürich, Bern 1997
(zit.: Glaus)

Gmür M. (Begr.), Berner Kommentar zum schweizerischen Privatrecht, schweizerisches Zivilgesetzbuch, Hrsg. Heinz Hausheer., Band 6, Das Obligationenrecht, Abteilung 1. Allgemeine Bestimmungen, Teilbd. 3., Unterteilbd. 1. Die Entstehung durch unerlaubte Handlungen, Kommentar zu Art. 41-61 OR/erl. von Roland Brehm, 2. Auflage, Bern 1998
(zit.: Berner Kommentar-Brehm)

Götting, Horst-Peter, Persönlichkeitsrechte als Vermögensrechte, Tübingen 1995
(zit.: Götting)

Goetzke, Heinrich, Subjektiver Wertbegriff im Bereicherungsrecht, in: AcP Bd. 173 (1973) S. 289-322
(zit.: Goetzke AcP 173, 289)

Gottwald, Stefan, Das allgemeine Persönlichkeitsrecht, Diss. jur. Berlin 1996
(zit.: Gottwald)

Gounalakis, Georgios, Freiräume und Grenzen politischer Karrikatur und Satire, in: NJW 1995 S. 809-816
(zit.: Gounalakis NJW 1995, 809)

-, Persönlichkeitsschutz und Geldersatz, in: AfP 1998 S. 10-25
(zit.: Gounalakis AfP 1998, 10)

Graffenried, Christoph von, Vermögensrechtliche Ansprüche bei Urheberrechtsverletzungen, Diss. jur. Basel, Zürich 1993
(zit.: Graffenried-Urheberrechtsverletzungen)

-, Schadenersatz und Gewinnherausgabe sind als fiktive Lizenzen zu berechnen, in: Binsenweisheiten des Immaterialgüterrechts, Festschrift für Lucas David zum 60. Geburtstag, Hrsg. Martin Kurer, Zürich 1996, S. 225-227
(zit.: Graffenried-Schadenersatz und Gewinnherausgabe)

Grimm, Dieter, Die Meinungsfreiheit, in der Rechtsprechung des Bundesverfassungsgerichtes, in: NJW 1995 S. 1697-1705
(zit.: Grimm NJW 1995, 1697)

Grossen, Jacques Michel, Recht der Einzelpersonen, in: Gutzwiller, Max (Hrsg.) Schweizerisches Privatrecht Zweiter Band, Einleitung und Personenrecht, Basel 1967, S. 335-377
(zit.: Grossen-Recht der Einzelpersonen)

- La protection de la personalité en droit privé (Quelques problèmes actuels), in: ZSR NF Band 79 (1960) 2. Halbband S. 1a-131a
(zit.: Grossen ZSR NF Bd. 79, 2. Halbbd., 1a)

Hempel, Heinrich, Die Freiheit der Kunst, Diss. jur. Zürich 1991
(zit.: Hempel)

Hofstetter, Josef, Gewinnherausgabe und Aufwendungsersatz des unechten Geschäftsführers ohne Auftrag, in: ZBJV Band 100 (1964) S. 221-251
(zit.: Hofstetter ZBJV Bd. 100, 221)

Holenstein, Patrizia, Wertersatz oder Gewinnherausgabe? Unter den Gesichtspunkten der ungerechtfertigten Bereicherung und unechten Geschäftsführung ohne Auftrag, Diss. jur. Zürich 1983
(zit.: Holenstein)

Honsell, Heinrich/ Vogt, Nedim Peter/ Wiegand, Wolfgang, Kommentar zum Schweizerischen Privatrecht, Obligationenrecht I, Art. 1-529, 2. Auflage, Basel 1996
(zit.: Honsell/Vogt/Wiegand-OR-Bearbeiter)

Honsell, Heinrich/ Vogt, Nedim Peter/ Geiser-Thomas, Kommentar zum Schweizerischen Privatrecht, Schweizerisches Zivilgesetzbuch I, Art. 1-359 ZGB, Basel 1996
(zit.: Honsell/Vogt/Geiser-ZGB-Bearbeiter)

Hotz, Matthias Karl, Zur Bedeutung des Bundesgesetzes gegen den unlauteren Wettbewerb (UWG) für die Massenmedien, in: SJZ 1990 S. 27-32
(zit.: Hotz SJZ 1990, 27)

Hubmann, Heinrich, Das Persönlichkeitsrecht, 2. Auflage, Köln 1967
(zit.: Hubmann-Persönlichkeitsrecht)

-, Der Bereicherungsanspruch im Persönlichkeitsrecht, in: UFITA Band 39 S. 223-236
(zit.: Hubmann Ufita Bd. 39, 236)

Hütte, Klaus, Genugtuungsrecht im Wandel, in: SJZ 1988 S. 169-178
(zit.: Hütte SJZ 1988, 169)

Hütte, Klaus/ Duksch, Petra, Die Genugtuung, 3. Auflage, Zürich, Stand April 1996, (Bearbeiter, Hütte S. I/1-101, 118-128, Duksch S. I/102-117)
(zit.: Hütte/Duksch)

Jacobs, Rainer/ Lindacher, Walter E./ Teplitzky, Otto, UWG Großkommentar, 1. Lieferung: Vor § 13 Abschnitte A, B, C; Berlin 1991
(zit.: UWG-Großkomm-Bearbeiter)

Jäggi, Peter, Fragen des privatrechtlichen Schutzes der Persönlichkeit, in: ZSR NF 79 (1960) 2. Halbband, S. 133a-261a
(zit.: Jäggi ZSR NF Bd. 79, 2. Halbbd., 133a)

Jarass, Hans D./ Pieroth, Bodo, Grundgesetz für die Bundesrepublik Deutschland, 5. Auflage, München 2000
(zit.: Jarass/Pieroth-Bearbeiter)

Kaufmann-Bütschli, Lea-Rosemarie, Grundlagenstudien zur ungerechtfertigten Bereicherung in ihrer Ausgestaltung durch das schweizerische Recht, Diss. jur. Bern 1983
(zit.: Kaufmann-Bütschli)

Kehl, Robert, Die Rechte der Toten, Zürich 1991
(zit.: Kehl)

Keller, Alfred, Haftpflicht im Privatrecht, Band 1, 5. Auflage, Bern 1993
(zit.: Keller)

Kiesel, Manfred, Die Liquidierung des Ehrenschutzes durch das BVerfG, in: NVwZ 1992 S. 1129-1137
(zit.: Kiesel NVwZ 1992, 1129)

Knellwolf, Esther, Postmortaler Persönlichkeitsschutz-Andenkensschutz der Hinterbliebenen, Diss. jur. Zürich 1991
(zit.: Knellwolf)

Koebel, Das Fortwirken des Persönlichkeitsrechts nach dem Tode, in: NJW 1958 S. 936-938
(zit.: Koebel NJW 1958, 936)

Kohler, Josef, Das Eigenbild im Recht, Berlin 1903
(zit.: Kohler)

Koppensteiner, Hans-Georg, Probleme des bereicherungsrechtlichen Wertersatzes, in: NJW 1971 S. 1769-1775
(zit.: Koppensteiner NJW 1971, 1769)

Kriele, Martin, Ehrenschutz und Meinungsfreiheit, in: NJW 1994 S. 1897-1905
(zit.: Kriele NJW 1994, 1897)

Lack, Daniel, Privatrechtlicher Namensschutz (Art. 29 ZGB), Diss. jur. Bern, Dietikon 1992
(zit.: Lack)

Lange, Herrmann, Schadenersatz, 2. Auflage, Tübingen 1990
(zit.: Lange)

Larenz, Karl (Begr.)/ Canaris, Claus-Wilhelm, Lehrbuch des Schuldrechts, Zweiter Band, Besonderer Teil, 2. Halbband, 13. Auflage , München 1994
(zit.: Larenz/Canaris-SchuldR BT II/2)

-, Methodenlehre zur Rechtswissenschaft, 3. Auflage, Berlin u.a. 1995
(zit.: Larenz/Canaris-Methodenlehre)

Larese, Wolfgang, Die Genugtuung, ein verkanntes Instrument des Persönlichkeitsschutzes?, in: Medialex 1997 S. 139-145
(zit.: Larese Medialex 1997, 139)

Leisse, Gerd, Die Fiktion im Schadensersatzrecht, in: GRUR 1988 S. 88-95
(zit.: Leisse GRUR 1988, 88)

Leisse, Gerd/ Traub, Fritz, Schadensschätzung im unlauteren Wettbewerb, in: GRUR 1980 S. 1-14
(zit.: Leisse/Traub GRUR 1980, 1)

Lischer, Urs, Die Geschäftsführung ohne Auftrag im schweizerischen Recht, Diss. jur. Basel 1990
(zit.: Lischer)

Lobe, Alfred, Ausschlußrecht und Persönlichkeitsrecht, in: Studien zur Förderung des gewerblichen Rechtsschutzes, Josef Kohler als Festgabe zum 60. Geburtstag, Berlin 1909
(zit.: Lobe)

Ludwig, Carl, Schweizerisches Presserecht, Basel 1964
(zit.: Ludwig)

Magold, Hanns Arno, Personenmerchandising, Diss. jur. Mannheim 1993, Frankfurt a.M. 1994
(zit.: Magold)

Maunz, Theodor/ Dürig, Günter u.a, Grundgesetz Kommentar, Band 1, Art. 1-11 (Stand: August 2000), 7. Auflage, München 1991
(zit.: Maunz/Dürig-Bearbeiter)

Maurer, Urs/ Vogt, Nedim Peter, Kommentar zum Schweizerischen Datenschutzgesetz, Basel 1995
(zit.: Maurer/Vogt-DSG-Bearbeiter)

Medicus, Dieter, Bürgerliches Recht, 18. Auflage, Köln 1999
(zit.: Medicus-Bürgerliches Recht)

-, Schadensersatz bei Verletzung vor Eintritt in das Erwerbsleben, in: DAR 1994 S. 442-451
(zit.: Medicus DAR 1994, 442)

Metzger, Peter, Der Persönlichkeitsschutz als Problem der Einheit der Rechtsordnung, Diss. jur. Zürich 1993
(zit.: Metzger)

Minelli, Ludwig A., Zur Ausgleichung widerrechtlicher Medieneingriffe in die Privatsphäre, in: ZUM 1996, S. 73-77
(zit.: Minelli ZUM 1996, 73)

Moll, Jürgen Ernst, Das Recht am eigenen Bildnis - vor und vor allem nach dem Tode, in: GRUR 1996 S. 558-566
(zit.: Moll GRUR 1996, 558)

Müller, Jörg-Paul, Die Grundrechte der schweizerischen Bundesverfassung, Band 2, Besonderer Teil, 2. Auflage, Bern 1991
(zit.: Müller)

Nertz, Christoph, Der Anspruch auf Zahlung einer angemessenen Vergütung bei rechtswidriger Benutzung fremder Immaterialgüterrechte (sog. Lizenzanalogie), Diss. jur. Basel 1995
(zit.: Nertz)

Nietlispach, Markus, Zur Gewinnherausgabe im schweizerischen Privatrecht, Diss. jur. Zürich, Bern 1994
(zit.: Nietlispach)

Nobel, Peter, Zu den Schranken des UWG für die Presse, in: SJZ 1992 S. 245-253
(zit.: Nobel SJZ 1992, 245)

-, Leitfaden zum Presserecht, Zürich 1982
(zit.: Nobel-Leitfaden zum Presserecht)

Oftiger, Karl(Begr.)/ Stark, Emil W.(Fortg.), Schweizerisches Haftpflichtrecht, Erster Band, Allgemeiner Teil, 5. Auflage Zürich 1995
(zit.: Oftiger/Stark)

Palandt, Otto (Begr.), Bürgerliches Gesetzbuch, 60. Auflage, München 2001
(zit.: Palandt-Bearbeiter)

Pawlowski, Hans-Martin, Methodenlehre für Juristen, 3. Auflage, Heidelberg 1999
(zit.: Pawlowski)

Pedrazzini, Mario M., Die Grundlagen des Datenschutzes im Privatbereich, die Grundzüge und der Geltungsbereich des Bundesgesetzes, in: Das neue Datenschutzgesetz des Bundes von Rainer J. Schweizer, Zürich 1992, S. 19-28
(zit.: Pedrazzini in Schweizer)

-, Der Rechtsschutz der betroffenen Person gegenüber privaten Bearbeitern (Klagen, vorsorgliche Massnahmen, Gerichtsstand), in: Das neue Datenschutzgesetz des Bundes von Rainer J. Schweizer, Zürich 1992, S. 81-89
(zit.: Pedrazzini in Schweizer)

Pedrazzini, Mario M./ v. Büren, Roland/ Marbach, Eugen, Immaterialgüter- und Wettbewerbsrecht, Bern 1998
(zit.: Pedrazzini/v. Büren/Marbach)

Pedrazzini, Mario M./ Oberholzer, Niklaus, Grundriss des Personenrechts, 4. Auflage, Bern 1993
(zit.: Pedrazzini/Oberholzer)

Peter, James-Thomas, Das Datenschutzgesetz im Privatbereich, Diss. jur. Zürich 1994
(zit.: Peter)

Pietzko, Joachim, Die Werbung mit dem Doppelgänger eines Prominenten, in: AfP 1988 S. 209-222
(zit.: Pietzko AfP 1988, 209)

Preiss, Robert, Die Werbung mit Persönlichkeiten und Figuren (Merchandising) nach schweizerischer Praxis, in: Beiträge zu Fragen des gewerblichen Rechtsschutzes, Festschrift zum 100jährigen Bestehen der Firma E. Blum & Co, Patentanwälte Zürich, Bern 1978, S. 181-201
(zit.: Preiss)

Prinz, Matthias, Der Schutz der Persönlichkeitsrechte vor Verletzungen durch die Medien, in: NJW 1995 S. 817-821
(zit.: Prinz NJW 1995, 817)

-, Geldentschädigung bei Persönlichkeitsverletzungen durch Medien, in: NJW 1996 S. 953-958
(zit.: Prinz NJW 1996, 953)

Prinz, Matthias/ Peters, Butz, Medienrecht, München 1999
(zit.: Prinz/Peters)

Rebmann, Kurt/ Säcker, Franz-Jürgen, Münchener Kommentar zum Bürgerlichen Gesetzbuch, Band 1, Allgemeiner Teil (§§ 1-240), 3. Auflage, München 1993

-, Münchener Kommentar zum Bürgerlichen Gesetzbuch, Band 1, Allgemeiner Teil, (§§ 1-240), 4. Auflage, München 2001

-, Münchener Kommentar zum Bürgerlichen Gesetzbuch, Band 2, Schuldrecht Allgemeiner Teil (§§ 241-432), 3. Auflage, München 1994

-, Münchener Kommentar zum Bürgerlichen Gesetzbuch, Band 3, Schuldrecht Besonderer Teil (§§ 433-606), 3. Auflage, München 1995

Rebmann, Kurt/ Säcker, Franz-Jürgen/ Rixecker, Roland, Münchener Kommentar zum Bürgerlichen Gesetzbuch, Band 4, Schuldrecht Besonderer Teil (§§ 607-704), 3. Auflage, München 1997

-, Münchener Kommentar zum Bürgerlichen Gesetzbuch, Band 5, Schuldrecht Besonderer Teil (§§ 705-853), 3. Auflage, München 1997

-, Münchener Kommentar zum Bürgerlichen Gesetzbuch, Band 6, Sachenrecht (§§ 854-1296), 3. Auflage, München 1997

(zit.: Münch.Komm.-Bearbeiter)

Reinhardt, Rudolf, Das Persönlichkeitsrecht in der geltenden Rechtsordnung, Mannheim 1931
(zit.: Reinhardt)

Reuter, Dieter/ Martinek, Michael, Handbuch des Schuldrechts, Band 5, Ungerechtfertigte Bereicherung, Tübingen 1983
(zit: Reuter/Martinek)

Riemer, Hans-Michael, Personenrecht des ZGB, Bern 1995
(zit.: Riemer-Personenrecht)

-, Persönlichkeitsschutz und Presse, in: Die Verantwortlichkeit im Recht, Türkisch-schweizerische Juristenwoche 1980 in Zürich und Bern, Band 1, Zürich 1980, S. 219-245
(zit.: Riemer-Persönlichkeitsschutz und Presse)

Riklin, Franz, Schweizerisches Presserecht, Bern 1996
(zit.: Riklin)

Rösler, Hannes, Pressegegendarstellung gegen Meinungen - Das europäische Erwiderungsrecht als Maßstab?, in: ZRP 1999 S. 507-509
(zit.: Rösler ZRP 1999, 507)

Ropski, Gary M./ Kurer, Martin, Stars' Wars, Die Verkommerzialisierung von Berühmtheiten, in: SMI 1991 S. 279-296
(zit.: Ropski/Kurer SMI 1991, 279)

Rosengarten, Joachim, Der Präventionsgedanke im deutschen Zivilrecht, in: NJW 1996 S. 1935-1938
(zit.: Rosengarten NJW 1996, 1935)

Sack, Rolf, Die Lizenzanalogie im System des Immaterialgüterrechts, in: Festschrift für Heinrich Hubmann, Frankfurt a.M. 1985, S. 373-397
(zit.: Sack-Lizenzanalogie)

Saxer, Urs, Schweiz gerüffelt, UWG Praxis zu streng, in: Plädoyer 1998 S. 30-33
(zit.: Saxer Plädoyer 1998, 30)

Schack, Haimo, Weiterleben nach dem Tode-juristisch betrachtet, in: JZ 1989 S. 609-615
(zit.: Schack JZ 1989, 609)

Schaltegger, Paul, Die Haftung der Presse aus unlauterem Wettbewerb, Diss. jur. Basel, Zürich 1992
(zit.: Schaltegger)

Schaufelberger, Peter Carl, Bereicherung durch unerlaubte Handlung, Diss. jur. Zürich 1981
(zit.: Schaufelberger)

Schierholz, Anke, Der Schutz der menschlichen Stimme gegen Übernahme und Nachahmung, Diss. jur. München, 1. Auflage, Baden-Baden 1998
(zit.: Schierholz)

Schlechtriem, Peter, Bereicherung aus fremdem Persönlichkeitsrecht, in: Strukturen und Entwicklungen im Handels-, Gesellschafts- und Wirtschaftsrecht, Festschrift für Wolfgang Hefermehl, München 1976, S. 445-465
(zit.: Schlechtriem-Bereicherung)

Schluep, Walter R., Über Eingiffskondiktionen, in: Melanges Paul Piotet public par Fritz Sturm, Bern 1990, S. 173-213
(zit.: Schluep)

Schmid, Jörg, Die Geschäftsführung ohne Auftrag, Habil. jur. Freiburg (Schweiz) 1992
(zit.: Schmid-GoA)

-, Fragen zur eigennützigen Geschäftsführung ohne Auftrag, in: ZBJV Band 131 (1995) S. 261-280
(zit.: Schmid ZBJV Bd. 131, 261)

Schumacher, Rainer, Die Presseäußerung als Verletzung der persönlichen Verhältnisse, insbesondere ihre Widerrechtlichkeit, Diss. jur. Freiburg (Schweiz) 1960
(zit.: Schumacher)

Schürmann, Leo/ Nobel, Peter, Medienrecht, 2. Auflage, Bern 1993
(zit.: Schürmann/Nobel)

Schwerdtner, Peter, Persönlichkeitsschutz im Zivilrecht, in: Schutz der Persönlichkeit-Karlsruher Forum der Versicherungswirtschaft 1996, Karlsruhe 1997, S. 27-51
(zit.: Schwerdtner-Persönlichkeitsschutz)

Seemann, Bruno, Prominenz als Eigentum, Parallele Rechtsentwicklungen einer Vermarktung der Persönlichkeit im amerikanischen, deutschen und schweizerischen Persönlichkeitsschutz, Diss. jur. Zürich, 1. Auflage, Baden-Baden 1996
(zit.: Seemann)

Seifert, Fedor, Postmortaler Schutz des Persönlichkeitsrechts und Schadensersatz - Zugleich ein Streifzug durch die Geschichte des allgemeinen Persönlichkeitsrechts, in: NJW 1999 S. 1889-1897
(zit.: Seifert NJW 1999, 1889)

Seitz, Walter/ Schmidt, German, Der Gegendarstellungsanspruch in Presse, Film, Funk und Fernsehen, 3. Auflage, München 1998
(zit.: Seitz/Schmidt-Bearbeiter)

Seitz, Walter, Prinz und Prinzessin - Wandlungen des Deliktsrechts durch Zwangskommerzialisierung der Persönlichkeit, in: NJW 1996 S. 2848-2850
(zit.: Seitz NJW 1996, 2848)

Sendler, Horst, Liberalität oder Libertinage?, in: NJW 1993 S. 2157-2158
(zit.: Sendler NJW 1993, 2157)

Sigel, Beat, Über die Grundrechte, insbesondere die Pressefreiheit in der Schweiz und in Großbritannien, Diss. jur. Zürich 1981
(zit.: Sigel)

Smoschewer, Fritz, Das Persönlichkeitsrecht im allgemeinen und im Urheberrecht, in: UFITA, 1. Teil, 3. Band, S. 119-192
(zit.: Smoschewer)

Soehring, Jörg, Presserecht, 2. Auflage, Stuttgart 1995
(zit.: Soehring-Presserecht)

-, Die Entwicklung des Presse- und Äußerungsrechts 1994-1996, in: NJW 1997 S. 360-373
(zit.: Soehring NJW 1997, 360)

- Ehrenschutz und Meinungsfreiheit, in: NJW 1994 S. 2926-2929
(zit.: Soehring NJW 1994, 2926)

Specker, Karl, Die Persönlichkeitsrechte mit besonderer Berücksichtigung des Rechts auf die Ehre im schweizerischen Privatrecht, Diss. jur. Zürich 1911
(zit.: Specker)

Staiger, Hans-Rudolf, Genugtuungsansprüche gegen Massenmedien, Diss. jur. Zürich 1975
(zit.: Staiger)

v. Staudinger, Julius (Begr.), Kommentar zum Bürgerlichen Gesetzbuch mit Einführungsgesetz und Nebengesetzen, Erstes Buch, Allgemeiner Teil, §§ 164-240, 13. Bearbeitung, Berlin 1995

-, Zweites Buch, Recht der Schuldverhältnisse, §§ 249-254, 13. Bearbeitung, Berlin 1998

-, Zweites Buch, Recht der Schuldverhältnisse, §§ 652-704, 13. Bearbeitung, Berlin 1995

-, Zweites Buch, Recht der Schuldverhältnisse, §§ 812-822, Neubearbeitung, Berlin 1999

(zit.: Staudinger-Bearbeiter)

Steffen, Erich, Schmerzensgeld bei Persönlichkeitsverletzung durch Medien, in: NJW 1997 S. 10-14
(zit.: Steffen NJW 1997, 10)

Stein, Axel, Der Schutz von Ansehen und Geheimsphäre Verstorbener - zugleich eine Stellungnahme zu jüngeren höchstrichterlichen Entscheidungen, in: FamRZ 1986 S. 7-18
(zit.: Stein FamRZ 1986, 7)

Steinauer, Paul-Henri, Die Verletzung durch private Datenbearbeitung und die allfällige Rechtfertigung einer Verletzung, Einzelheiten der gesetzlichen Regelung, in: Das neue Datenschutzgesetz des Bundes von Rainer J. Schweizer, Zürich 1992, S. 43-53
(zit.: Steinauer in Schweizer)

Streuli-Youssef, Magda, Der Persönlichkeitsschutz unter Berücksichtigung der Besonderheiten für die Werbung beim Gebrauch von Namen, Personenbildern und Figuren in der Werbung, in: Schriftenreihe der Schweizerischen Kommission für die Lauterkeit in der Werbung, Heft 3/1988, Zürich 1988
(zit.: Streuli-Youssef Persönlichkeitsschutz)

-, Anmerkung zu EuGH v. 25.08.1998 Az., 59/1997/843/1049, in: sic! 1998 S. 498-500
(zit.: Streuli-Youssef sic! 1998, 498)

Strohal, E. (Hrsg.), Planck`s Kommentar zum Bürgerlichen Gesetzbuch, II. Band, 2. Hälfte, Recht der Schuldverhältnisse, 4. Auflage, Berlin 1928
(zit.: Planck`s Kommentar zum BGB)

Stürner, Rolf, Persönlichkeitsschutz und Geldersatz, in: AfP 1998 S. 1-10
(zit.: Stürner AfP 1998, 1)

Sutter, Thomas, Voraussetzungen der Haftung bei Verletzung der Persönlichkeit nach Art. 49 des revidierten Obligationenrechts, in: BJM 1991 S.1-11
(zit.: Sutter BJM 1991, 1)

Teplitzky, Otto, Wettbewerbsrechtliche Ansprüche: Unterlassung-Beseitigung-Schadensersatz, 7. Auflage, Köln u.a. 1997
(zit.: Teplitzky)

Tercier, Pierre, Le noveau droit de la personnalité, Zürich 1994
(zit.: Tercier)

Theegarten, Walter Herrmann, Das Problem des allgemeinen Persönlichkeitsrechts, Diss. jur. Köln 1934
(zit.: Theegarten)

Trachsler, Walter, Recht der fotografischen Aufnahme, Diss. jur. Zürich 1975
(zit.: Trachsler)

Troller, Alois, Immaterialgüterrecht, Patentrecht, Markenrecht, Urheberrecht, Muster- u. Modellrecht, Wettbewerbsrecht, Bd. II., 3. Auflage, Basel/ Frankfurt a. M. 1985
(zit.: Troller)

Tuor, Peter/ Schnyder, Bernhard/ Schmid, Jörg, Das schweizerische Zivilgesetzbuch, 11. Auflage, Zürich 1995
(zit.: Tuor/Schnyder)

Vogel, Oscar, Besonderheiten des Immaterialgüterrechtsprozesses im Lichte der neueren Rechtsprechung, in: SMI 1993 S. 27-32
(zit.: Vogel SMI 1993, 27)

Vonlanthen, Beat, Das Kommunikationsgrundrecht, Radio- und Fernsehfreiheit, Diss. jur. Freiburg (Schweiz) 1987
(zit.: Vonlanthen)

Weber, Rolf H., Gewinnherausgabe - Rechtsfigur zwischen Schadensersatz-, Geschäftsführungs- und Bereicherungsrecht, in: ZSR NF Band 111 (1992) 1. Halbband, S. 333-366
(zit.: Weber ZSR NF Bd. 111, 1. Halbbd., 333)

Wenzel, Karl-Egbert, Das Recht der Wort- und Bildberichterstattung (Handbuch des Äußerungsrechts), 4. Auflage, Köln 1994
(zit.: Wenzel)

Westermann, Harm Peter, Das allgemeine Persönlichkeitsrecht nach dem Tode seines Trägers, in: FamRZ 1969 S. 561-572
(zit.: Westermann FamRZ 1969, 561)

Weyers, Hans-Leo, in: Schutz der Persönlichkeit - Karlsruher Forum der Versicherungswirtschaft 1996, Karlsruhe 1997, S. 86-88
(zit.: Weyers)

Widmer, Beat, Vermögensrechtliche Ansprüche des Inhabers und des Lizenznehmers bei der Verletzung von Immaterialgüterrechten, Basel/Frankfurt a. M. 1985
(zit.: Widmer)

Wieruszewski, A., Der heutige Stand der Lehren zum Persönlichkeitsrecht, in: Deutsche Richterzeitung 1927 S. 225-232
(zit.: Wieruszewski DRZ 1927, 225)

Willi, Christoph, Schutz fiktiver Figuren - ausgewählte Aspekte zum Rechtsschutz fiktiver Figuren im Hinblick auf ihre Vermarktung, Diss. jur. Zürich 1996
(zit.: Willi)

Zöller, Richard, Zivilprozeßordnung, 22. Auflage, Köln 2001
(zit.: Zöller-Bearbeiter)

FSC
www.fsc.org
MIX
Papier | Fördert
gute Waldnutzung
FSC® C083411

Kolibri 360 GmbH
Ferdinand-Jühlke-Straße 7
99095 Erfurt, Deutschland
produktsicherheit@kolibri360.de

Druck:
CPI Druckdienstleistungen GmbH
im Auftrag der
Kolibri 360 GmbH
Ferdinand-Jühlke-Str. 7
99095 Erfurt